新时代高校辅导员队伍的专业化发展及其建设

金 琰 著

北 京
冶 金 工 业 出 版 社
2024

内 容 提 要

本书共分七章，主要内容包括高校辅导员概述、新时期高校辅导员工作的挑战与创新、新时期高校辅导员队伍的专业化发展、当前高校辅导员队伍建设的现状、新时期高校辅导员队伍建设的能力提升探究、新时期高校辅导员队伍建设的科学管理、高校辅导员队伍建设的未来发展趋势。

本书可供高等院校辅导员阅读，也可供高等院校相关专业师生参考。

图书在版编目（CIP）数据

新时代高校辅导员队伍的专业化发展及其建设 / 金琰著. — 北京：冶金工业出版社，2024. 8. — ISBN 978-7-5024-9900-6

Ⅰ. G645.1

中国国家版本馆 CIP 数据核字第 2024494H3P 号

新时代高校辅导员队伍的专业化发展及其建设

出版发行 冶金工业出版社　　**电　话** (010)64027926
地　址 北京市东城区嵩祝院北巷 39 号　　**邮　编** 100009
网　址 www. mip1953. com　　**电子信箱** service@ mip1953. com

责任编辑　马媛馨　美术编辑　彭子赫　版式设计　郑小利
责任校对　葛新霞　责任印制　禹　蕊
北京建宏印刷有限公司印刷
2024 年 8 月第 1 版，2024 年 8 月第 1 次印刷
710mm×1000mm　1/16；11. 5 印张；222 千字；173 页
定价 69. 00 元

投稿电话　(010)64027932　投稿信箱　tougao@cnmip. com. cn
营销中心电话　(010)64044283
冶金工业出版社天猫旗舰店　yjgycbs. tmall. com
（本书如有印装质量问题，本社营销中心负责退换）

前　言

建设一支专业化、高素质的辅导员队伍，是新时期高校师资队伍建设的一项重大使命，是高校学生教育管理适用环境变化的必然要求，是辅导员自我完善与发展的迫切需要，是提高学生教育管理水平、促进学生全面成长成才的坚实基础。辅导员队伍作为一种特殊的社会职业群体，在高校具有“教师”“干部”的双重角色身份，承担着学生教育管理繁重的工作任务，他们的职业使命就是“成为学生的人生导师与健康成长的知心朋友”，为中国特色社会主义事业培养合格建设者与可靠接班人。这一职业使命崇高而光荣，可以说，辅导员是把党和国家的重托、民族复兴的希望、社会与家长的期望、学校培养目标的实现、学生健康成长系于一身，选择了这一职业，值得引以骄傲与自豪，值得为这一职业的使命奋斗与献身。同时，从事这一职业的人们也应当得到社会的关爱与尊敬。本书即以高校辅导员队伍为核心，针对其专业化发展与建设进行阐述与分析。

全书共分为七章。第一章是高校辅导员概述，主要包括高校辅导员角色定位、工作任务、高校辅导员制度及其专业化。第二章是新时期高校辅导员工作的挑战与创新，本章对新时期高校辅导员工作面临的挑战以及新时期高校辅导员工作的创新发展进行阐述。第三章是新时期高校辅导员队伍的专业化发展，主要包括新时期高校辅导员队伍专业化发展的基础理念、职业知识、职业道德、工作要求、能力素养要求等，同时也对高校辅导员队伍科研能力提升的必要性及有效路径进行了分析。第四章是当前高校辅导员队伍建设的现状，主要包括高校辅导员队伍建设现状阐述、辅导员队伍建设存在的问题及其原因分析。第五章是新时期高校辅导员队伍建设的能力提升探究，本章对高校辅导员队伍建设能力提升的基本思路与策略路径进行了细致的论述。第六章是新时期高校辅导员队伍建设的科学管理，主要包括“互联网 +”时代高校人才管理的发展趋势、人力资源管理视角下高校辅导员激励机制构建、高校辅导员人力资源管理的问题与改进。第七章是高校辅导员队伍建设的未来发展趋势，本章对高校辅导员队伍建设的“专家化”“专业化”“职业化”以及管理长效机制的建立进行了阐述。

本书在撰写过程中参考了大量相关学术文献资料，也得到了兄弟院校学生工作者的关心和支持，提供了丰富的素材，提出了许多宝贵的意见和建议。在此向文献资料的作者及广大的高校学生工作同仁们表示诚挚的感谢！

由于作者水平所限，书中不妥之处，敬请广大读者批评指正。

作　者

2024 年 1 月

目　　录

第一章　高校辅导员概述

辅导员是高等学校教师队伍和管理队伍的重要组成部分，具备教师和干部的双重身份。辅导员是开展大学生思想政治教育的骨干力量，是高校学生日常思想政治教育和管理工作的组织者、实施者和指导者。辅导员应当努力成为学生的人生导师和健康成长的知心朋友。

第一节　高校辅导员角色定位

社会角色是指处于某一社会地位的人按照社会规范要求而表现出来的各种行为的集合体，是社会地位外在的、动态的表现形式，也是社会对处于某种社会地位的人的具体的规范要求。

社会角色的认知是指根据社会与角色的要求而做出的一种对角色的认知活动。高校辅导员作为新时代社会主义的建设者，在高校思想政治教育中起着重要的作用，国家、社会和高校对辅导员角色有着内在的要求，这些要求使辅导员能够认识到自身的角色功能，并按照角色功能展开工作，同时也要认识到辅导员这一角色在高校能发挥什么作用和应该发挥什么作用。

一、高校辅导员具有教师和干部的双重身份

1980 年，教育部、共青团中央《关于加强高校学生思想政治工作的意见》中把高校辅导员定位为既是党的政治工作队伍的一部分，又是师资队伍的一部分。高校辅导员不仅具有教师和干部的双重身份，在实际工作中，他们的言行举止、做事方式都对大学生的学习和生活有很大的影响和作用，他们通过与学生的交流与联系，引导学生树立正确的价值观、人生观、世界观以及相当好的思想品德。

对于大学生来说，高校辅导员也是大学生学习、生活的指导者和帮助者，他们既要从专业的教师角度指导和帮助学生，也要通过班级建设、学业指导等方式引导大学生学会学习、热爱生活、健康成长。在实际工作中，辅导员不同于专业课教师，辅导员需要通过各种方式、在各种场合对大学生进行德育教育，除了日常开展主题班会教育、谈心谈话活动，还可以通过一些德育课程的教学工作来完成。例如，学校开设的“形势与政策”“思想道德与修养”等公共课，很多高校

就交给辅导员来进行教学，通过思想政治理论课的教授，可以让高校辅导员对教师这一职业产生认同感，同时对自己的角色定位更为明确，也让辅导员通过思想政治理论课教学加强对大学生的思想政治教育和管理，提升学生的思想水平。

二、高校辅导员是开展大学生思想政治教育的骨干力量

大学生在校期间，是对他们三观教育的关键时期，是扣好人生第一粒扣子的窗口期，所以大学生需要辅导员通过思想政治教育进行三观的引导与培养。正如《中共中央 国务院关于进一步加强和改进大学生思想政治教育的意见》指出，高校大学生思想政治教育的任务主要有：一是“一核三观”教育。即核心是理想信念教育，三观是指世界观、人生观、价值观。二是对大学生进行基础道德教育和公民道德教育，让学生树立起德育观。三是进一步弘扬以爱国主义为核心，团结统一、爱好和平、勤劳勇敢、自强不息的伟大民族精神。同时，要加强素质教育的建设，提升大学生的身体素质、文化素质、科学素质和思想素质，通过精神指引和身先示范，引导大学生勤学、乐学、活学和真学，同时要响应时代要求，做到善于创新、勇于奉献，成为新时代的“四有”新人。

随着网络时代的到来，大学生作为信息经济和网络经济的担当者，需要他们承担起时代赋予他们的重任。但是，由于目前处于经济、文化、社会等多重的综合转型期，大学生的素养很难有效地满足新时代的要求，同时也由于“95 后”和“00 后”的大学生个性化越来越明显，因此目前的大学生群体不仅在文化水平上有较大差异，道德素质也是参差不齐，而且面对说教他们表现出来的是不耐烦和不愿意接受。面对这样的状况，辅导员作为高校思想政治教育队伍的骨干力量，其责任变得更加重大，他们需要采用灵活多样的教学方式来开展大学生的思想政治工作，让学生乐于接受其开展的思想、政治、道德和心理等方面的教育，同时还要鼓励大学生们承担起建设国家的重任，增强其社会责任感。这就要求高校辅导员对高校大学生进行思政教育时，要跟学生讲究情、理、法，做到情、理、法协调运用，进而不断提升大学生思想政治教育的实效性。

同时，高校辅导员的角色定位是学生的专职思想政治引导者，除在与学生的接触中进行教育和引导外，还应该通过自己严谨的态度、公正的工作方式，以身示范，让学生接受和认可。

以上就需要辅导员在开展工作时，严于律己、恪尽职守，不断加强学习和进步，养成良好的工作作风；在思想上实事求是，勇于承担责任，带动学生共同进步，善于发现学生中存在的问题并及时予以解决；对工作认真负责，注重工作效率，有针对性地、多样化地开展工作，为学生解决实际困难；严格遵纪守法，不做违背社会公德和公共秩序的事情，不以权谋私，不败坏教师形象。

从学生的角度而言，辅导员是他们大学四年的陪伴者、引导者、管理者和服

务者，是学生最亲密的老师，是学生最信赖的朋友，辅导员的言传身教会对学生产生深刻的影响，留下深刻的烙印。正可谓“其身正，不令而行”。因此，辅导员就更要在平时的工作中注意自己的言行举止，做好表率，要敢于对学生说“向我看齐，以我为榜样”，在实际行动中以身作则，不断加强自我学习和自我修养，真正做到为人师表、言传身教，做好大学生思想政治教育工作，提升工作实效。

三、高校辅导员是高校学生学习和日常生活的管理者和服务者

由于当下“00后”的学生中很多从小处于比较优越的环境中，他们在家庭和学校中备受呵护，自理能力较差，独立性不强，缺乏一定的人际交往能力和社会适应能力，这就需要作为学生管理和服务的供给者——辅导员更多地在学习、生活等方面给予其帮助和关心，以免学生出现心理问题。

为了更好地适应新时代的要求，高校在培养学生的智识性知识之外，还需要培养学生的独立思考能力、独立生活能力和自主创新能力，这样才能使学生适应不断变革的时代，满足社会的需要，也才能让学生获取更多、更好的生存和发展机会，不至于从大学一毕业就失去目标。

这就要求高校辅导员要做好对学生学习和生活的管理和服务，要时刻关注学生的学习心态，帮助厌学的学生建立起积极的学习心态，养成行之有效的学习习惯；要培养学生的目标意识，建立学习目标和学习计划；要引导学生积极参与社会实践，从社会这所大学中汲取知识的养分；要发挥好沟通和桥梁作用，搭建学校和家庭之间的桥梁，搭建任课教师和学生之间的沟通渠道；要通过管理和服务加强学生思想政治教育，重视学生日常事务的规范化管理，寓管理于服务，切实想学生之所想，急学生之所急，对学生的具体事务予以管理，做好学生服务工作。

四、高校辅导员是学生的人生导师和知心朋友

“对大学生成长发展来讲，真正称得上导师的，一种是学业导师，另一种是人生导师。”大学生的学业导师是指在大学期间对学生的学习进行指导，帮助学生能够在大学期间实现智识上的成熟，但是大学生不仅仅要学习知识，还需要进一步达到思想和心智的成熟，因此，就需要辅导员来担当人生导师了。

作为大学生人生导师和心灵朋友，高校辅导员必须能够与大学生进行心灵的深度沟通，这样才会被学生当作人生导师和知心朋友。这是因为，刚刚成年的大学生对大学生活的规划、对未来职业如何选择、如何读书学习、如何面对感情问题、如何处理大学中的人际关系等都是迷茫的。而这时，辅导员作为大学生的领航员，就要对大学生的身心状态进行实时的了解，运用自己的专业心理知识进行及时的疏导。

在教育的场域中，情境性是教育的重要特性之一。在这一情景域，需要老师和学生良好的情感互动，而在这一情境域中教师是开启教育成功的金钥匙。大学是大学生人生走向成功的攻坚期，这一阶段的大学生是比较理智的，但还不够成熟和稳定，甚至在遇到一些重大事情时还容易冲动，不能全面考虑事情的后果和得失，导致产生一些较为负面的影响，造成一些不良后果。

经由辅导员在和学生的交往过程，可以对学生有一个比较全面的了解，加上大部分辅导员的年龄与学生相仿，具有较强的亲和力，和学生之间的沟通也较为畅通。

辅导员与学生的相处时间久，有着比较深入的接触和了解。学生们在和辅导员的交往中建立了较为深厚的情感，很多大学生把辅导员视为知己，学生对辅导员有着心理的期待——学习的指导和生活中问题的疏导，不仅是单纯的管束，同时也是予以自己朋友般的指导和建议，引导自己在学习、生活、人生等方面积极进步。这就是要求高校辅导员既给予学生引导和管理，又要学会理解和倾听，在工作中和学生建立真挚的友情，产生共情，增强人格魅力，让学生对辅导员产生信赖感，增强辅导员在学生群体中的威信，通过各种方式对学生进行激励，引导学生在健康的轨道上前行，达到事半功倍的教育效果。

一个人要想实现全面发展，就需要有良好的素质，其中稳定的心理素养是前提，而现在大学生中有心理问题的人占比很大，所以对大学生的心理健康方面的教育迫在眉睫。作为成年人，他们的心理和生理逐渐走向成熟，在对待学习和生活时有了更多的思考，并趋于理性；同时，大学生的自我意识不断增强，不断展现出个性化特征，对他人的依赖性逐渐减弱。但是，由于大学生容易被外界影响，心理变化较大，因此其情绪还没有很稳定。

由于社会节奏的加快，社会竞争越来越激烈，在适应社会的过程中，高校不再是象牙塔，高校的大学生会受到社会的强烈冲击。主要表现在人际交往和生活压力方面，一些大学生表现出处理人际关系技巧薄弱、生活压力大等问题，这些问题导致一些大学生出现了诸如心理强迫、心理焦虑等问题，这些问题得不到有效的纾解，进而出现了心理疾病，有些极端者出现了自残甚至危害社会的倾向。

另外，大学生来自五湖四海，由于原生家庭不同，学生消费观念也存在着巨大的差异性，一些家庭生活富裕的学生比较奢侈、浪费和张扬；而另一些学生由于家庭的经济情况限制，而不得不依靠兼职来维系自己学习期间的生活，大家生活在同一个班级甚至同一个宿舍，产生较大的反差，这种近距离的差异化极容易让家庭生活条件一般的学生产生自卑、不自信等心理因素，这些心理状态对这些学生在大学期间的成长、成才会产生不利影响。

所以，在大学生的思想政治教育工作中，辅导员要做学生心理健康的纾解员，要与学生进行思想和情感的深度交融，引导学生树立正确的金钱观，加强学生心理素质的引导，培养学生乐观向上的心态和坚韧不拔的毅力，通过交流、谈心帮助学生抑制不良情绪，从而更好地使学生摆脱心理阴影，更好地对自我进行认知、定位，更好地处理自己的人际关系，更好地调整自己与别人的落差，从而使自己的心理充满阳光，积极向上。

高校辅导员还应该是大学生职业规划和就业的指导者。随着社会的不断进步，社会对人才的要求也越来越高，大学生在职业规划、就业等方面的压力不断增大。数据显示，大学生毕业后就业人数逐年增加，各大企业对大学生的要求越来越高，大学生就业率降低。所以，在学生思想政治教育工作中，辅导员要勇挑职业指导和就业指导的重任，担任大学生职业发展的引路人，这就要求辅导员对大学生专业发展路径、职业发展轨迹等规律进行掌握，从而发挥自己的职业专长，指导大学生设计自己的人生与职业。

辅导员对大学生职业规划的引领不是只有毕业那一年，而是需要贯穿学生整个大学时期，通过就业指导课、职业规划大赛等活动让大学生对社会中的就业需求进行充分的了解，对就业面临的“千军万马过独木桥”现象有直接的感受。同时，辅导员要给学生的创业大赛、社会实践进行有力的支持，锻炼学生的实践能力，增加适应社会的机会，加强自身素质，让学生成为社会需要的人才。

职业规划教育不是简单地对学生的未来做一个规划，而是要引导学生对下列问题提出自己的思考及见解：在大学里读书的目的是什么？大学毕业后从事什么职业？这两个问题可以引起大学生的思考，思考自己如何读书、读什么样的书才能够使自己的兴趣与社会需求相结合，从而使自己能够从内心产生原生的动力，以制定自己的职业规划，树立起有效的就业观念。与此同时，辅导员要配合好学生就业部门的相关工作，做好就业服务工作，为即将工作的大学生提供职业选择、简历撰写指导和面试实训等服务，同时将各方面的就业信息与学生共享，从而为学生做好职业选择的服务工作。

总的来说，辅导员的角色定位与辅导员自身的工作性质和工作对象是密不可分的。作为辅导员，只有紧紧把握国家的政策方针，紧跟社会的需求，适应学生的需要，根据高等教育的培养目标和新时期大学生的特点，给予学生思想政治教育的引导、日常学习生活的管理和服务，成为学生的人生导师和知心朋友，积极帮助和关心学生，在教育的过程中帮助学生顺利成长、成才，如此，才可以说是尽了自己的角色职责。

第二节　高校辅导员工作任务

作为一名辅导员，应当清楚地对自己工作的任务进行科学合理的定位。只有这样，才能在工作中做到抓住重点，有的放矢。新时期、新形势下，大学生呈现出许多新特点，这就给从事辅导员工作的人们提出了一些新的工作任务。因此，结合当前大学生的特点探讨辅导员工作的主要任务，有着重要的现实意义。

一、辅导员是学生思想上的辅导员，对学生进行思想政治教育

辅导员首先必须是大学生思想上的辅导员，辅导员是大学生思想政治教育的骨干力量。思想政治工作是我们党的政治优势和光荣传统。高等学校作为培养全面发展的高素质人才的摇篮，将思想政治工作列于首位是必然要求。

大学生是十分宝贵的人才资源，是民族的希望、祖国的未来。加强和改进大学生思想政治教育、提高他们的思想政治素质、把他们培养成中国特色社会主义事业的建设者和接班人，对于全面实施科教兴国和人才强国战略，确保我国在激烈的国际竞争中始终立于不败之地，确保实现全面建设小康社会，加快推进社会主义现代化的宏伟目标，确保中国特色社会主义事业兴旺发达、后继有人，具有重大而深远的战略意义。

辅导员承担着对大学生进行思想政治教育的历史重要使命。应该说，从总体上看，当代大学生思想政治状况的主流是健康、积极向上的。他们热爱中国共产党、热爱祖国、热爱社会主义，坚决拥护党的路线方针政策，对建设中国特色社会主义事业充满信心。但是，我们也该看到，在思想等各个领域高度开放的今天，西方各种思潮涌入，当代大学生的思想观念和价值取向受到了冲击甚至发生了重大变化。一些大学生不同程度地存在政治信仰迷茫、理想信念模糊、价值取向扭曲、诚信意识淡薄、社会责任感缺乏等问题。在日常的学习生活中，大学生出现了道德认知与道德行为脱节的现象。一方面，从道德认知看，大学生们都明白爱护公物、维持公共卫生、讲求诚信等这些最基本的社会公德和文明礼貌。另一方面，在行为上，有的大学生在校园和公共场合乱扔瓜果纸屑；在教室内，内容庸俗的课桌文化随处可见；在考场上，学生作弊的行为屡禁不止。因此，在新时期、新形势下，作为辅导员，高校从事思想政治工作的一线工作者必须将加强大学生思想政治教育的工作作为工作的重中之重。

作为思想政治工作者，辅导员可以从以下几个方面开展工作。

（1）充分发挥课堂教学在大学生思想政治教育中的主导作用。在很多高校，辅导员本身就从事马克思主义哲学、邓小平理论、思想道德修养、形势与政策、习近平新时代中国特色社会主义思想等基础课的教学工作。因此，辅导员要抓住课堂这一进行思想政治教育的绝好基地，把传授知识与思想教育结合起来，把理论武装与实践育人结合起来，改革教学内容、改进教学方法、改善教学手段，将大学生的思想教育工作落到实处。

（2）要高度重视学生党员发展工作，坚持标准，保证质量，把优秀大学生吸纳到党的队伍中来。作为辅导员，与学生的接触时间最多，对学生也是最了解

的。在工作中要善于发现，并且早培养、早发展突出的学生党员。热烈欢迎、热烈鼓励、热烈帮助有志于加入共产党的大学生，考验他们对党的真情实感、学习态度、社会活动能力和工作能力。对入党积极分子要注重早期培养，加强制度建设，严格发展程序，进行系统的党的知识教育和实践锻炼。对大学生党员要加强党员先进性教育，使他们严格要求自己，提高党性修养，充分发挥他们在大学生思想政治教育中的骨干带头作用和先锋模范作用。

（3）辅导员要在工作中充分发挥共青团和学生组织作用，推进大学生思想政治教育。共青团是党领导下的先进青年的群团组织，是党的助手和后备军。高等院校学生组织是党领导下的大学生群团组织，而辅导员正是高校内基层团组织与学生组织开展工作与活动的指导者。因此，辅导员应带领各级基层团组织以及学生组织，针对大学生特点，开展生动有效的思想政治教育活动，把广大青年团员紧密团结在党的周围，使团组织以及学生组织在大学生思想政治教育中发挥在教育、团结和联系大学生方面的优势，组织开展丰富多彩的思想政治教育活动，更好地发挥作用。

二、辅导员在进行学生管理工作任务的同时，要承担为广大大学生服务的任务

提到管理者，我们不会陌生。说到服务员，很多人会感到很诧异。辅导员是师，是长，怎么会是服务员呢？传统的观点认为，辅导员和大学生之间是管理与被管理的关系。的确，对大学生日常的学习和活动等进行管理是辅导员工作的重要组成部分。学校的每一项要求、每一次活动安排基本上都是通过辅导员传达并布置到学生中的，相应的，对学校纪律要求执行情况的检查监督、对学生活动的组织管理同样是辅导员的重要工作。做好一名管理者是每一个辅导员的分内之事，从管理入手也是有大文章可作的。但随着我国高等教育改革的不断深化，以及当代大学生个性张扬，思想活跃，勇于尝试新事物、接受新观点的特点，学生工作必然面临更多严峻的挑战，单纯的“管理者”思维必定应对不了日益错综复杂的局面。对于这个问题笔者认为，传统的大学理念强调的是对大学生进行严格的管理，学校各部门和辅导员扮演的是管理者的角色。也许正是因为如此，往往导致学生情绪上乃至行为上的对立。因此，应该改变过去传统地把学生管理工作等同于管理学生的观点，而应该将管理与服务结合起来。在工作中，要培养以学生为本的服务意识，为学生利益着想，了解学生普遍关心的问题是什么，学生迫切需要解决的问题是什么，学生中存在的主要问题是什么，等等。

在管理和服务的工作中，应坚持两个原则。

（1）在管理和服务的过程中，应体现学生的主体地位。主要包括两层含义：

一方面，高等院校应推行以学生处指导下的，以辅导员为调节，以学生自治为中心的学生管理方式。在这种方式中，学生既是被管理者，也是管理者，学生在这种角色转换中大大提高了自我管理的积极性，消除了传统学生管理上管理者和被管理者的对立，增强了学生们的自我约束和控制能力；另一方面，作为辅导员，应当明确地告诉学生他们在学校里享有什么样的权利，在充分享有权利的同时不能忽视应尽的义务，对学生的合法权益要予以维护。

（2）在管理和服务的过程中，应首先在情感上与学生亲近。古人云：感人心者，莫先乎情。也就是通常所说的以“爱”感人，以“情”动人，以“心”换“心”。应该用真诚去和学生交朋友，赢得他们的信任，成为他们生活、学习上的良师益友。根据笔者担任辅导员以来的经验以及在与许多有经验的老辅导员交流中，发现辅导员工作顺利开展的捷径之一就是感情因素。与学生建立良好的感情，对他们真心实意地信任、关怀和爱护，才能打开他们心灵的窗户，进行心与心之间的交流，达到心灵的沟通，使学生对学习和生活充满希望，焕发出青春和活力，我们的工作才能顺利开展。辅导员与大学生和谐的情感关系主要表现为：教师经常主动地接近学生，学生也愿意自动地接近教师；教师真诚对待学生，学生愿意向教师打开心扉；在矛盾和困难中，学生会主动向教师寻求帮助。可以利用课余时间深入到学生当中去，多与他们交流、沟通，力求第一时间掌握学生思想动态，主动、积极地工作，及时处理学生中出现的各类问题，让学生在学校愉快学习、健康成长、顺利成才。只有多认识了解学生，深入他们的生活深处，与他们培养良好的感情基础，才能从真正意义上实现上述的和谐的情感关系，才能更便于我们进行学生管理工作、服务于学生。除此之外，辅导员要爱学生，爱每一个学生，特别是对“差生”、贫困生应给予更多的关爱，对他们要信任、爱护、诚心交友。如果辅导员能够把感情教育做得恰到好处，那么辅导员的工作将会事半功倍。

三、了解大学生心理、为大学生提供心理咨询是新时期高校辅导员工作的重要任务

人的心理现象是自然界最复杂、最奇妙的一种现象，恩格斯曾把它誉为“地球上最美丽的花朵”。每个人都有各自的心理现象，大学生也不例外。同时，我们看到，在当今社会，由于大学生的文化层次较高，社会对他们的期望较高，大学生自我关注和人生目标的定位也较高，他们承担着来自社会、家庭、学校等各方面的压力，因此大学生群体同别的人群相比更容易产生更多的心理问题，主要表现在学习、情感、交际、自我认识、职业选择等方面。在实际工作中发现，现在许多大学生都是独生子女，从小到大父母对他们呵护备至甚至于娇惯溺爱，从而使他们对他人的依赖性强，心理承受能力脆弱。一方面盲目自信，另一方面在

遇到挫折、面对困难和各种压力时，没有足够的心理准备和心理承受力，又容易自卑气馁，关注他人少，关注自我多，这些实际上与在大学中所倡导和要求的独立自主、团结进取以及较强的适应环境能力和自我调节能力形成了鲜明的反差。举一个比较常见的例子，目前我国大学生受恋爱问题而影响学习和生活，乃至影响心理健康的学生不在少数。但传统教育思想使得老师们不能主动就这个问题向学生提供帮助，而学生更不会在遇到恋爱问题的时候主动向老师求助，辅导员有责任消灭这样的“禁区”，让一切问题变得透明。再举一个现在摆在我们面前一个比较尖锐的问题，现在大学毕业就一定能找到一个“铁饭碗”工作的时代已经一去不复返，一些毕业生甚至出现了难就业的问题，由此产生了各种心理问题。对于如何帮助这些学生消除这方面的心理问题，顺利走上就业之路，这也是摆在辅导员面前的新课题。

作为辅导员，可以说和大学生们每天学习、生活在一起，算得上是他们亲近的人，应该及时发现大学生在各个方面所产生的心理障碍、心理冲突、心理困惑等，竭尽我们的所能帮助他们走出心理困境，帮助他们树立健康的心态以及对自己正确的认知。大家都知道，健康的心理状态有助于学生知识的掌握、技能的形成、策略的运用和能力的培养，并在学生发展良好的自我意识，形成高尚的道德、建立良好的人际关系和维护身心健康等方面发挥积极的作用；反之，不健康或是亚健康的心理状态会对大学生学习、生活、交友、处事等各方面产生不良的影响。怎样帮助解决学生心理方面的问题呢？笔者认为，辅导员是做人的工作，就需要学一些心理学方面的知识，多学习心理健康知识，以便于我们了解当代大学生的心理，掌握更多的解决自身和学生心理问题的知识和方法，为大学生提供科学、有益的心理咨询。这在工作中很迫切，也很必要。同时，我们应该注意在实践工作中不断总结，注意积累。在具体操作的过程中，根据笔者的经验，可以通过面对面、电话以及网络等方式向有需要的同学提供真诚、有针对性的心理咨询，给他们以帮助。

第三节 高校辅导员制度及其专业化

高校辅导员制度是大学以高校辅导员群体为对象制定的一系列人事管理和激励制度，高校辅导员专业化是高校辅导员追求个人自身职业成长与进步的发展历程。高校辅导员专业化也是高校辅导员制度在适应高等教育发展进程中的产物。二者之间的关系，实际上体现了组织与个人、组织发展与个人发展之间的关系。职业生涯发展要求组织和个人共同努力与合作，使个人的生涯目标与组织的战略目标达成共识，最终实现双赢。大学组织为有效达成自身的发展目标，必须运用相关制度的制约和规范手段对高校辅导员进行管理，如以职业生涯管理理论为例，要制订切实可行的职业发展规划，必须根据现实的职业需要，结合辅导员自身的职业规划，对每一位辅导员的职业方向和价值取向进行重新定位与分析，结合他们的特质，帮助其确立自身的岗位、专业和职级目标的发展轨迹，使其进一步明确自己在学校发展的不同阶段的工作任务与成长目标，促进自我实现。而身处高校组织中的高校辅导员个体，在其职业生涯发展到专业化的历程中，必然不能脱离高校辅导员制度的约束，这要求辅导员自身能客观地认识自己的职业状况，把自己的职业愿望或要求同自己的主观条件、能力以及社会现实的职业需要紧密联系和协调起来，确立自己的职业发展目标，进一步明确职业发展规划，采取实际行动，逐步完成预期的职业目标，以实现个人发展成就的最大化和组织期待的一致性。

一、高校辅导员制度

制度是指为了实现组织目标，通过设计和保持一种良好的环境，对涉及组织管理对象的人员本人、人员之间、人员与组织之间的事务确定的一种规则和程序。

（一）高校辅导员制度的基本内容

按照常规，组织中的人事管理制度涉及面广，其中对组织成员的录用、培训、考核、奖惩、职务、薪酬、离职、退休等方面的规定，构成了人事管理制度的基本内容。高校辅导员制度同样涉及上述各个方面的内容，而每个方面都与高校辅导员专业化建设及其发展息息相关。

1. 高校辅导员任用制度

任用制度是全部人事管理的基础工作。随着高校的发展，大学组织在补充辅导员时，根据招录的条件和要求，采取一定办法择优录用。高校辅导员被录用后，通常会有三个月的试用期，试用期满进行考核，考核合格后其工资福利待遇按有关规定办理，其在高校的地位、权利、义务也就相应确定下来。通常情况下，学校人事部门会采用聘任制的方式，根据高校辅导员岗位要求和应聘者的具体条件，以合同的形式聘任高校辅导员。当然，个别情况下也会出现人事代理等其他方式。

2. 高校辅导员培训制度

培训是实现高校辅导员专业化建设的路径之一，是高校辅导员综合素质和业务能力提高的重要举措。一般是针对高校辅导员在职业生涯不同阶段的培训需求，制订不同的培训计划，确定不同的培训目标、内容、方法和培训的期限、级别等。

3. 高校辅导员考核制度

考核是对高校辅导员德、能、勤、绩、廉等方面综合素质的考察和了解，通过对考核范畴、内容、方式的规定，运用定性分析和定量分析的方法，将考核的结果作为续聘、解聘、职务变动、职称晋升等的依据。

4. 高校辅导员奖惩制度

奖惩是弘扬正能量、激励先进、摒弃负能量、鞭策后进、调动高校辅导员积极性的重要措施。奖励制度是对高校辅导员工作给予充分认可的一种体现物质和精神奖励的制度，包括授予奖品、奖金、外出学习、进修、职务或职称晋升等形式。惩罚制度是对高校辅导员在工作中表现的懈怠、违纪、违规等行为实行惩戒的一种制度，包括调离岗位、解聘等。

5. 高校辅导员职务制度

高校辅导员作为高校教师和管理干部的双重身份，工作到一定年限后，由于各种原因，如工作表现出色或工作适应等问题，会出现高校辅导员与教师、行政管理岗位的转、提等形式的离岗。高校通常会根据国家政策制定一系列出岗或晋升的具体条例。晋升包括职务和职称上的变化。职务制度是关于高校辅导员职务名称、任职条件和取得该职务的程序等方面的规定；职称制度是高校辅导员业务能力上的一种制度，主要涉及晋升的条件、权限、程序等内容。

6. 高校辅导员薪酬制度

薪酬制度包括工资制度和福利制度。工资制度主要涉及工资水平、形式、标准、晋升办法等；福利制度既包括国家和社会提供的公共福利，也包括高校组织自创的部分。

（二）高校辅导员制度对高校辅导员专业化发展的规范和约束

高校辅导员专业化发展的最终目标是高校辅导员个人的专业化，只有实现个人的专业化才能实现组织的专业化。所以，从组织层面来讲，高校辅导员专业化建设的实现不仅是辅导员个体的事，更是高校人力资源管理的一个基本组成部分。为谋求个体与组织、个人与从事的相关事务的入职匹配而设计出来的高校人事管理制度，直接限制和约束着高校辅导员职业生涯发展中的专业化进程；同时，这些制度也为高校辅导员专业化发展的实现提供了预期和保障。

1. 高校辅导员制度限定了高校辅导员专业化的边界

确定边界是所有制度的最基本的功能，有了制度，我们至少知道什么是可以做的，什么是不可以做的，从而确定了可以做的选择集合，为人们的活动划定了边界和行动空间。高校辅导员制度也一样，它从任用方式、培训要求、考核要求、奖惩制度、职务变迁、薪酬待遇六个方面为高校辅导员专业化建设勾画了一个基本框架。在这个框架所限定的空间内谋求个人发展的最大效益化，高校辅导员个体会受到鼓励、保护。对于高校组织来说，为高校辅导员专业化建设划定边界的重要意义在于形成秩序。秩序是保证组织和谐、稳定、高效的基础。

2. 高校辅导员制度为高校辅导员专业化发展提供了预期和保障

高校辅导员制度能为高校辅导员专业化发展提供清晰的专业化职业发展道

路，使之能尽早地规划自己的职业生涯。同时，消除对不确定信息的模糊认识，整合现有的资源，通过认识高校辅导员制度所界定的范畴内应享有的责、权、利的边界，从而更准确地做出决策。

二、高校辅导员主体性：影响高校辅导员专业化发展的个体力量

（一）高校辅导员主体

“主体”这一概念有广义和狭义之分，就广义而言，高校辅导员主体是国家主体、社会主体和个人主体的统一。所谓国家主体，是高校辅导员队伍建设的出发点，只有着眼于国家主体的需要，辅导员职业及其个人才具有存在和发展的合法性；所谓社会主体，是指高校辅导员队伍建设的方向，只有瞄准职业化的需求，队伍建设才能更好地服务于经济社会发展和学生成长成才；所谓个人主体，是指高校辅导员队伍建设的现实依托，个人主体的充分发展是满足国家主体需要和实现社会主体发展的前提，而只有每个辅导员都充分发展，高校辅导员队伍建设才可能获得源源不断的人力支持。三者相互联系，共同构成了高校辅导员的主体结构。就狭义而言，高校辅导员主体特指在高校这一区域具体从事辅导员工作的人，这里的人是现实的而非抽象的，具有特定的生存发展需要，对于自身角色、素质、地位及发展有一定自觉意识，并处于由辅导员工作所产生的各种社会关系之中。这些人是高校辅导员专业化研究及实践的主体，作为实践的主体，他们是大学生思想政治教育工作的主力军，是辅导员群体及制度建设的获益者，作为主体的研究对象，他们又是从事辅导员研究必不可少的参与者和推动者。

可见，“辅导员主体”是高校辅导员研究及实践发展到一定阶段的产物，在不同话语环境和历史条件下具有不同的具体指向。一直以来，“高校辅导员”习惯于指向两类主体：一是学生主体；二是公共主体。学生主体的指向产生了“学生人事”和“学生服务”的辅导员工作理念，公共主体的指向则产生了“服务政治”和“服务社会”的辅导员工作要求，这两种指向都表征了辅导员作为一个独立的社会职业门类有其产生和发展的基础、独特的职业本质属性和职业价值。因此，高校辅导员具有社会需要和个人需要、工具价值和目的价值相统一的基本特征。笔者认为，在关注和彰显高校辅导员主体的社会需要和工具价值的同时，也应关注辅导员的个人需要和目的价值，进而确证和保障辅导员职业“承担者”的主体地位，促进辅导员主体的成长和发展，以更好地发挥辅导员主体服务学生主体和社会主体的作用，在服务中更好地推进高校辅导员专业化建设。

（二）高校辅导员主体性

高校辅导员主体性不是从来就有的，而是辅导员职业发展到主体意识觉醒阶段的产物，高校辅导员主体性不是固定性、潜在性的存在，而是主体在实践中不断创造生成的质的规定性。高校辅导员主体性不是单一化的抽象存在，而是由主

体意识、认知、素质、能力等要素构成的系统整体。高校辅导员群体是专业化的对象和主体，在这一过程中处于核心地位、发挥主要作用。专业化就是要力图使辅导员将辅导员工作作为一项长期从事的职业和自身擅长的专业，而在这一过程中，辅导员不仅需要被动地承受教育和培训，更需要主体性的自我建构和彰显，没有辅导员主体的观念转变和积极参与，辅导员专业化就无法实现。

三、高校组织主导性：影响高校辅导员专业化发展的组织力量

高校组织主导性是影响高校辅导员专业化发展的组织力量。“主导”一词是个合成词，它由“主”和“导”构成。“主”是指事物的主体部分或主要的部分；“导”通常被解释为引导、疏通、启发等。作为合成词的“主导”，通常有两种释义：一是作形容词，表示起主导作用的方面；二是作名词，表示起主导作用的事物。

所谓主导性，“从事物本身来讲，是指事物保持其引导的主要方向、方面和重点的特性，即本质主导性；从事物与其作用对象的关系来讲，是指事物具有主要的和引导的作用的特性，即功能主导性。事物的主导性是本质主导性与功能主导性的有机统一，本质主导性规定着功能主导性的性质和方面，功能主导性则是本质主导性的实现条件。”

高校组织是高校辅导员专业化建设的组织力量，这种力量体现在对高校辅导员专业化建设中，就是高校辅导员专业化在本质层面上必须紧紧围绕立德树人，高校辅导员必须做大学生的精神导师；在专业化的建设中要明确主导目标、主导内容和主导对象；在功能层面上，要把意识形态的教育居于主导地位，发挥主导作用的特性，把对个体发展和社会发展的实现同频共振，其方向保证作用、价值导向作用和目标激励作用都适时得到呈现。

四、高校辅导员的职业生涯决策

决策，即决定策略。决策并非某种即时的选择，而是一个过程，是发现问题然后加以解决的过程，是对未来实践的方向、目标以及为达到目标所采取的方法、途径、策略做出决断的过程。顾名思义，决策产生于理性选择和对规则的遵循和身份的实现。职业生涯决策是指人们为解决自身的职业生涯发展问题而做出的选择、制定的决策。

（一）决策产生于理性选择

所谓理性，是指根据评价行为结果的某些价值系统来选择偏好的行动方案。此观点以后果逻辑为基础，认为决策是由个体为追求某些期望的结果进行有意的理性算计而产生的。但我们知道，由于人的理性是有限的，在决策的过程中，人往往会受到有限的认知能力和不完全信息的束缚，不能同时考虑面临的所有

选择。

（二）决策产生于规则遵循和身份实现

对于高校辅导员来说，他们在学校身兼教师和管理干部的双重身份，这两个身份是由他们所从事的职业决定的，那么，他们的职业专业化的发展路径也必须适应这两个身份。如何来适应或匹配这个身份，个体必须遵循一定的规则和程序。而个体对于身份的决策是以适当性逻辑为起点的，强调个人对情境、身份和规则的判断。

五、高校辅导员专业化：高校辅导员制度与高校辅导员个体决策相互作用的产物

高校辅导员专业化是一个相当复杂的发展过程，如前面所述，高校辅导员主体是国家主体、社会主体和个人主体的统一。我们可以从个人、组织发展、时间和空间四个维度来考察高校辅导员专业化。从个人维度上看，高校辅导员需要制度为自己提供专业化发展的导向，帮助自己厘清发展过程中的不确定性，但作为理性的人，高校辅导员在制度的规约之下，可以通过个人的决策对自己的专业化发展方向施加影响，谋求利益的最大化。高校辅导员个人能力、个性、动机、价值观等方面的变化及相互关系，使高校辅导员的专业化发展呈现出鲜明的个性和差异。从组织发展的角度看，大学组织通过设置高校辅导员制度对高校辅导员的专业化发展施加影响，以利于高校作为组织管理和达成发展目标，这些制度既约束、控制着高校辅导员的专业化发展，同时又为高校辅导员专业化发展提供了条件保障和规则遵循的依据。从时间维度上看，高校辅导员专业化发展既无法脱离作为学术职业的历史变迁的影响，也无法摆脱高校辅导员个体职业生涯周期的阶段性特征。从空间维度上看，所经历的社会背景、高校组织现状、现实的生活工作环境等为辅导员专业化发展创设了外在的条件，同时也设置了许多规约。

总而言之，高校辅导员专业化的实现一方面受到制度规则的多方面约束，另一方面在个人决策作用下具有多种权变的可能，这种权变可能导致高校辅导员专业化发展进程与制度的意图相左，导致制度实施低效，并成为制度变迁的潜在诱因。

第二章　新时期高校辅导员工作的挑战与创新

当下，意识形态领域的激烈斗争、社会价值判断的多元变化、人际关系的日益网络化以及高校思想政治教育教学改革的深入发展，为推进辅导员队伍建设带来了严峻的挑战。但所谓危机，就是机遇在危险中存在，辅导员队伍也有着新的发展机遇。本章即针对新时期高校辅导员工作的挑战与创新进行一定的分析。

第一节　新时期高校辅导员工作面临的挑战

一、全面提升高等教育质量的时代要求

（一）全面提升高等教育质量

我国高等教育的不断发展使得高等教育发展目标也逐渐发生转变，即从过去注重数量和规模向注重质量和效益转变。《国家中长期教育改革和发展规划纲要（2010—2020年）》（以下简称《纲要》）中明确指出，提高质量是高等教育发展的核心任务，是建设高等教育强国的基本要求。现阶段，我国高等教育发展最主要的任务是在各个方面提高教育的质量，这是实现教育强国战略的基本要求，也是当前高等教育改革发展的主旋律。

在提升高等教育质量的总体要求下，《纲要》提出了基本目标，即“高等教育结构更加合理，特色更加鲜明，人才培养、科学研究和社会服务整体水平全面提升，建成一批国际知名、有特色、高水平的高等学校，若干所大学达到或接近世界一流大学水平，高等教育国际竞争力显著增强。”这一基本目标规定了提升高等教育质量的核心内涵和具体内容。概括地讲，它主要包括以下四个方面：一是结构合理、特色鲜明；二是大学功能全面提升；三是世界一流大学建设成绩突出；四是教育国际竞争力显著增强。从提升高等教育质量的内涵分析，要全面提升我国高等教育的质量，需要以调整结构、彰显特色、发挥大学功能等为主要途径，最后实现创建世界一流大学，提升我国高等教育的国际竞争力的目标。

（二）提升高等教育质量的基本途径

为了使高等教育质量得到全面发展和提升，《纲要》从以下几个方面高度概括了提升高等教育质量的原本路径，包含提高人才培养质量、提升科学研究水

平、增强社会服务能力以及优化结构办出特色等方面。

1. 提高人才培养质量

《纲要》指出，提高质量是高等教育发展的核心任务，是建设高等教育强国的基本要求。重视提高人才培养的质量，即要着力培养信念执着、品德优良、知识丰富、本领过硬的高素质专门人才和拔尖创新人才。据此，高校应加大教育的投入、增强最基本的教学设施的建设、深化教学改革、推进和完善学分制、强化实践教学环节、加强就业创业教育和就业指导服务、严格教学管理、健全教学质量保障体系等，通过全方位的途径和手段全面提高人才培养的质量。通过以上途径和措施，可以达成直接目标“充分调动学生学习积极性和主动性，激励学生刻苦学习，增强诚信意识，养成良好学风”，最终使高校人才培养的质量得到全面提升。

2. 提升科学研究水平

高等学校的综合实力可以由科研水平显示出来。一个高科研水平的高校在社会发展和变革中有着重要的作用。《纲要》指出，鼓励高校在知识创新、技术创新、国防科技创新和区域创新中作出贡献。在这一要求下，高校应注重科研平台建设，加强基础研究和应用研究，促进科研与人才培养的互动与结合，同时“完善以创新和质量为导向的科研评价机制”，以此促进和提升高校科研水平。

3. 增强社会服务能力

做好社会服务，提升社会服务功能是高校的重要任务之一，也是高校加强与社会联系的必要手段《纲要》认为，高校需要树立积极的社会服务意识，提升社会服务能力，全方位开展社会服务。具体而言，高校可以从加快成果转化、进行科普教育、推进文化传播、参与决策咨询和开展志愿服务等方面提高社会服务水平，提升社会服务的能力。

4. 优化结构办出特色

据《纲要》要求，优化结构也就是要适应国家和区域经济和社会发展的需要，建立动态调整机制，从学科、专业、类型、层次结构等方面进行优化，促进多学科交叉和融合，大力培养应用型、复合型、技能型人才。另外，从国家教育资源平衡发展的角度出发，高校需要进一步扩大在中西部地区的招生规模，为地区性人才培养做贡献。在高校竞争日益激烈的今天，高校应当对自身进行合理规划和定位，尽量克服同质化倾向，在发展过程中努力结合自身的优势和特点，形成各自的办学理念和风格，在不同层次、不同领域展现出鲜明的特色。

（三）辅导员队伍建设面临的机遇

要想使高等教育质量得到全面提升，人是其中最关键的因素。这个“人”主要指高校的教师队伍。大学的教师队伍在一个大学里发挥着核心的作用。辅导员是大学教师队伍中不可分割的重要部分。要提升高等教育质量，实现立德树人目标，辅导员队伍是一支关键的依靠力量。因此，辅导员队伍的建设和发展需要在提升高等教育质量这个大背景下进行规划和设计，而提升高等教育质量也需要将辅导员队伍建设和发展纳入高校整体立德树人体系中去。正确处理好二者的关系，能够有效提高人才培养的质量，也为高校辅导员队伍建设提供了重要的发展机遇。

作为辅导员，要充分认识人才培养的重要性，围绕高校人才培养的根本任务开展人才培养的本职工作，特别要加强学生教学与实践环节的指导和引导，切实提升人才培养的质量。具体而言，辅导员队伍处于人才培养的第一线，与学生密切接触，可以积极探索人才培养的具体模式和途径，在创新人才培养模式中发挥积极而有效的作用。例如从社会服务能力入手，开展志愿服务实践活动，提升大学生的综合素质和能力；积极推进文化传播，弘扬优秀传统文化，不断促进大学生人文素质的发展。

高等教育已经进入大众化阶段，在当前，大学从传统的知识传授转向社会专门技术人才的培养，高校与社会的交流与合作越来越紧密，社会对大学人才培养提出了新的要求。针对日益扩大的大学职能，辅导员工作要主动融入这些变化，在大学整体变革中找到高素质人才培养的手段和路径。例如，学生规模的扩张与高等教育资源之间的矛盾，使得当代大学生面临的就业问题、经济问题、心理问题、发展问题等日益严峻，辅导员就应该适应这些新变化，不断拓展工作内涵，从传统单一的思想政治教育转变为个性化的需求辅导，从而在解决实际需求中更好地做好人才培养工作。

二、高等教育国际化竞争的巨大挑战

（一）本质上看高等教育国际化竞争是国家竞争

在一个国家中，教育是一个面向未来的重要战略。它既是国家综合实力和竞争力的重要体现，也与国家的未来发展有着密切联系。21 世纪以来，世界各国都大力加大对教育的投入，特别是发达国家，更是将教育事业作为国家全面发展的重要布局，提出优先发展教育的各种措施和计划，以此保持并提升本国教育的世界竞争力。我国同样认识到国家间教育战略的竞争，越来越重视教育的发展，从国家层面相继提出了“科教兴国”战略、“人才强国”战略，也提出了“优先发展教育，建设人力资源强国”的战略决策。

高等教育的国际化发展可为国家带来适应经济全球化发展的人才，打开国际市场，培养具备国际视野的创新型人才。然而国家教育战略竞争的实质是一种国家间在全球范围内争夺教育优势和制高点的竞争，是教育理念、教育方法和教育手段的竞争。“全球化使得大学之间的竞争更为激烈。”事实上，西方发达国家高等教育在教育理念、方法和手段等方面已经走在世界的前列，在国际化人才的培养方面对我国高校现有的教育体制形成了极大的冲击。对我国高等教育而言，国际化进程起步较晚，必须通过坚持高等教育国际化、加强高等教育的国际交流，借鉴和学习国外高校先进的教育理念、教学内容与方法及管理制度，促进我国高等教育的国际化发展，推进教育现代化的实现。

为了实现科教兴国和人才强国战略目标，高校要积极应对高等教育国际化竞争带来的挑战，大力促进高等教育的改革与创新。在教育理念上，需要加速革新，创新教育理念，加强国际化人才的培养；在教育方法上，注重人才的实践教育、创新教育和全球化发展教育；在教育手段上，在世界范围内加强和拓展与国外高校的交流与合作。合作办学是教育国际化的重要内涵，《纲要》指出，引进优质教育资源。吸引境外知名学校、教育和科研机构以及企业，合作设立教育教学、实训、研究机构或项目。在促进教育国际化方面，合作与交流是最直接的方式。加快高等教育的国际化发展，积极鼓励开展中外合作办学、推动合作与交流、互派留学生等，通过合作办学引进境外的优质教育资源、管理制度，为人才培养创造充足的物质和信息资源，推动学生创新能力的培养。

（二）辅导员队伍建设在高等教育国际化竞争中面临的挑战

高等教育国际化要求加强辅导员队伍建设，这就需要深刻理解高等教育国际化趋势导致的人才培养要求变化，进一步认识到人才的培养是全方位、全过程和全要素的结合，既要把培养具有国际视野、国际竞争力的创新人才作为工作的出发点，也要把培养“可靠”“合格”的放心人才作为工作的落脚点，否则，就会导致培养目的和效果的“混乱”状态，适得其反。同时，要培养国际化人才，就需要打造一支国际化的辅导员队伍，促进辅导员队伍的专业化、职业化发展。辅导员队伍要不断适应高等教育国际化的需求，在学生事务工作、学生管理教育等方面更加体现国际元素，融入国际高等教育的大趋势。如借鉴国外高校学生事务管理工作的经验，则辅导员的工作和分工将会日益精细，专业化程度也会越来越高，学生事务的管理也会变得规范化、程序化、法治化。

在人才培养要求方面，高等教育国际化对其也提出了更为明晰的要求，国际化人才培养的理念和实践也有了新的内涵。从人才培养上看，高校辅导员需要及时更新教育理念、方法和手段，积极从国际教育的视角审视当前的学生工作，不断学习国际先进的教育理念和方法，逐步将学生事务工作的理念与实践与国际接轨，提升人才培养的服务水平，为提高我国高等教育的国际地位、影响力和竞争力贡献一分力量。

三、网络时代给辅导员带来的机遇和挑战

在网络时代，科技的发展使得大学生出现诸多问题，对大学生进行教育时，辅导员已不能单纯利用传统的说教和固守原有的经验和模式，而是要充分意识到

网络在开展学生管理和服务工作中的积极作用。努力提高自身的能力与素质，更好地利用网络来应对与处理网络带来的问题。

辅导员要认识到，网络是把“双刃剑”，在对大学生发挥积极作用的同时，又诱惑着涉世不深的大学生，使得部分大学生陷入迷失自我的陷阱中。因此，辅导员要帮助大学生学会在大量的信息中找到自己所需要的信息，能对自己有帮助的资源。同时，帮助他们提高自控力，提高抵制诱惑的能力，认识到网络只是一个工具，不能陷在网络中不能自拔。对于辅导员来说，迎接这一挑战，就得通过各种方法与途径首先提高自身的网络工作技能。BBS、QQ、微博、微信等都是辅导员应该熟练掌握的应用工具，并在开展工作时应用起来。

从实际情况来看，QQ、微信等工具已经是当前使用范围较广的聊天工具，学生基本上都有自己的账号，这些平台具有非常便捷的信息发布功能，能实现即时通信、互相发送图片和在线文件传送。平时的通知、文件等，辅导员可利用群共享、群邮件等方式发布在群里，供同学们及时查看、下载。辅导员还可以利用网络建立辅导员 QQ 群、微信群，拥有自己的工作交流平台，一方面开展学生工作推广和完善思想工作；另一方面遇到一些棘手的难题还可以集思广益互相讨论。而且，高校辅导员 QQ 群、微信群还可以增进辅导员彼此间的了解，增强各大高校的联系，增进感情，互相学习各自长处，共同进步。高校辅导员加入学生建立的 QQ 群、微信群，能够及时掌握班级思想动态，以便及时做出有效应对。

四、辅导员队伍自身发展的新机遇

（一）国家政策的有力保障

国家教育行政部门高度重视辅导员在高校人才培养过程中所发挥的积极作用，也非常关注辅导员队伍的建设和发展。自 2000 年以来，在国家政策层面公布和实施了一系列关于辅导员队伍建设的文件和指示。2004 年，《中共中央 国务院关于进一步加强和改进大学生思想政治教育的意见》对加强和改进大学生思想政治教育提出明确要求。2010 年，《纲要》明确要求高校“加强辅导员、班主任队伍建设。”“加强校长培训，重视辅导员和班主任培训。”“构建大中小学有效衔接的德育体系，创新德育形式，丰富德育内容，不断提高德育工作的吸引力和感染力，增强德育工作的针对性和实效性。”在这个背景下，各级政府和高校做出回应，也陆续出台了相应的配套措施来配合国家的顶层设计，以制度性安排和政策强制力，为高校辅导员队伍建设提供细化、到位的保障机制，有效落实和深化辅导员队伍改革和创新发展的思路。

（二）专业化发展的机遇

按照《中共中央 国务院关于进一步加强和改进大学生思想政治教育的意见》，2005 年发布的《教育部关于加强高等学校辅导员、班主任队伍建设的意见》指出："要统筹规划专职辅导员的发展。鼓励和支持一批骨干攻读相关学位和业务进修，长期从事辅导员工作，向职业化、专家化方向发展。"国家教育行政部门通过进一步明确辅导员的角色定位和工作定位，一定程度上改善了辅导员的角色困惑和职责模糊不清的状况，为辅导员专业化、职业化发展奠定了政策基础。

辅导员职责体现在以下方面：要以学生事务管理为基础、以思想政治教育为核心、以学生发展指导为主体，寓教育于引导服务之中。2014 年，教育部出台《高等学校辅导员职业能力标准（暂行)》，进一步为辅导员专业化发展指明了方向。在这个国家层面的辅导员职业能力标准中，将辅导员的专业能力发展分为三个等级，即初级、中级、高级；同时，详细厘定了每个等级的工作内容和能力要求，将辅导员工作进行专业功能划分，主要包括思想政治教育、党团和班级建设、学业指导、日常事务管理、网络思想政治教育、应对危机事件、职业规划与就业指导、心理健康教育与咨询以及理论和实践研究这九大方向。可以说，随着辅导员职业能力标准的出台，辅导员的工作目标和具体要求得到了进一步的强调，如此，大大促进了辅导员工作的职业化和专业化提升，为辅导员专家化发展奠定了重要基础。不少高校也积极探索、大胆创新辅导员队伍建设，大力推进辅导员专业化发展。随着高等教育的持续发展和国家教育政策的不断优化，高校辅导员队伍建设进入了良性发展的新时期，辅导员队伍的总体质量得到了显著的提升。目前，我国已经形成了一支拥有丰富的工作经验、合理的学历结构以及较大发展潜力的辅导员工作队伍，这对于高校辅导员队伍下一步的专业化和职业化发展来说无疑打下了一个良好、扎实的基础。

（三）逐渐增强培养力度

在《纲要》中，将教师包括辅导员定位为"学生健康成长的指导者和引路人"，指出师德表现应该成为各高校教师聘用、考核以及评价的重要内容，并明确提出"重视辅导员和班主任培训"，通过研修培训、学术交流和项目资助等方式来提升辅导员专业水平、优化队伍结构建设。

通过构建不同层面的培训体系，使辅导员的培养力度得到进一步加强。国家部门、地方政府和各高校通力合作、多方联动，从国家辅导员研修基地到省市培训点，再到国内外高校进行交流学习。同时，结合校内开展的普及性培训，积极鼓励辅导员参与，逐步构建起国家、省研修基地及校内外分层次、多样化的培训交流体系。这一培训体系能够有效帮助辅导员拓展工作视野，提高工作创新能力。相关部门和高校通过举办校级、省级和国家级辅导员职业技能大赛等形式，为辅导员提供展示工作技能和个人魅力的平台，不断引领辅导员队伍加强专业学习，增强专业技能，推进职业化发展。另外，各高校也坚持以学生教育管理服务工作面临的新情况和新问题为重点，不断组织辅导员开展校内外工作交流，并投入专项经费支持辅导员科研工作，以研究促进工作，提高辅导员的科研能力和水平，加强辅导员队伍建设。

（四）职业发展路径越来越开阔

高校辅导员普遍关心的一个问题就是职业发展，这也是决定辅导员职业是否具有吸引力和活力的重要问题。近年来，各高校一直积极探索辅导员队伍职业发展的良性运行机制。经过实践与探索，结合自身特点，各高校逐渐形成了多种发展路径。概括来说，目前高校辅导员主要有以下几种职业发展途径：一是将高校辅导员作为后备干部的培养人才，使其成为高校管理干部选拔的重要后备力量，积极推荐优秀辅导员流动到校内外其他管理岗位；二是通过人文关怀和文化建设加强辅导员的职业归属感，为辅导员提供职业生涯规划，鼓励和吸引更多的优秀辅导员坚持在辅导员岗位上，走职业化、专家化的发展道路；三是将辅导员评聘纳入学校教师队伍的评聘制度之中，建立起以工作业绩为主要内容、以学生满意度为重要指标的考核体系；四是根据辅导员的任职年限及工作表现，给予相应级别的行政待遇和倾斜政策。这些途径的探索为辅导员的职业发展提供了可能性。

总的来看，国家从政策和制度层面对辅导员队伍建设的职业环境形成了有力的保障，而辅导员队伍培养和专业化发展力度的增强、职业发展路径的拓宽，则指明了辅导员队伍工作的发展方向和基本趋势。这不仅是对高校辅导员队伍建设提出的新要求，更是高校辅导员队伍发展的新机遇。加强辅导员队伍建设要努力做好各方面工作，不断提升队伍水平。

五、工作对象的新特点

当代大学生多为“00后”，他们有着鲜明的群体特点和个性需求，他们精神世界的主流是积极向上的，已由自我中心走向自觉担当、个体本位走向社会本位、独自享受走向同甘共苦。思想活动的独立性、选择性、多变性、差异性日趋明显，开展大学生思想政治教育、有效引导大学生思想观念更为复杂。辅导员必须准确把握当代大学生思想特点和对新事物的接受习惯，对思想政治教育的形式、内容以及手段和方法进行与时俱进的创新，使得大学生思想政治教育工作的时代感和针对性得到全面的提高。

（一）传承性与裂变性并存

从现实来看，当代大学生在与传统思想产生“裂变”的同时又可以在思想行为尤其是政治认同上保持一定的延续性和稳定性。他们的出生和成长处于中国社会巨大变革的历史进程之中，社会形态、生活方式等方面的巨大变化虽然与以往社会保持了一定的连续性，但独生子女的家庭环境加之社会形态的深刻转型以及多元文化的巨大碰撞，不断地挑战他们原有的教育元素和价值规范，同时对大学生在内的青少年的传统生活方式和价值观念的认同产生了不同程度的弱化。这些因素都使得代际差异得到了加剧，也在当代大学生群体中造成了某种“裂变”现象。

然而，值得庆幸的是，当代大学生在多个思想价值观念上依然秉承一定的延续性和稳定性，这一点在政治认同方面尤其突出。这种情况一方面主要得益于坚持社会主义意识形态和思想政治教育，另一个方面也得益于民族心理与文化、政治体制以及经济关系等多元因素合力孕育并造就的思想政治观点。更加根本的是，改革开放以来我国政治、经济方面所取得的巨大成就，使得广大学生对中国特色社会主义的全面理解与认同得到了更加深刻的增强。

（二）社会性与个体性相互结合

虽然当代大学生崇尚个人自由，但这种自由与社会责任和国家意志是协调统一的。当代大学生给人们的第一印象是追求个性的发展，往往根据自己的判断进行选择，根据自己的个性追求自身的发展，根据自己的态度偏向选择事物。他们提倡个人发展、个人自由，追求金钱但又蔑视金钱，对政治的关注度不够，对社会的态度是一种事不关己的状态。他们对于理想信念虽然缺乏信心，但从内心深处有着眷恋的正是因为这种复杂的关系，总会使人们觉得他们对社会责任缺乏担当，与国家意志不能协调统一。但通过抗震救灾，可以看到他们的个人选择和国家的意志能够在很大程度上得到统一，这就使得我们必须对当代大学生的个性重新进行审视。与前代大多数人的顺从和服从相比，当代大学生就会显得更加独立。他们不会被动地等待动员，没有听从组织的号召就完全以自发的志愿加入行动中去。当然有人可能会说其中或多或少存在追求自我实现的成分，但这正是他们鲜明突出的特点。由此可以看到他们的自我实现、个人自由与国家和社会责任之间相应的契合点，也可以发现这一代年轻人的个人选择是建立在国家和谐与所承担的社会责任之上的。

（三）超越性与功利性的互相转换

当代大学生在追求功利价值的同时，可以超越世俗，实现其人格的进一步升华。市场经济体制的快速发展使得人们的个体意识和自身利益的重要性得到了一定的强化。与之相对应，当代大学生对于个人成就和成功有了更多的重视和追求。他们更注重个人利益和合理的人生目标，抱有较多的幻想但对实际问题和困难的考虑有所欠缺。他们对自己的生存和发展有着相对以往更加理性的分析和估算。这也就是说，在决定日常行为时，他们倾向于根据自己的实际利益来计算合理性，而不是根据某些信念、原则或价值标准。具体表现为思想行为的功利主义和个人利益的支配，但功利主义的洪水并未将当代大学生全部淹没。他们内心深处的情感中仍然饱含着崇高、温暖和神圣的部分，在接受教育的过程中所需更多的是引导和启发，与他们进行心灵的触碰，这也是加强和改进思想政治教育，促进社会主义核心利益向着更加完善的体系化发展的根本所在。

（四）民族性与世界性的共存和统一

当代世界大学生在坚持民族认同的同时，也在不断融入世界。他们在我国日益开放的环境中长大。全世界的教育资源、跨文化交流，特别是高速发展的网络环境，为他们提供了更多“以个人身份参与全球化”的良好契机。他们所接触的信息远远超出学校和家庭所能给予的范围，这无疑有益于他们的成长。但同时就会有人提出疑问：他们在吸收世界先进文化成就，放眼世界文明的同时，是否会迷失自我？他们在吸收西方文化的同时是否对民族文化的认同感和对祖国的归属感有所消除？无疑，这些问题会是我们所担心的。但是通过一系列国家重大事件不难发现，西方的文化没有改变当代大学生的中国心，华夏民族传承至今的伟大的民族精神以及悠久的文化传统在他们身上仍然有着强大的生命力。有些人可能把自己的表现归因于所谓的普世价值观，但事实上，“老吾老以及人之老，幼吾幼以及人之幼”以及“世界都是一家人”等传统精神理论是当代大学生最重要的推动力之一。总之，当代大学生具有明显的多面性，这在另一个层面上体现出了他们在人格塑造成型过程中所具有的极强的可塑性，同时也指出了高校需要根据学生的特点和需要开展思想政治教育的必要性和急迫性。

第二节　新时期高校辅导员工作的创新发展

一、高校辅导员工作的方法创新

丰富多彩的教育内容，必须借助适当的方法。方法是根据教育的内容和对象来确定的，在高校教育工作中，教育的客体是有知识、有理想、思想活跃、思维敏捷的青年大学生，加之国内外政治、经济、军事、文化、科技的迅速发展，要使学生能够顺利接受教育内容，坚定信心，更新观念，成为一名合格人才，就必须按照青年学生教育的规律和原则，运用正确的方法进行相应的教育，从而达到教育目的。

（一）灌输教育法

青年学生虽然有知识、有文化，但他们的马克思主义理论水平、运用马克思主义分析问题、解决问题的能力以及思想修养标准与时代的要求还有一定差距。对他们必须进行马克思主义基本理论和党的路线、方针、政策的灌输。但灌输教育不是强制教育，也不能错误地认为是迫使学生去接受某种政治观点和政治立场，而必须采取灵活多样的形式，以达到实际效果。灌输一般有他人灌输、自我灌输、普遍灌输、个别灌输、形象化灌输、启发式灌输等。进行灌输教育时，要注意以下几点。

（1）要注意渐进性。在灌输过程中，要由浅入深，由表及里，避免急于求成。要针对学生的某些困惑，采取摆事实、讲道理的方法，使青年学生对有关信息的输入认真消化，逐步提高认识能力。

（2）要注意情感性。情感需要是人的基本需要。因此，灌输时语气友善谦和，姿势亲切自然，内容深入浅出，语言简洁精练，双方情感交融在一起，灌输内容才会被真正感知和接受。

（3）要注意竞争性。青年学生具有较强的竞争心理。因此，要设法营造竞争的环境，激发学生对灌输内容的兴趣，使青年学生在不认为是灌输的良好心境中接受灌输，以提高灌输的成效。

（二）疏导教育法

1. 理论疏导

青年学生思维敏捷活跃，通情达理，辅导员在解决青年学生的思想问题时必须坚持理论联系实际的原则，针对具体人的具体思想和表现，采取辨事明理法、类比推论法、正说反议法、深入浅出法、民主讨论法等，有效地澄清学生思想上的模糊认识，使之在无可辩驳的事实和真理前心悦诚服。

2. 感化疏导

教育者要从关怀、理解教育对象入手，通过激情感染、理解关注、排忧解难等方法，打动对方的心灵，“精诚所至，金石为开”，这正是感化指导的高度概括。

3. 启示疏导

由于大学生的阅历和所处的家庭环境不同，认识问题的出发点和思维的方法也不尽相同，因此，一些学生在思维过程中就会出现不同程度的思考不周、思绪紊乱、思路阻塞等问题。认识上的错误必然导致行动上的错误。对这些问题，教育者要根据不同情况，通过抛砖引玉、类推诱导、知识启迪、反思启示等方法，去打开受教育者思维的大门，把自己论说的道理变为他们自己的个人理解，转化为自发的觉悟，由此而使被教育者的认识日益全面，思考日趋成熟。

4. 美育疏导

爱美之心，人皆有之。教育者要维护和理解青年学生的爱美心理，不断对他们实施艺术美育、自然美育、社会美育等方面的教育引导，引导他们从观赏自然美到追求社会美，从欣赏艺术的形式美到重视艺术的内容美，从注意外表美到注重心灵美，从保持个人美到爱护集体美，逐步培养他们正确的审美观，纠正错误的审美意识，使他们按照美的规律来塑造自己，争做语言美、行为美的新一代。

（三）典型示范法

运用典型示范法要注意以下问题。

（1）总结推广先进要注意实事求是。总结经验要找出已有的而不是臆造出来的规律性，要分寸得当，富有余地，不要说过头话，这样的典型才有真正的生命力。

（2）宣传典型，要有一定的声势。要向大学生提出明确的学习目的和内容，端正向典型学习的态度，克服一些“不服气”的思想，虚心学习典型的优点和长处，扩大典型的宣传教育作用。

（3）推广典型切忌强迫命令。学习典型要结合实际情况，不能简单地照抄照搬，更不能“一刀切”。否则，不仅不会收到好的效果，反而会影响青年学生的思想和学习。同时还可以抓住有典型教育意义的反面典型现身说法，以切身教训教育大学生，使其引以为戒，不再犯同样的错误。

（四）思想品德评价法

进行思想品德评价，可以采用多种形式。如评优表扬先进、精神鼓励、物质奖励、正面教育、批评帮助、违纪处分和综合测评等。评优表先，是对学生的思想认识、道德行为进行纵横两个方面的对比和评价，从中筛选出先进进行表扬，以教育全体学生。精神鼓励必须与物质奖励相结合。精神鼓励只是对学生的思想行为进行正面的肯定，并给予必要的荣誉和称号，从精神上给人以鼓舞；还要给予物质奖励，充分调动学生的积极性。

正面教育必须同批评帮助相结合，并把二者统一起来。正面教育是充分对学生的思想行为给予正面的评价，认识到学生的主流是积极向上的，并善于在他们身上寻找闪光点。但大学生思想行为上也会有一些消极因素，这就必须进行批评，指出存在的问题，分析问题的根源，提出改正的办法，指明努力的目标，帮助学生完善自己。处分，是对学生严重的不良思想行为所采取的必要措施。

综合测评是近几年在学生教育实践中不断完善和充实的一种评价方法，是对学生在某一时期学习、工作、思想认识、政治态度、道德行为进行全面的评价，是为了帮助学生总结经验、发扬成绩、克服不足，不断取得进步。综合测评不仅是在现象和数据上给予严格的界定，而且在质的方面也给定了量化的标准和原则，使高校的教育工作具体化。

二、全方位认识当代大学生

辅导员的工作对象是大学生，辅导员应该全方位地认识大学生，构建大学生思想政治教育的多维方法模式，形成学校、社会、家庭多维的、立体的教育网络，对辅导员工作科学化具有重大意义。

（一）学生的概念

高校学生工作是指以培养“有理想、有道德、有文化、有纪律”，德、智、体、美、劳全面发展的社会主义事业建设者和接班人为目标，以帮助学生提高全面素质为根本任务，通过专门的工作部门和人员对大学生组织实施的教育、管理和服务。学生工作有其特定的工作内容和工作要求，随着时代的发展，学生工作的内容也在不断丰富和发展。

我们在工作中经常会有这样的感觉。一是好像什么样的学生都有，学生与“社会人”的差别已经很小。有的学生长年累月、夜以继日地看书学习，他们总是在课堂、自习室或图书馆，每天除了睡觉、吃饭，有十几个小时用来学习；有的学生好像很少学习，整天要么逛商场购物，要么聊天谈时尚，似乎花钱是主要乐趣；有的学生似乎什么都行，学得好，玩得好，社交也得心应手，甚至还能发明创造，直至创业。二是好像难于理解学生。学生的所思所想、所作所为经常出乎我们的预料和理解范围，有时甚至难以沟通。

莫名其妙的感觉远不止这些。其实，每个学生所处的客观环境与以前相比都发生了巨大的变化，与别人相比也有巨大差异。客观环境的变化必然引起学生的变化。这种变化是客观事实，我们不能简单地用“好”与“坏”来评判。

有人从贯穿于学生的各种客观活动空间的信息环境的变化这一角度分析了学生的变化，认为现在的学生处于这样的矛盾状态：对人生已有较多了解，但有时“一知半解”；较少有不适感，但有时“是非不辨”；难以被理论说服，但有时“自以为是”；接受新生事物迅速，但有时“囫囵吞枣”；物质的满足胜过精神的愉悦，但有时“不计后果”。种种迹象表明，“学生”概念有了重大的发展，“学生”已是综合的社会角色。概括地说，“学生”概念包含如下内涵。

（1）学生是“学习者”。这与传统的“读书人”概念不尽相同，其主要差别在于现在的学生主动学习的比重远远大于被动学习的比重。他们更倾心于自己感兴趣的自以为“有用”的内容，对自己想学的东西非常自觉、非常投入，而对教学计划中自己尚未感兴趣的课程内容（哪怕是必修课）缺乏学习动力。主动学习的比重越大，不能说教师的作用越小，相反，学生越需要教师的帮助，只是这时的帮助应该是指导而不是灌输。因此，“学生”已成为需要更多指导的“学习者”。

（2）学生是“消费者”。这主要有三层含义，一是指现在的本科生都是交费上学，他们都要交给学校一定的学费。尽管他们交的学费还不够学校为其花费的培养费用，但是他们与以前免费上学的学生相比有更多、更高的要求，也有更大的愿望参与学校的建设和管理。他们理所当然地要维护其正当权益。二是指现在学生的日常开支项目和数量不断增长，经济来源和支出问题已经成为他们不得不考虑和盘算的问题。无论来自家庭收入、亲友捐助，还是自己贷款所得、勤工助学收入、获得奖学金，他们每月都要花费几百元甚至上千元。三是指学生已经被越来越多的商家视作重要的市场对象，尤其是在电子商务活动中，学生已经成为重要的消费群体。

（3）学生是“创造者”。这主要指现在的学生能够利用空前丰富的信息等各种资源，创造出经济的、社会的和文化的财富。稍做调查就能发现，学校越来越重视针对学生的创新意识的教育、创新能力的培养、创新活动的开展和创新成果的表彰，越来越多的风险投资公司为学生创业设立风险基金，越来越多的学生，尤其是研究生，在上学期间发表学术论文、出版学术著作、发明新技术或开办公司。“学生”概念的发展表明，“学生”已经不是以前的学生。“学生”与“教师”已经不是两个互不交叉的社会角色，而是两个经常处于同一角色的主体，新的“学生”概念要求教育工作者改变原有态度，开展有针对性的教育、管理和服务工作。

（二）学生特点和思想轨迹的把握

学生工作是一门科学，又是一门艺术。学生工作干部要深入学习和深刻领会党的教育方针，还要运用科学有效的方法，全面准确地把握学生的特点和思想轨迹。

1. 学生特点和思想轨迹是开展学生工作的重要依据

简要地讲，学生工作是以人才培养为中心的重要工作，它通过教育、管理和服务等环节，为全面推进素质教育提供强有力的精神动力和思想保证，为学生的健康成长和全面成才提供良好的氛围和优质的服务。这样的工作性质表明，学生工作干部既要认真学习领会党的路线、方针和政策，在实践中坚定不移地贯彻党的教育方针，又要主动为学生着想，提供全方位、多层次、高效率的服务。显而易见，二者都需要把握学生的特点和思想轨迹，否则就难以切实贯彻党的教育方针，也难以为学生提供切实的服务。

在教育工作中，学生工作内容有：党的路线方针和形势政策教育；爱国主义、集体主义和社会主义教育；世界观、人生观和价值观教育；思想品德教育、美育教育和心理健康教育等。在具体工作中，要针对不同年级确定不同的教育重点和在政治、思想道德、素质、课程等方面的不同要求。为什么要确定这样的内容范围、重点和要求？这是培养社会主义事业的建设者和接班人的要求，是由不同年级学生不同的知识水平和接受能力所决定的。因此，学生特点和思想轨迹是教育工作的重要依据。

在学生事务管理工作中，一般都制定了激励措施：鼓励学生奋发向上；制定了学生处分条例，合理约束和规范学生的行为；建立了经济困难学生助学体系，帮助学生解决经济困难问题。对学生为什么要激励，为什么要合理规范学生的行为，为什么要帮助学生解决经济问题？这是因为激励对学生的奋发成才非常重要，学生易犯错误也最能彻底改正错误，况且学生中也确实存在经济困难问题。如果不以学生特点和思想轨迹为依据，学生管理工作怎么能开展得好呢？

在为学生服务的工作中，无论是对新生尽快适应大学生活的指导和帮助，还是为毕业生提供就业方面的指导和服务，或是对在校生的勤工助学活动的指导和服务，同样都是依据不同群体的学生特点和思想轨迹而开展的。

2. 把握学生特点和思想轨迹的过程

了解和满足学生需要的过程以及学生特点和思想轨迹是学生工作的重要依据。我们还要知道，学生特点和思想轨迹是动态的，被把握的学生特点和思想轨迹只是部分的。因此，要坚持不懈、广泛深入地了解和把握学生特点和思想轨迹。其实，这个过程也是了解和满足学生需要的过程。

学生需要主要是指学生在成长和成才过程中对物质生活和精神生活的需求感和不满足感。学生需要的东西很多，学校不一定都能及时满足这些东西，这就决定了学生需要是一个永恒的主题。

学生需要的内容是有结构的。它可以区分为学习需要和生活需要：学习需要包括学习的专业内容、学习方式、学习方法、学习目标、学习环境、学习条件等；生活需要包括生活质量、生活环境、生活条件等。也可以区分为物质需要和精神需要：物质需要包括学习和生活的物质条件，精神需要包括学生在思想和文化等方面的追求。

学生需要的结构还有层次区分：一是学生需要可以区分为个人需要和群体需要；二是学生需要可以区分为意识到的需要和没有意识到的需要，意识到的需要又可分为表达出的需要和没有表达出的需要。把表达出的需要称作可以“言传”的需要，把没有表达出的需要称作只能“意会”的需要。看得出，内容结构和层次结构交织在一起的学生需要的结构是复杂而多样的。如果只注意学生已经表达出的需要而忽视尚未表达出的需要，或者只注意学生已经意识到的需要而忽视尚未意识到的需要，那么我们对学生的了解还是不够的。

3. 把握学生特点和思想轨迹的目的

把握学生特点和思想轨迹的目的，是提高工作的针对性和实效性。党的各级部门和学校的有关单位一直非常重视学生工作，然而覆盖面不到位、针对性不强、实效性不够等问题依然存在。其中的一个重要原因就是对学生的特点和思想轨迹把握得不够准确。我们时刻要牢记，把握学生特点和思想轨迹的目的是提高工作的针对性和实效性。显而易见，要提高学生工作的针对性和实效性，必须时时把握学生的特点和思想轨迹。学生的特点和思想轨迹在某种意义上是客观环境变化的产物。如果学生工作干部不注意学生成长和成才环境的变化，就无从全面准确地了解学生特点和思想轨迹，也就无法进行全方位覆盖，更无法提高工作的针对性和实效性。

第三章　新时期高校辅导员队伍的专业化发展

高校辅导员队伍专业化发展是从事学生基本工作的能力基础，也是高校辅导员为达到学生工作目标，取得学生工作成绩所体现出来的潜在可能性。辅导员队伍专业化的高低对学生工作有着重要而直接的影响。本章针对新时期高校辅导员队伍的专业化发展进行多方面的分析。

第一节　新时期高校辅导员队伍专业化发展的基础理念

一、以人为本

高校辅导员队伍建设必须将以人为本的教育理念落到实处，把大学生作为社会实践的主要参与者，使其潜能和创造力得到最大限度的发挥。除此之外，还应将大学生作为价值主体，深入了解他们对现实价值和利益的追求，充分满足其各方面的生活需求。

（一）以人为本的科学内涵

以人为本主要包含以下几个不同的层面。

第一，社会中存在的人是万物的根本。这里的“人”，不是单一的个人，而是社会广大群体，甚至全人类。社会中存在的人是实践活动的主体。人是世界万物之灵，劳动是人之所以被称为“人”和区别于其他动物的根本点。社会实践则是独属于人们的一种特殊的“对象化”活动。在社会发展历程中，广大民众是历史的创造和传承的主体。社会中开展的一系列实践活动，只有紧紧依靠广大民众，提高其能动性和创新能力，才能够为社会的整体发展贡献最大力量。

第二，社会中的人是价值的根本。社会中的广大群众，不仅仅是实践活动的主要参与者，还是价值实现的主体，是实践活动主体同价值实现主体的统一。广大群众积极参与社会实践活动，最终是为实现自身的现实价值和基本利益，满足自身的整体需求。

人，作为社会中区别于其他生物的群体，是赐予社会的宝贵财富，也是万物发展进步的尺度。从宏观方面来讲，我国社会主义现代化目标的实现需要人的参与，从小范围来讲，每一个小的群体目标需要人的奋斗才能够实现。这些目标的实现，都要依赖于人。人的思想的解放，思维观念的升华；人的道德素养和科学文化素养的提升；人的积极主动性和创新能力的增强，都是目标实现的催化剂。与之相应，无论国家、社会，还是群体的发展进步，或者是利益的实现，最终都会归结为人的发展和利益的实现，就高校思想政治教育而言，最终的落脚点也是充分发挥人的潜能，推动大学生为自身的健康成长和发展以及基本利益的实现奋力拼搏。所以，作为社会主体的人，不只是高校思想政治教育的主要参与者，更是思想政治教育的最终目标。高校思想政治教育要做到以人为主体，最为重要的就是将人的健康全面发展落到实处，并能够满足人们对社会更高层次的需求，以及实现社会广大民众的现实利益和真正价值。从根本上来讲，高校思想政治教育的开展就是为了实现社会中的人的发展、真正价值以及根本利益。所以，以人为本是高校思想政治教育的内在要求。

（二）以人为本的内在要求

1. 增强大学生的动力

动力，是一个人在参加社会实践中的具体表现，它不仅折射出了一个人在思想政治方面的良好精神状态和积极劳作的态度，还体现了个体在社会中对责任的担当。在当今时代，社会群体的自由平等观念和价值意识不断增强，要增强社会群体的动力，最基本的要求是使社会群体自我尊重的需求得到满足，尊重人们的思维观念、个性发展、创造力。高校思想政治教育是社会整体发展和受教育主体发展进步的基本要求。从本质上来讲，思想政治教育不仅是塑造个体人格和构建思想政治品德的过程，还是受教育主体同社会基本要求进行互动的一个过程。但是，从现实角度来讲，高校思想政治教育却是教育主体对受教育主体人格及品德进行单向引导的过程。针对这一基本现状，要紧扣以人为本的教育方向，与受教育主体的真实需求相适应，增强受教育主体在思想政治教育课程中的动力，促使大学生以积极的心态接受教育的主体性。

2. 推动大学生的发展

推动社会个体的健康全面发展是马克思主义对社会主义新社会在建设阶段的基本要求。中国共产党的最高纲领是推动中国走上共产主义发展道路，进而推动人们实现自我解放和整体发展。综合型人才的培养是社会发展的最终目标与社会主义初级阶段人类个体发展特征的具体化表现，是与我国实际情况相适应的人类个体发展的基本标准。综合型人才是社会主义初级阶段人类个体发展的最高标准，从思想、政治、行为等各个方面对人类个体的发展提出了新的要求。综合型人才的培养与发展，是中国特色社会主义发展的现实需求，是人类个体在发展中的基本需求以及本质利益所在，是高校思想中政治教育的内在要求以及首要任务。

3. 满足大学生的物质和精神需要

从本质上而言，高校思想政治教育的开展就是以先进的思想理论作为指导，提高受教育者的思想认知，增强他们的能动性，使其充分施展自身的能力，引导受教育者将自身的基本利益作为目标，并为之奋斗。

新时期，我国正经历着一次飞跃式的社会变革，关于人们之间的相互关系，各种利益之间的变动都包含其中。对于社会活动的主体而言，其各种需求和基本利益得到满足之后，才能使社会活动的主体以积极的心态为社会的发展贡献力量。此外，还要对个体需求与社会需求有一个明确的定位。高校思想政治教育要将个人的需求和利益同社会的需求和利益相结合；将个体的全面发展与社会的整体发展相结合；将统一要求与个性发展相结合；将正确思想意识的导入与自我发展相结合，从而增强受教育者的道德素养，为人们的思想道德发展提供需求。

当然，以人为本这一理论针对高校辅导员队伍建设提出了更高的要求。高校辅导员队伍建设在以人为本理论的引导下，要做到教育主体和受教育主体在和谐共生的环境下相互促进、共同发展，对教育主体而言，要站在尊重和理解的基础上，为受教育主体提供服务。

二、全面发展

全面发展理论在中国教育实践中占据重要地位。全面发展理论对于我国教育实现“面向现代化、面向世界、面向未来”的战略指导方针具有重大指导意义。全面发展在现阶段就是人的现代化。实现人的现代化过程，实质上就是实现人的全面发展过程，这一过程是与我国的社会主义现代化建设相一致的，是社会主义现代化的重要组成部分。作为社会主义教育的根本目标，“全面发展”以培育人的科学素质、文化素质、思想素质、道德素质等为载体，以人的思想、文化、社会关系和个性能力的充分发展为表现。具体到辅导员队伍建设，其发展的根源和动力正是大学生全面发展的需要。

（一）全面发展是社会主义教育的根本目标

根据社会主义社会的发展目标和根本任务，社会主义教育始终将促进“人的全面发展”作为根本目标。社会主义教育作为有目的的社会实践活动，其根本目标就是通过培育人的科学素质、文化素质、思想素质、道德素质等，通过人的思想、文化、社会关系和个性能力的充分发展，推动“人的全面发展”的具体落实。社会主义大学作为社会主义教育事业的中坚力量，在为社会主义事业培养合格建设者和可靠接班人方面发挥着不可替代的作用。而只有坚持全面发展的社会主义人才培养目标，才能够充分实现社会主义大学的本质要求。“全面发展”的育人目标客观上要求教育引导大学生能够正确认识个人发展和社会发展的统一，帮助大学生充分理解“全面发展”不是以个人为中心的发展，而是与社会发展互相依存、共生共荣的发展；教育引导大学生树立正确的价值取向，自觉抵制拜金主义、享乐主义、极端个人主义的不良倾向，正确处理追求物质利益和丰富精神生活的辩证关系；教育引导大学生在充分发挥主体性的同时，自觉克服发展过程中出现的片面倾向，不断实现从自发发展向自觉发展的转化。

（二）全面发展是高校辅导员队伍建设的发展依据

从高校辅导员职业发展、工作定位和职能转换中可看出，高校辅导员队伍建设已经成为思想政治教育学科的前沿课题，然而，真正推动高校辅导员队伍建设发展的力量来自实践的需要，来自大学生德育工作的需要，来自大学生全面发展的需要。从根本意义上讲，高校辅导员队伍建设是实现社会主义高校“全面发展”育人目标的客观要求，促进大学生的“全面发展”正是高校辅导员队伍建设展开的逻辑前提。

全面发展是既包含智力因素，也包含非智力因素的全面发展。然而在教育体制等因素的影响下，片面追求智育教育，忽视德育教育的情况普遍存在，甚至许多高校教育者和大学生本身，也没有对德育工作的价值予以充分的认识和肯定。如果说在改革开放初期，“学好数理化，走遍天下都不怕”还有其现实的社会基础，毕竟那时候人才匮乏是不争的事实，那么时至今日，在全球化和信息化的时代背景下，在知识不断更新、竞争日益激烈的社会条件下，大学生的全面发展正是凝练和提高核心竞争力的基础。而在大学生的全面发展过程中，德育因素发挥着重要的价值引领、精神支持的作用。大学生的道德素养可以帮助个体最大程度地发挥潜能，消除思想困惑，解决实际困扰，充分地释放个体的聪明才智，充分调动个体的有机要素并使其紧密配合，使得科学文化素质、思想政治素质、道德文化素质、个性心理素质能够协同发展，共同构建个体良好的知识结构与素质结构。在智力因素和非智力因素的教育分工中，高校具有明确的工作体制和基本要求。智育教育一般是在课堂教学中进行，是显性的课程；而非智育教育主要包括社会实践教育、班团建设教育、党支部活动教育、学习发展教育、心理健康教育和职业发展教育等，是隐性的课程。隐性课程对于大学生全面发展的意义虽然重大，但是由于各方面的影响，高校隐性课程普遍缺乏专业性的学科支撑。对于隐性课程这样一个外延较大的领域，一般是由高校辅导员统筹管理，在具体工作的层面上，更多的是呈现事务型而非专业型。面对高校辅导员的应然状态和实然境遇之间的矛盾，高校辅导员队伍建设发展可以说是破解难题的金钥匙。而以大学生的全面发展理论为指导，以促进大学生的全面发展为准绳，将是高校辅导员队伍建设发展的理论依据和实践标准。

三、德育为先

（一）立德树人是高校教育的根本任务

“德育为先”是加强和改进大学生思想政治教育的基本原则。其中，育人体现了学校教育的本质功能，而德育则体现了育人功能的核心。高校的基本职能是人才培养、教学科研、社会服务和文化传承。其中，人才培养是教育的根本目标，学校的各项工作都要紧紧围绕人才培养展开。专职教师在教书的同时，传授的不仅仅是知识，更是师德品格的展示；其他管理岗位、教辅岗位、服务岗位的教育领域工作者也在各自的工作领域中开展具有独特个性和独特方式的教育影响活动。因此，在高校工作系统中，人才培养，人人有责。只有构建全方位的教育、管理、服务体系，使高校的各种教育影响力量发挥积极的同向作用，才能够为高校的人才培养、大学生的全面发展提供工作体制上的重要保障。

“立德”和“树人”作为高等教育根本任务不可偏废的两个方面，具有内在的统一性，统一于学校人才培养的具体实践中，统一于学生全面发展的成长过程中。其中，“立德”是“树人”的必然要求，“树人”是“立德”的根本目标。德育只有融入人才全面发展的视野中，才能够充分发挥德育在“树人”工作上的主导作用，而高校人才培养只有重视德育工作，才能够充分发掘人才的发展潜能，为社会主义建设培养合格的建设者和可靠的接班人。

（二）德育在育人过程中的重要功能

高校德育工作，其基本内涵主要包括思想教育、政治教育、道德教育和心理健康教育。从德育工作的内涵推演德育工作的基本功能，主要体现在以下几个方面。

第一，帮助大学生树立科学的社会理想信念。高校德育工作要从历史唯物主义出发，按照社会发展的基本规律，根据受教育者的思想状态和主要问题，教育引导教育对象的思想行为符合客观规律，为其成长成才提供社会理想的引领。

第二，帮助大学生塑造良好的个人品格。个人是否成才，个人的价值是否得到实现，不能够离开社会化的环境和社会化的评价。个人的优秀品格在其自我实现和社会评价过程中发挥着至关重要的作用。德育工作在培养大学生良好的心理品质、高尚的道德情操和合理的价值准则方面发挥重要功能。

第三，帮助培养大学生的主体性和创造性。德育工作的载体丰富多样，特别是和社会实践紧密联系的特点使德育工作更能够触动大学生的内心深处，从而有效激发大学生的社会责任感和使命感，增进自身发展的主体性，提升工作开展的创造性。

第四，帮助规范养成良好的行为习惯。行为养成是一个长期的过程。良好的行为塑造良好的习惯，良好的习惯培养良好的个性。德育教育不仅是思想理论认识方面的答疑解惑，更重视知行统一的教育价值。特别是基层的德育工作在教育指导、监督落实、反馈评价教育对象的过程中发挥着重要的引导和规范作用。

德育工作的基本功能充分体现了德育在育人过程中的主导作用。“德育为先”并不意味着对其他教育要素的替代，而是充分认可和特别强调德育工作在人才培养目标方面的规定性，在人才培养过程方面的推动性及在人才培养效果方面的保障性。只有以“德育为先”，德、智、体、美、劳各方面教育要素互相作用、互相制约，才能够形成科学的德育观，从而共同促进人才的全面发展。

（三）“德育为先”是高校辅导员队伍建设的价值依托

在高校实践中，大学生思想政治教育工作和大学生德育工作具有相同的内涵，已经成为相同的指称。高校辅导员作为从事大学生日常思想政治教育工作的教师和管理者，承担着大学生德育的重要职责。

“德育为先”教育思想赋予高校辅导员职业厚重的历史使命和教育责任。在国际国内形势深刻变化的时代背景下，面对高校德育的现实矛盾和问题，只有实现高校辅导员的队伍建设发展，完善高校辅导员工作体制机制，提高高校辅导员专业化水平，才能够使高校辅导员积极适应各方面的形势变化，深入细致了解大学生的发展需求并给予及时有效的教育指导，才能使高校辅导员真正发展成为大学生的人生导师和知心朋友，有力地承担起高校辅导员的工作职责和使命。“育人为本，德育为先”教育思想已经成为高校辅导员队伍建设发展的价值依托。

一方面，“德育为先”教育思想是高校辅导员队伍建设发展的理论依据之一。“育人为本，德育为先”确认了德育在高校教育和人才培养中的主导地位，客观上要求高校德育工作者加强职业能力建设，推进队伍建设发展。虽然德育工作在高校人才培养中发挥着重要的作用，但是由于多方面的原因，德育工作的现实发展面临着严峻的挑战。其中，制约高校德育工作健康持续发展的一个关键要素就是高校辅导员队伍建设的问题。高校辅导员队伍建设经历了社会主义革命和建设时期的发展历程，伴随着高校思想政治教育工作的不断推进，既积累了丰富的理论发展和实践探索的宝贵财富，也出现了队伍建设发展路径上的一些分歧。《中共中央 国务院关于进一步加强和改进大学生思想政治教育的意见》在总结历史经验的前提下，根据国家教育战略和方针的基本要求，从人才培养和民族复兴的战略角度，将大学生思想政治教育工作提升到战略地位，明确了高校辅导员队伍建设的发展路径，解决了高校辅导员队伍建设的方向问题，为高校辅导员专业化和队伍建设发展奠定了政策基础。

另一方面，“德育为先”的教育思想是高校辅导员队伍建设发展的实践指南。在“育人为本，德育为先”教育思想的指导下，高校辅导员队伍建设发展不仅在认识层面达成了普遍的共识，在高校实践中也出现了很多具有代表性的做法和模式。这些措施：一是极大鼓舞了高校辅导员群体的职业发展动力和工作积极性；二是也积累了相当多的高校德育工作创新素材。可以说，在高校德育工作领域，呈现了发现问题-探索研究-提升能力的良性工作循环，高校辅导员队伍建设发展在“德育为先”教育思想指导下，进入了良性发展的轨道。

高校辅导员队伍建设的科学发展，不能够离开“德育为先”，“德育为先”为其提供了发展动力和价值旨归。在高校辅导员队伍建设的发展进程中，既要强调德育工作的意义和价值，也要强调德育工作与其他教育工作的密切配合，将德育的引领、塑造、培养、规范等功能和智育等其他育人工作有机结合，坚持“育人为本，德育为先”，才能真正实现大学生的全面发展。

第二节 新时期高校辅导员队伍专业化发展的职业知识、职业道德、工作要求

一、辅导员的职业知识要求

高校辅导员在工作中要面对数百余名学生和各级职能部门，这就要求辅导员具备过硬的本领和胜任力来推动工作的开展，同时，决定了辅导员在专业知识上的标准和要求。

（一）系统的知识结构要求

1. 基础理论：马克思主义的基本原理以及马克思主义中国化的最新成果

马克思主义是党和国家的根本指导思想，在新时代中国特色社会主义建设中，高校要培养的就是又红又专的接班人，这就必须坚持马克思主义在意识形态教育中的指导地位。马克思主义又是现代思想政治教育学科得以建立和发展的根本条件，是思想教育科学化的基本保证，以思想政治教育为依靠建立高校辅导员的专业知识架构，必须坚持以马克思主义原理为理论的基础，马克思主义基本原理是马克思主义科学体系中的基本内容，也就是马克思主义哲学、政治经济学和科学社会主义的基本学说和基本原理。辅导员要深入学习和把握理解辩证唯物主义和历史唯物主义的观点、阶级性观点与实践的观点、劳动的观点、群众的观点；关于人的本质和人的全面发展的理论、关于社会存在与社会意识关系的理论、关于科学社会主义思想的传播与灌输的理论、关于无产阶级政党建设的理论以及关于青年教育的理论等。

深入领会马克思主义的原理及马克思主义最新成果，这就必须与中国的实际相结合，这是经过历史和现实检验的真理。马克思主义中国化是将马克思主义的基本理论与中国的具体的革命、建设与发展融合起来，与中国优秀的历史传统、文化结合。中国在实践中的经验丰富而多样，我们必须在运用原理的基础上把中国大地上的实践进行理论升华，从而使马克思主义在中国实现新的发展。中国特色社会主义理论体系是坚持和发展了马列主义、毛泽东思想的理论体系，凝聚了几代中国共产党领导人民不懈探索和实践的智慧，是马克思主义中国化的最新成果。它是党最宝贵的政治精神财富，是全国各族人民团结奋斗的共同思想基础。马克思主义中国化的理论成果是思想政治教育实践的指导理论，为现代思想政治教育的发展奠定了更加丰富和更加坚实的理论基础。要研究马克思主义在中国的理论成果，辅导员必须着眼于改革开放和现代化的新形势，深刻认识解放思想、

实事求是、与时俱进的思想路线。熟悉党的基本理论、基本路线、基本纲领和基本经验，把握科学发展观的科学内涵和精神实质，系统地掌握社会主义精神文明建设理论。要把重点放在社会主义基本经济制度和社会主义市场经济体制、社会主义先进文化和社会主义核心价值体系建设、社会主义民主政治建设和社会主义和谐社会建设、对外开放与和平发展道路等重大战略思想、主要方针和政策上，在党的执政能力建设和先进性建设中，要全面领会中国特色社会主义理论体系纲要，不断吸收马克思主义理论新成果。

2. 主干内容：现代思想政治教育学的理论和方法

思想政治教育是中国共产党成功领导中国革命事业和社会主义建设的根本保障和重要政治优势。在长期的革命和建设过程中，我们党把思想政治教育作为团结全党进行伟大政治斗争的中心环节，作为经济工作和一切工作的生命线，形成了思想政治工作的优良传统。随着时代的发展，教育也不断发展，在推进马克思主义与中国实际相结合的同时，我党根据现实需要和政治需求，创造性地开创了思想政治教育的理论和实践，建立了有中国特色的思想政治教育体系。学习和研究最新的思政教育理论与方法，必须结合党在思政教育方面的最新成果以及优良传统。

3. 必备内容：大学生思想政治教育相关学科的理论知识和方法

高校学生指导工作是一项综合性的教育、管理和服务工作，不仅需要有系统的思想政治教育学科的理论和方法，而且需要学习许多相关学科的理论知识和方法。在思想政治教育发展的知识参考层面上，辅导员要具备综合的知识素养；要有敏锐的政治意识、大局意识；具备教育学的基础理论知识；具备伦理学的相关规则和底线要求；要学会管理学的基本原理及应用；要学会灵活地运用心理学的知识解决心理问题；要具备选人用人的人才学知识等。在大学生思想政治教育水平和高校辅导员工作专业化水平上，高校辅导员应该根据岗位要求和现实需求，学习相关学科知识的相关原则。掌握学生日常教育管理的专业理论和应用方法。

（1）学生事务管理的知识和方法。我国大多数高校对学生事务的管理都有狭义的界定，学生事务管理的范围很广，包括学生资助、纪律制度、奖惩评价、学生投诉等行政事项，以及思想教育、学风、居住社区生活和校园文化活动等方面的管理。学生事务管理是辅导员的重要工作领域。辅导员要学习教育管理的理论和模式、教育经济学的理论、法学的基本知识、我国高等教育管理的历史，掌握高校管理知识。

（2）心理健康教育的知识和方法。辅导员是大学生成长阶段最直接的引导者。青年学生正处于由不成熟向成熟的过渡时期，在过渡时期，他们的心理特征比较独特，会有各种心理不平衡的问题出现，如学习、生活、交流、爱情、事业等。辅导员需要学习和掌握心理学以及社会学等相关知识和理论，对大学生进行心理咨询和咨询培训。高校辅导员要掌握基础的心理知识，特别是对大学生心理疾病的外在表现、产生的具体原因以及心理疏导方法等要熟练掌握运用，为大学生的心理健康咨询和服务提供支持，帮助大学生培养自信心和意志力，提供心理健康教育和心理咨询服务。帮助学生正确认识自己，消除心理困扰，预防心理疾病，保持心理健康，形成健全完整的人格。辅导员要始终观察和把握大学生身心发展特点，从而更好地为思想政治教育工作服务。

（3）职业发展指导的知识和方法。大学生职业生涯规划指导在辅导员工作中是重要的组成部分。因此，辅导员应具备职业生涯规划知识，熟悉国家社会发展状况，掌握职业评价、就业心理辅导、创业教育等相关方法，努力达到大学生对大学生涯及职业规划的要求。高校辅导员要通过各种方式让学生“认识自己”，发现自己职业的“阿基米德点”，使学生在大学时期逐步确定自己的职业定位和发展方向，帮助学生树立正确的职业观念，合理规划职业发展轨迹，帮助他们更快地成长为社会的中坚力量。

此外，辅导员应学习掌握相关学科的理论知识和应用方法，要积极借鉴国（境）外社会教育和高等教育研究的科学成果和先进经验。在西方发达国家，为了适应现代社会的发展，应对解决社会矛盾的需求，为了适应世界范围内的经济、科技的竞争，应对由此导致的激烈的人才竞争，普遍重视人的现代化理论研究，重视人才开发的研究，在人才学、管理科学、心理学等多方面发展了思想政治教育相关学科理论；在高校人才培养工作中，较早地开始了学生发展理论的研究，重视受教育者的道德思维培养，重视心理咨询辅导方法的应用，完善隐性教育课程的设计等，其中有关的理论知识和应用方法，不能照搬、照套，但应当充实到辅导员的知识结构中，作为进行思想政治教育比较研究的重要内容，结合我国的国情条件，为创新大学生思想政治教育提供有益的知识借鉴。

（二）提高专业知识水平的要求

辅导员的专业知识水平对于辅导员能否达到工作目标和完成工作任务有着直接影响。辅导员加强专业知识的学习，不断提高理论修养，这是辅导员素质和能力建设的基础方面。如何检验辅导员在专业知识和理论学习方面的成果，体现在辅导员学习理论的自觉性、辅导员运用理论的水平、辅导员把握政策的能力上。

1. 关键是要辅导员加强理论学习的自觉性

理想信念是精神的源泉，而理论学习的自觉性正是来自对共产主义理想信念的信仰。辅导员要想提高自身的专业知识和理论素养，首先就必须强化自己的理想信念，自觉把理论学习与实现新时代中国特色社会主义的理想信念相结合。特别要对马克思列宁主义、毛泽东思想、邓小平理论、“三个代表”重要思想、科学发展观、习近平新时代中国特色社会主义思想进行阅读与研究，养成学习经典、研究经典、运用经典的习惯。要结合党的方针政策进行理论研究，把理论学习与全面理解和掌握党的方针政策结合起来。在工作中要结合工作实践学习和思考，进行理论研究。不仅要做好工作，而且要加强学习。要培养学生的理论学习意识，必须从政治和全局的角度来进行理论学习，要坚定使命意识、增强担当精神，提高学习的自觉性。

理论应用实践的效果是检验个体学习效果的试金石，也是体现理论水平的风向标。理论从实践中来到实践中去，通过理论应用于实践，达到理论-实践-理论-实践的循环，从而实现理论的效用，而辅导员的理论学习与运用也是理论联系学工实践的基本原则和要求。高校辅导员要不断提升自己的理论素养，第一位的是把理论学习和自身思想的提高结合起来，把改造主观世界和改造客观世界结合起来。在提升自身理论素养的同时，辅导员要把科学的理论作为进一步坚定理想信念的基础，通过深入的理论学习，反思自身思想认识中的不足和偏差，不断追求真理，坚定信念。同时，要把系统的理论转化为科学的思维方式，善于把理论转化为观察、思考、分析问题的立场、观点和方法，在用理论指导实践的过程中，升华认识、深化认识、发展认识，更好地对实践进行指导。

2. 辅导员的理论运用水平体现在对社会实际全面、客观地认识和把握上

随着改革开放的深入，社会经济要素、组织形式、就业、利益和分配的日益多样化，新事物、新问题层出不穷。辅导员必须要做到理论和实际的学习与运用、继承与创新相统一，反对教条主义和经验主义。理论学得深不深、透不透，体现在对客观实际的正确把握上。我们要用马克思主义的立场、观点和方法来观察和思考各种社会问题和实践问题，在正确认识社会环境、学校环境、学生群体等客观现实的基础上，开展教育工作。努力真正掌握什么是实际，从而达到一个目标：学会使用。在当前形势下，辅导员在理论学习和应用过程中要与时俱进，把握社会发展的形势和趋势，跟踪不同发展时期学生的思想状况。运用科学的理论分析和回答现实中提出的新问题，帮助学生解决疑难，化解矛盾，提高思想认识。

把握政策的能力是辅导员掌握专业知识、提高专业水平的一个重要方面。辅导员要提高政策能力和水平，就必须掌握和理解党和国家的政策。对政策的学习、掌握和理解程度，直接决定着辅导员在实际工作中的政策水平。辅导员必须加强学习，认识和把握政策的意识和紧迫性，全面系统地掌握各级政策法规。不仅要全面了解党和国家的路线、方针和政策，而且要对教育管理部门制定的政策措施有系统的认识，熟悉学校及其部门的具体操作政策和其他有关政策措施。在此基础上，要善于灵活运用于学生教育管理，要加强政策执行的坚定性，把落实各项政策作为自己的重要职责，坚决贯彻各项工作决策的要求。在实施过程中认真负责，同时要注重方法的灵活性、原则性与灵活性的有机统一，重视信息反馈工作，使各项工作决策更加科学、实用。

3. 辅导员要不断提高理论运用水平，增强学生思想政治教育工作的水平和能力

实践是检验真理的唯一标准。要想使理论水平得到提高，就需要不断提升理论运用水平。辅导员要善于用科学的理论和方法观察和理解教育对象，发现问题，预测趋势，掌握规律，做好学生的教育和指导工作。目前，大学生都是在改革开放的大环境中出生和成长的。他们在思想观念、思维方式、心理特征、行为等方面受到社会发展迅速变化的影响，出现了许多新的情况和问题。因此，要做好新形势下大学生思想政治教育工作，必须具备扎实的理论运用能力，进行深入的调查研究，善于运用理论认识和分析各种社会思潮，在工作中贴近学生。针对学生思想认识中存在的各种热点、难点、重点、新问题和倾向性问题，应积极应对，努力解决，自觉运用科学理论指导工作实践。

二、辅导员的职业道德要求

高校教师的劳动是以培养人格，塑造灵魂为目的的劳动，这是由辅导员的教育性特点决定的。《高等学校辅导员职业能力标准（暂行）》明确规定了辅导员的角色定位，辅导员是高校教师队伍和管理队伍的重要组成部分，具有教师和干部的双重身份。辅导员是大学生思想政治教育的主力军，是大学生日常思想政治教育和管理工作的组织者、实施者和指导者。辅导员应该是学生的导师和健康成长的知己。辅导员能否真正承担起这些角色和身份赋予的重要责任，取决于辅导员是否达到了“做人”应有的高度和水平。

（一）基本职业道德

1. 热爱学生、尊重学生

职业道德是指人们在职业生活中应遵循的基本道德，也即一般社会道德在职业生活中的具体体现。优秀的职业道德具有强大的感染力。《公民道德建设实施纲要》指出，职业道德是所有从业人员在职业活动中应该遵循的行为准则，涵盖了从业人员和服务对象、职业与职工、职业与职业之间的关系。辅导员的职业道德是师德，道德是老师最重要的素质，是教师的灵魂。

热爱是任何事业成功的基础。对教育事业的热爱与忠诚是每一位辅导员必须具备的职业道德。爱岗敬业是指辅导员应当热爱、执着于育人事业和热爱学生工作岗位。这要求辅导员切实承担教育者的社会责任，满怀对受教育者的真心关爱，把全部精力和满腔热情奉献给教育事业，做爱岗敬业的模范。关爱学生是爱岗敬业的基本要求，也是实施教育的核心思想。在高校，教师职业道德素养要求辅导员对学生大爱无言。高校辅导员是教授学生做人之本的示范者和传道者，是教授学生学习之道的答疑者和解惑者。作为高校辅导员，只有对自己的职业爱得深沉，才能够以学生为本，做好学生的各项工作。关爱学生还要尊重学生，尊重学

生的人格，尊重学生的兴趣爱好，尊重学生的情绪情感，尊重学生的抱负志向。

2. 因材施教、循循善诱

因材施教是指辅导员要根据学生的实际情况实施教育；循循善诱是指要善于遵循人的认识发展规律对学生进行诱导教化。这就要求辅导员注重大学生思想政治教育的针对性和实效性，在教育思想上，尊重学生“材质”的差异性和发展的不同步性，坚持有教无类；在教育方式上，量身定做，从学生实际出发；在教育方法上，区别对待，坚持具体问题具体分析、具体对待、具体处理。

3. 刻苦钻研、严谨笃学

刻苦钻研是指辅导员应当下苦功、用真功，学习、钻研育人的知识与技能，促进自身的专业化发展和成长。这就要求辅导员崇尚科学精神，树立终身学习理念，不断提高自己的能力和水平，成为知识型、智慧型、学者型的学生工作者。同时，严谨笃学指的是一种认真、谦虚的学习态度，对于所学的知识和技能持续研究、追求，并且在学习过程中保持严谨的态度，落实到实践中，展现出卓越的表现。要养成求真务实和严谨自律的治学态度，恪守学术道德，发扬优良学风。

4. 淡泊名利、志存高远

淡泊名利是指高校辅导员在名利面前经得住诱惑，耐得住寂寞，要严守职业道德和政治规矩，不做表面功夫，多做有利于学生、有利于教育、有利于培养社会主义现代化接班人的事情；志存高远是指高校辅导员应当树立共产主义的理想信念，站得高、看得远、视野宽。这就要求辅导员静下心来干事业，潜下心来育人，全心全意为了一切学生，为了学生的一切，为了学生的可持续发展。

5. 以身作则、为人师表

以身作则是指辅导员要身先于人，行先于人，以身立教，以身示范，身体力行教育的原则；为人师表是指辅导员的一言一行要堪称表率、榜样、典范。这就要求辅导员坚守身教重于言教的原则，凡要求学生做到的，自己一定要率先做到；凡是对学生的严格要求，先要严格要求自己；要时时、事事、处处想到自己负有以身立教、为人师表的重要职责。只有以身作则，为人师表的人格魅力才有巨大的感染力和影响力。

（二）敬业精神

1. 辅导员要具有岗位光荣感

高校辅导员是一个光荣的职业。我国高校辅导员制度发展至今已有60多年的历史。许多辅导员站在大学生思想政治教育的第一线，始终是高校学生工作的中流砥柱。为广大学生的成长，为学校的稳定发展，为教学、科研、管理工作的顺利开展做出了重要贡献。辅导员队伍中不仅培养出大批大学生思想政治教育专家，也涌现出一大批勇于攀登科学高峰的学术大师，也有在国家建设中发挥重要作用的人。实践证明，辅导员制度仍然充满活力，成为中国特色社会主义教育制度的成功实践。因此，每一位辅导员都应该在岗位上树立一种荣誉感，为自己的地位而自豪，为学生教育工作而自豪。

2. 辅导员要具有社会责任感

教育是立国之本。高校要实现国家发展目标，必须坚持社会主义办学方向，培养优秀人才。辅导员担负着培养和育人的重要职责。在新形势下，引导大学生健康成长，成为中国特色社会主义的合格建设者和可靠接班人。辅导员承担着基层教育工作者的重要职责。辅导员要从党和国家的角度充分认识自身工作的重要性，努力向大学生传播先进思想和科学理论，引导大学生思想行为发展，帮助大学生解决学习问题，维护校园的安全稳定。通过自己脚踏实地地工作，为国家的教育事业贡献自己的力量。

3. 辅导员要有历史使命感

赢得青年是赢得未来的必经之路。一个有远见的国家和民族总是关注青年，一个有远见的政党总是把青年视为推动历史发展和社会进步的重要力量。辅导员作为大学生思想政治教育的主力军，肩负着光荣而艰巨的历史使命。辅导员应充分认识到，大学生思想政治教育对于培养合格的社会主义建设者和可靠的接班人，巩固党的执政基础，维护高校的稳定具有重要意义。高等教育的顺利发展离不开辅导员。辅导员应根据时代发展的要求和国家建设的需要，不断提高自己的历史使命感，不断加强和改进工作，实现更高层次的目标。

（三）党性修养

1. 坚定理想信念，牢固树立“三观”

党性集中体现了党的世界观、政治理想和人生理念。党性修养，是指共产党员要按照党性原则进行自我教育、自我培育、自我改造、自我提高、自我完善。树立正确的世界观、人生观、价值观，是共产党员党性修养的根本问题。辅导员要按照党员的先进性标准要求自己，坚持马克思主义和历史唯物主义的世界观、人生观、价值观，以实现共产主义的伟大理想为精神支柱，把对党和人民的无私奉献，全心全意为人民谋利益，促进人类社会发展和进步，作为自己生命最高尚的追求和最大的价值。坚定理想信念，牢固树立正确的世界观、人生观、价值观，是党的事业对辅导员的必然要求。辅导员只有具有坚定的理想信念，才能够经受住各种考验，在关键时刻，在各种政治风浪中坚持正确的政治方向和政治立场；失去坚定的理想信念，就是失去精神支柱，丧失精神动力，迷失政治方向。共产党员和党员干部如果真的有这样的世界观、人生观和价值观，就会成为精神上的、思想上的、生活上的完整的“三观”，能够坚持正确的政治方向。对事业的科学观察，对形势的正确判断，对问题的理性分析，在胜利和繁荣中没有骄傲自大和不耐烦，在困难和挫折面前毫不动摇，经得起各种风浪的考验；他将打破追求自身利益的精神枷锁，在亿万人民创造的广阔历史世界中找到自己的位置，为国家、为集体利益而殚精竭虑地工作，毫无保留地将自己的才华和精力奉献给自己的事业。辅导员应牢固树立正确的世界观、人生观和价值观，从而能够真正实现自己的人生价值。

2. 解放思想，实事求是，与时俱进

马克思主义哲学的精髓就是要解放思想、实事求是、与时俱进，这是马克思主义科学世界观和方法论的集中反映和基本要求。中国特色社会主义建设和发展的历史充分证明，解放思想、实事求是、与时俱进是社会进步的强大思想力量。解放思想、实事求是、与时俱进是马克思主义活的灵魂，是适应新形势、认识新事物、完成新任务的根本思想武器。辅导员要深入学习、全面理解解放思想、实事求是、与时俱进的精神实质和思想内涵，在工作和学习中，要善于运用这个思想武器指导实践。解放思想是实事求是的必然要求。解放思想，就是使思想和实际相符合，使主观和客观相符合；按照客观规律办事，就是实事求是。坚持解放思想、实事求是，就是要尊重实践、把实践作为检验真理的唯一标准，高校辅导员要有创新意识，时刻对现有的一些观念、制度和做法进行检验，不符合实际的就要及时淘汰，符合实际的就要大胆地去践行。坚持实事求是的态度，积极创新工作，使高校辅导员的思想和行为与现实相契合，不断增强教育的实际效果。与时俱进是我们党坚持先进性和增强创造力的决定性因素。与时俱进，要求辅导员勇于变革、勇于创新，在思想上永不僵化、永不停滞，始终要在工作中体现时代性，把握规律性，富于创造性。在新时代，大学生思想政治教育工作必须不断改革和创新，只有了解时代、认识时代，正确把握时代发展的主题和脉搏，才能对时代提出的新问题，做出新的判断和新的回答，提出新的举措。因此，解放思想、实事求是、与时俱进，始终是辅导员在新的形势下开拓创新的思想武器。

3. 讲政治，强化政治意识、政治立场、政治纪律

辅导员的工作具有双重性质，它既是一项思想教育工作，又是一项有着重要意义的政治工作。因此，要求辅导员在进行思想政治教育工作时，要强化政治意识，坚定政治立场，遵守政治纪律。大学生思想政治教育工作具有很强的政治性，体现的是党和国家的政治意志，维护的是党和国家的政治稳定。辅导员必须强化政治意识，提高政治觉悟，善于站在政治的高度上做好工作。只有强调政治，才能保证党的基本理论、基本路线、基本方针政策和国家法律法规在经济建设和各项工作中得到贯彻落实，防止和消除各种错误思想、错误倾向的干预，保持正确的发展方向，只有突出政治，才能动员、激励和团结全国各族人民，共同努力，实现党和国家确定的经济建设和社会发展的宏伟目标。辅导员的政治素质是辅导员职业素质的核心内容，它要求辅导员具有拥护中国共产党的领导、坚持四项基本原则的政治立场与政治敏锐性，辅导员要有政治意识、大局意识、核心意识、看齐意识。高校辅导员要从政治上思考和处理学生教育管理工作中遇到的

具体问题，从政治上对自身言行进行严格要求，以身作则。

4. 求真务实的工作作风

求真，就是实事求是，正确把握各项事业发展的客观规律和实际情况，脚踏实地，循序渐进，扎实推进各项工作。求真务实是我们党的优良传统和作风，也是党各项事业取得胜利的保障。要想坚持求真务实，就需要正确认识实际，按照实际情况制定方针、政策，开展工作。全面认识规律、把握规律、遵循和运用规律，是坚持求真务实的根本要求。辅导员树立求真务实的工作作风，就是要坚持马克思主义的科学世界观和方法论，发扬科学精神，在工作中做到理论和实践相统一。要紧密联系我国改革开放的实际，紧密联系学生学习生活的实际，更好地解决工作中所面临的实际问题。树立求真务实的工作作风，辅导员在工作时要落实好，把求真务实体现在全面深入地贯彻和完成各项工作中。高校辅导员要在遵循党和国家方针政策的前提下，紧密结合学校的工作实际，针对自己的目标和任务多从问题出发，去思考和解决，多解决些问题，少搞些形式。辅导员在工作中要"耐得住寂寞"，肯做脚踏实地默默无闻的工作，而不能热衷于做表面文章，形式上轰轰烈烈，实际上却没有效果；或者作风拖沓，工作不细，说得多、实干少，工作计划得多，实际行动得少。这些形式主义的不良现象，与脚踏实地、埋头苦干的务实精神背道而驰，严重影响着教育工作的实际效果。实践证明，在工作中，只有坚持求真务实，才能真正做到解放思想、实事求是、与时俱进，才能真正取得工作实效。因此，辅导员在各项工作中，要大力发扬求真务实精神，推动辅导员各项工作的发展。

三、辅导员的工作要求

高校辅导员工作的基本要求，有宏观与微观之分。对于高校辅导员来说，要想提升工作的自觉性，提升自己的工作能力和专业化水平，要在工作中切实遵守以下两方面的要求。

（一）宏观方面

对于高校辅导员的宏观工作要求，在《普通高等学校辅导员队伍建设规定》中有着明确的规定，具体如下：恪守爱国守法、敬业爱生、育人为本、终身学习、为人师表的职业守则；围绕学生、关照学生、服务学生，把握学生成长规律，不断提高学生思想水平、政治觉悟、道德品质、文化素养；引导学生正确认识世界和中国发展大势、正确认识中国特色和国际比较、正确认识时代责任和历史使命、正确认识远大抱负和脚踏实地，成为又红又专、德才兼备、全面发展的中国特色社会主义合格建设者和可靠接班人。

（二）微观方面

1. 辅导员的工作要符合"十性"

（1）方向性。方向是开展工作的指导。方向性，即要在工作中坚持正确的政治方向和思想，切实以党的教育方针政策和社会主义核心价值体系为指导，积极培养德、智、体、美、劳全面和谐发展的中国特色社会主义的建设者与接班人。辅导员在开展工作时，必须要有明确的方向。

（2）时代性。每个时代都有每个时代的特征。随着社会的发展以及高校改革的不断深入，辅导员制度得到了不断完善，辅导员的工作要求也会发生一定的改变。因此，在进行工作时，辅导员要以时代特征为出发点。具体来说，辅导员应当用最新的教育、管理理念和思想，把最新的思想政治工作研究成果运用到工作实践中，并遵循新的时代背景下学生工作的基本规律，坚持在继承的基础上创新，在创新的基础上发展，并兼容人类社会的一切优秀文化成果为学生工作服务，特别是在建设社会主义和谐社会的时代背景下，要坚持科学发展观，不断创新学生工作的方法与手段，开辟新途径，拿出新举措，力争新进展，使学生工作与和谐社会建设、和谐校园建设始终保持与时俱进的态势，凸显时代的特色。

（3）针对性。明确的目标是完成一项事情的重要前提和导向。在开展工作时，要围绕这一目标选择恰当的工作方法和工作途径等，以有效解决各种实际问题。而辅导员在确定工作目标时，既要明确具体，又要针对群体现状，符合客观实际，能解决实际问题，还要针对大学生不同的个性特征、思想素质、问题表现、心理问题、教育时机等，采取不同的方法和措施，切实做到因材施教。只有这样，辅导员的工作才能取得切实有效的成果。

（4）计划性。计划能够保证一项工作的顺利、高效、有序开展。辅导员在开展工作时，应事先制订良好的计划，而辅导员要确保工作的计划性，可具体从以下几方面着手：

1）要切实根据校、院系两级总的大学生工作部署做好工作计划；

2）要根据所辖班级的实际情况和大学生具体情况，有针对性地计划工作；

3）要确保工作计划的可操作性，并要留有余地，以便根据实际情况适时对计划予以调整；

4）要注意做到长计划、短安排相结合，通过不断实现一个一个的短安排，最终实现长计划。

（5）规范性。所谓没有规矩，不成方圆。辅导员工作的规范性，是指辅导员在开展工作时要按制度、规定、程序去办，不能随心所欲，也不能弄虚作假或是越级办事。否则，辅导员的工作将难以正常运行，而且工作过程中很容易出现差错，使工作的效果大打折扣。

（6）实效性。一件事情，总是有有效时间的。对于辅导员来说，实效性是其全部工作的出发点和落脚点。也就是说，辅导员在一切工作和活动中，都应当坚持“效果优先”的原则，讲究工作效果，追求工作效果，千方百计去力争工作的效果。在这一过程中，辅导员必须力戒浮躁、华而不实的作风以及功利化的心态。

（7）整体性。整体性是指辅导员在开展工作时，必须要着眼于育人的整体思维、班级的整体建设，课内课外形成整体工作体系，同时工作思考要服从整体全局，各个方面的工作形成整体合力。只有这样，辅导员的工作成果才可能实现最大化。

（8）层次性。大学生来自全国各地，有的甚至来自国际社会，大学生在家庭背景、身心发展、性格、价值观等方面存在较大的差异，而且大学生的认识是由低到高、由浅入深、由简单到复杂的。因此，辅导员在开展工作时必须将大学生放在不同层次上区别对待，因材施教。比如，辅导员要根据大学生的实际素质，对其提出不同层次的德育目标要求；辅导员要根据大学生的年级属性以及不同年级对大学生的教育要求，确定不同年级的工作重点等。

（9）时间性。时间性是指辅导员在开展工作时要有时间概念，重视抓住教育时机，重视按时完成工作任务，重视单位时间内的最大效益。工作的时间性，还要求合理分配时间，区别工作的轻重缓急，今日事今日毕，消除工作拖拉、没有时间概念的坏习惯，把握好时间，不浪费时间，珍惜时间。

（10）生活性。生活性是指辅导员在开展工作时要切实围绕大学生的生活展开。大学生是生活中的大学生，生活是大学生人生的大课堂，辅导员要通过自己积极的工作，培植大学生的生活能力，培养会生活的大学生，用生活来教育，从生活中来到生活中去，让大学生在平凡的生活中超越平凡，给大学生以启迪。

2. 辅导员的工作要讲究“四度”

（1）有高度。辅导员在开展工作时，要尽可能使自己的工作具有一定的高度，具体包括以下几方面的内容。

辅导员工作的起点应是高层次的。辅导员在准备工作上，要以高层次为立足点进行考虑。这个“高起点”必须加强和改进大学生的思想政治教育，促进大学生的全面、和谐发展，促进大学生工作的可持续发展，着眼于所做工作上层次、上档次的高度，规范好应做的工作。

辅导员工作应有较高的目标追求，高目标的追求可以促进动力的产生，因为目标具有重要的导向功能和激励功能。辅导员对每项工作都应当有一个清晰、准确的目标定位，高目标才会高要求，甘居中游的目标定位肯定难以激发自身与大学生内源性的动力。当然，高目标是相对的，不是越高越好，而是必须与实际相符合。

辅导员工作应追求较高的工作效益。辅导员在开展工作时，必须树立这样一种意识：以最小的工作成本获取最大的工作效益。这里所说的工作效益，既包括工作的量，也包括工作的质。从“量”的效益看，就是要通过辅导员积极而有效的工作，力争使所有的大学生都成才、都毕业；力争每件工作都精益求精，做得更好；力争每一个班都处于和谐发展的状态。从“质”的效益看，就是要使大学生有高的知识技能含量，高的社会化水平，成为德、智、体、美、劳全面和谐发展的社会主义合格建设者与可靠接班人。

（2）有深度。辅导员要使自己的工作具有一定的深度，可从以下几个方面着手。

辅导员在开展工作时，要和大学生深入接触，要切实深入大学生中去，深深扎根在大学生之中。这不仅有利于辅导员与大学生建立密切的联系，也有利于辅导员及时、准确地把握大学生在发展中存在的问题，使自己的工作因为大学生的思想、生活实际而变得更加有意义。

辅导员在开展工作时，必须深入大学生心灵，因为只有大学生心灵的感染和震撼才能促进大学生情感的变化和思想的升华。

辅导员在开展工作时，要尽可能深得学生的心。为此，辅导员无论开展何种工作，都要设身处地从大学生的根本利益出发，对大学生知面、知心、知情，对大学生倾心、倾力、倾情。

（3）有力度。辅导员要使自己的工作具有一定的力度，应对以下几个方面特别注意。

辅导员在开展工作时，要选择合适、得力的方法。方法得当，就能增加工作力度。因此，辅导员做任何一件工作、解决每一个问题，都应事先进行方法的设计与研究，选择好的方法，从而达到事半功倍的效果。

辅导员在开展工作时，要采取相应得力的措施。措施就是保障工作顺利进行的方法和手段，规定、制度、奖惩都属于工作的措施。辅导员在开展工作时，要坚持用规定规范大学生，用制度约束大学生，用奖惩激励大学生。此外，辅导员在采取工作的措施时，还要确保该措施具有针对性和实效性，并在最大程度上取得大多数大学生的认同，符合大学生的认知能力和心理承受能力，符合学校的规定和法治精神。

辅导员在开展工作时，要确保自己的工作是鲜活的、充满生命力的。这种活力是指无论工作的内容和形式、方式和方法，都能贴近时代、贴近生活、贴近实际，为大学生所喜闻乐见，这样才易于被大学生认同和接受。此外，辅导员的工作保持活力，便会一直保持高昂的热情，对工作全身心投入，从而取得良好的成效。

（4）有信度。信度对于辅导员的工作而言，也是必须要引起高度重视的一个方面。而辅导员要确保自己的工作有信度，必须特别注意以下几个方面。

要做到言而有信。信是人立身之本。辅导员在工作过程中，绝不可出现失信于学生的事情，并要积极使自己成为“守信”的模范。如若做不到这一点，大学生很可能会在心理上反感辅导员，也会失去对辅导员的信任与诚信的追求。如此一来，辅导员的工作便难以开展，也难以取得良好的成效。辅导员要确保自己能够做到言而有信，以下几方面要特别予以注意：一是不要轻易允诺、保证，若是对于无法实现的事情也允诺、保证，一旦实现不了，便会失信于大学生；二是不要轻言允诺、保证，对允诺、保证要经过仔细思考，看制度、条件、环境是否许可，“轻言”允诺、保证往往会覆水难收，弄得自己被动，结果失信于大学生；三是经过仔细思考后的“承诺”“保证”要尽力去做到，让大学生感到辅导员是可信任之人，从而愿意对辅导员敞开心门。

要做到言出必行。辅导员在工作中，必须要做到言出必行，即一旦说出则必须予以实现。如果不如此，大学生很可能会认为辅导员只看重“说”，对“做”则不重视。长此以往，他们便不会把辅导员的“说”当回事，辅导员的工作也便无法取得成效。

要做到信用立教。大学生的信任，是辅导员工作能够顺利开展的重要前提。因此，辅导员在工作中必须要做到信用立教，积极争取大学生的信任，让大学生在心理上接受自己。如此一来，辅导员工作便能顺利开展，取得良好的工作成效。

3. 辅导员的工作要注重“六力”

（1）有吸引力。辅导员的工作要有吸引力，指的是辅导员在开展工作时要尽可能将思想性、时代性、趣味性、大众性、活动性、情感性、精彩性有机地结合起来，从而让大学生对其工作感兴趣，让大学生自觉地参与到这项工作之中，从而获得良好的教育效果。此外，辅导员自身所具有的高尚人品和渊博知识等，也会对大学生产生强大的吸引力，引导大学生积极配合辅导员工作。

（2）有说服力。辅导员的工作要有说服力，指的是辅导员在开展工作时要注意在“说服力”上下功夫，以便切实通过充满说服力的教育引导学生树立正确的世界观、人生观和价值观。辅导员要想使工作有足够的说服力，就需要从以下几个方面入手进行工作。

1）要确保说得正确，即真理和科学的理性，符合事物发展规律和人的认识发展规律。只有真理才能让学生确信和信仰，符合规律才易被人接受。

2）要确保说得贴近学生，为学生成长所需要。只有学生成长需要的理论或知识，学生才会产生学习的兴趣，才会引起学生内心的变化。

3）要确保说得贴近生活、贴近实际、为现实生活所印证，既保持先进理论的本质，又善于把“枯燥”的理论变成生活的道理，现实的真理，成长的事理。理论说得枯燥无味、深奥难懂，本身就难有说服力。

4）要确保说得有情有趣。“有情”是增强说服人的情感色彩，为说服力增“色”；“有趣”是增强说服人的活力，适应学生的特点，在愉快中传递正确的思想，调节双方的心理距离，使教育氛围得到活跃，从而提升教育效果。

（3）有感染力。辅导员的工作要有感染力，指的是辅导员在开展工作时要注意通过语言、表情、姿势等方式引起学生相同的思想情感，从而使学生内心受到触动，震撼学生的心灵，升华学生的情感。因此，辅导员应当把思想政治工作当作与学生交心的事情，注重以情育情，引领学生追求善良与高尚，不断提升自己的思想水平。

（4）有渗透力。辅导员的工作要有渗透力，指的是辅导员在开展工作时要注意“潜移默化”的作用，通过“以柔克刚”“润物无声”的工作艺术对学生的心灵产生重大影响。辅导员的日常工作中体现出渗透力。它并不要求辅导员的工作轰轰烈烈，但一定要做到学生的心坎上；也不要求辅导员工作急功近利、成效心切，而要长流水，不断线，自始至终，爱心广布。

（5）有穿透力。辅导员的工作只有具有一定的穿透力，才能穿破学生的思想障碍，破除其思维或观念误区，产生穿越时空的积极效应。当辅导员在对学生进行思想工作时，实际上他头脑中固有的落后的或不正确的思想，在无形中也会自动地产生顽强的抵抗，非穿透力不可战而胜之，特别是人最隐秘难知的内心世界，非穿透力难以触动、难以深入。因此，辅导员在开展思想政治工作时必须确保其具有一定的穿透力。

（6）有亲和力。亲和力就是不骄傲、不自卑，以平和、耐心、自信的状态去对待身边的每一个人。亲和力对于辅导员在工作中与学生形成紧密和谐的师生关系有着重要的影响。要想做到具有亲和力，辅导员可以从微笑、亲近、随和、宽容等方面入手，若辅导员总是把“冷若冰霜”“阴天有雨”等写在脸上，严肃有余，微笑不足，学生就难以亲近，只有亲切的话语、微笑的表情、慈祥的面容、随和的态度、亲近的姿态，才能使学生感到轻松、愉快，而收到“亲其师，信其道”之功效。因此，辅导员在工作中，无论自身遇到了什么问题，都要在面对学生时面带微笑，把自己对生活的热爱、快乐、爱岗敬业的精神表现出来。

此外，辅导员在工作中也要尽可能做到“宽容”，不过，“宽容”并不意味着辅导员默许学生做不合规矩、不合规定的事，也不意味着辅导员在工作中可以不坚持原则，凡事不分青红皂白全部宽容，而是要在工作中顾全学生的“面子”，在学生没“面子”时给他“面子”，在学生有“面子”时给他留“面子”，在学生失“面子”时帮他挽回“面子”，不到万不得已，不要损伤他的“面子”。这样，辅导员一定会取得学生信任，学生也必定会亲近辅导员。

第三节 新时期高校辅导员队伍专业化发展的能力素养要求

一、基本能力素养

辅导员队伍的基本能力素养关系到辅导员学生工作实效性的高低。对基本能力素养构成的研究，有助于使辅导员的能力得到提升和发展。

（一）专业能力

1. 学习能力

学习和运用政治理论的能力。高校是培养人才的摇篮，作为学生思想政治工作前沿的高校大学生辅导老师，必须完成社会主义高校所赋予的培养和造就接班人的光荣使命，使学生成为合格的社会主义建设者，在思想方面能够抵制各种不良思想的影响。辅导员自身必须具有学习政治理论的能力，要有坚定正确的政治方向，坚持四项基本原则，用马克思主义来武装自己的头脑，自觉地树立马克思主义的世界观、人生观与价值观，增强理论修养，认真学习党的路线、方针，关心国内外形势与政策，使自身的政治敏锐性和洞察力不断得到提升。

不断进行自我更新的能力。当今世界，需要有终身学习的观念和能力。高校辅导员既要有终身学习的观念，又要不断进行自我更新。一般来说，高校辅导员不仅具有一定的专业知识，还必须熟悉政治学、社会学、管理学、文学、法学、历史学、美学等方面的知识，具有相对完整的知识结构。进入21世纪后，“终身学习”或“终身教育”已成为国际社会普遍接受的概念。随着知识信息的不断更新，每个人都面临着新的知识挑战。高校辅导员要想更好地应对这一挑战，就必须树立终身学习的理念，在原有知识的基础上掌握新的文化知识，不断丰富和更新自己的知识结构，让自己成为一个有学问的人。同时，辅导员还必须具备有效学习的能力和技能，只有坚持学习的辅导员才能体验终身学习的价值，并将其传播给学生，培养他们的学习兴趣和终身学习的意识。

2. 交往能力

交往能力是人们在社会交往中表现出来的能力。参与社会集体活动，保持与周围人的协调，是人们最重要的心理状态。高校辅导员工作是一项社会性质的工作，辅导员要深入大学生群体，与学生多多接触，观察和理解学生，也必须与学生、学校和教师进行沟通和协调。因此，沟通能力是辅导员工作的必要条件。

表达能力。表达能力是口头表达、书面表达和身体语言表达的统称。高校辅导员进行理论学习、就业指导、心理解惑、学习引领等各方面工作都需要表达能力来保驾护航。这就要求高校辅导员必须学会与学生沟通的表达方式，必须在表达的过程中符合学生和学校工作的实际，必须具有说服力和艺术性。因此，高校辅导员必须精通普通话、必须精准掌握语言运用的艺术、必须精确了解学生能够接受的话术，从而使学生能够及时精准地了解高校辅导员传递的信息，获得最佳的体验。高校辅导员语言表达能力能够有效地把理论进行实践，能够有效地解决学生遇到的各种难题，达到与学生沟通的最佳效果。

观察和辨别能力。高校辅导员的教育、教学、指导、服务等工作，必须在充分掌握大学生的具体情况的基础上进行。因此，有必要认识到，学生是高校辅导员开展工作的前提，也是其工作的一个重要组成部分。观察是辅导员了解学生、快速准确地发现问题的主要方式。具有较强的观察和辨别能力，有助于辅导员了解和掌握大学生的学习、生活、家庭和心理发展，为对大学生开展工作打下基础。

人际关系沟通能力。人际关系沟通能力是建立在人与人之间的交流沟通中的。辅导员工作是一个综合性的工作，需要与各方进行沟通，如学生、任课教师和学校相关部门，这些沟通交流决定着辅导员工作的成效。因此，有效的人际沟通是高校辅导员完成本职工作的重要保障。因此，高校辅导员必须锻炼和提升自己的人际关系沟通能力，这样，可以增进辅导员与学生沟通的有效性，达到师生之间的互动与理解，促进学生工作的有效开展；另外，可以增强高校辅导员与学校各部门之间的沟通，能够使学校的各部门了解学生工作，同时还可以有效传达各部门的政策精神给学生，提高工作实效。

3. 组织管理能力

高校辅导员作为大学生工作的组织者和指导者，必须具有较强的组织和管理能力，能够控制全局，应对各种突发事件，对大学生进行有序、有效的组织和管理。

领导管理能力。辅导员应具有较强的领导能力和管理能力。辅导员要调动学生的积极性，提高集体团结力量，使之成为一个有机的整体。这是开展各项活动，促进大学生教育实效性的有力保证。主要包括：（1）要任人唯贤，大学生的人生观已逐渐形成，他们都有较强的自主性，要根据学生自己的特点，充分调动其积极性，在德才兼备的前提下，扬长避短；（2）要建立规章制度，认真落实大学生管理制度，根据实际科学制订管理工作计划，处理好人与人之间的具体问题。通过抽查、考核、集中培训、举办学习班，及时发现和处理问题，营造良好的氛围，使规范体系深入人心，真正发挥约束作用。

统筹规划能力。辅导员的工作对象是来自全国各地的大学生，他们的思想基础、学习能力、生活习惯和人生观各不相同，当代大学生对主体有明确的认识，强调个性的发展。因此，辅导员在工作中，要善于从全局和长远的角度分析问题，统筹任内工作，把握工作中的主要矛盾和关键环节。根据学校中心工作的不同阶段和学生的特点和需要，有针对性地开展工作。

科学决策能力。辅导员的工作对象是大学生。他们思维活跃，吸收了大量的社会信息，在一些问题上有自己独特的观点，他们的世界观也正处于成长阶段，呈现出不稳定性。面对这样一个群体，辅导员首先要保持自己的头脑清醒，在充分分析工作对象和工作任务的基础上，选择行动目标，制订行动计划，然后采取一系列措施。因此，辅导员可以根据一定时期的工作重点，合理确定决策对象或决策项目，科学论证主观、客观条件和方案，同时注意听取他人尤其是学生的意见，最后付诸实践。

归纳总结能力。辅导员工作具有量大、面广的特点，有时会给人以繁杂无序的印象，因此辅导员要重视归纳总结的能力，因为它直接影响到工作效果、决策水平及今后工作的有效开展。对此，要养成记工作日记的良好习惯；要勤学多问，向有经验的辅导员学习；要围绕得失，认真总结；要勤于动脑，善于思考。

4. 教育教学能力

高校辅导员由于有着思想政治教育的重要任务，要使大学生获得有用的当代政治知识，树立正确的世界观、人生观和价值观，因此就必须具备一定的教育和教学能力。主要包括信息的获取和处理、有效的课堂教学和管理、个性化教学、问题发现和问题处理、有效解决学科教学以外的教育问题的能力、理解学生个性和差异的能力以及掌握教育教学原则、学校教育和课程能力的意识和发展要求等，以提高教育教学的吸引力和有效性。

5. 应对突发事件和复杂局面的能力

辅导员是高校与学生联系最密切的教育者。在学生的日常管理中，他们会遇到很多无法通过预案准备的突发事件。要准确把握形势，引导事件向好的方向发展，这就要求辅导员通过实践活动，在复杂的环境中培养和提高自己的判断力、做出决策的能力。一旦发生重大灾害事故、公共安全案件等突发事件，辅导员作为学生的“中坚力量”，应能在面对危机时沉着冷静，不受各种外界因素干扰，做出合理的判断，采取有效的行动，稳定学生的恐慌情绪，防止事态扩散。这就要求高校辅导员要接受应对突发事件的程序训练，同时开展针对性的模拟演习，从而积累经验，吸取教训，只有这样才能有效应对各种突发情况和复杂局面。在形势发生新变化的情况下，我们可以从实际出发，及时修改和补充原来的决定、计划和意见，把形势引导好，把工作向前推进。

6. 进行网上教育引导的能力

随着网络时代的到来，大学生已成为我国网络用户的最大群体，网络已成为开展思想政治教育的一个新的重要阵地。因此，辅导员应具有更加敏锐的信息意识，做好网络时代大学生教育工作。面对网络所带来的一系列问题，如何引导学生树立正确的价值取向和道德观念，如何增强学生的辨别能力和免疫力，如何帮助他们处理好利用网络与接受综合教育的关系，这已成为摆在广大辅导员面前有待解决的重要课题。

7. 促进学生全面协调发展的能力

21 世纪教育的基本特征之一是学生学习主体地位的突出。

学生具有学习的自主性和选择性，而不是像传统的教育模式那样，被动地从教师那里获得知识。在这种情况下，师生关系更加民主和平等。辅导员在其中成为学生学习的向导、服务者和帮手。辅导员必须树立新的师生观，改变“专业教师负责大学生学习，辅导员负责大学生思想”的传统观念和做法，积极协助专业教师，培养学生学习的积极性。组织合作学习和研究，帮助学生选择自己的学习内容和学习方法。同时，21 世纪的辅导员要善于从学生的角度分析自身的发展，并提出解决方案和假设，有效地处理各种问题，促进学生的健康成长。个人的能力不是固定的，而是不断提高的。面对 21 世纪的挑战，高校应培养学生新的思维方式、新的知识结构和新的精神面貌，并对辅导员的能力提出更高的要求。在这种情况下，辅导员应加强学习，加强自身修养，在社会实践中充实自己，使自己的能力适应 21 世纪的要求，积极应对时代的挑战。

8. 科学研究和创新的能力

新时代的高校辅导员的工作随着工作客体的变化而出现了新的变化，这就要求高校辅导员要学会科学研判新时代工作客体的特征，创新工作方式、方法与内容，以适应新时代对新人的要求。

高校辅导员工作是专业性和应用性很强的工作，因此，高校辅导员不仅要积累丰富的工作经验，还需要通过科学的理论来指导工作，这就需要高校辅导员具备科学的思维能力。辅导员的研究能力指的是使用专门的专业理论知识，在大学生及辅导员队伍建设的相关领域进行研究的能力。主要表现在辅导员队伍有组织、有计划地把学生工作的热点、难点、重点确立为研究课题，通过分析学生工作过程的各个方面及其运行机制，揭示出学生工作的规律及其原则；从学生工作对象的发展变化规律和特点中探求学生工作的科学途径和方法，从而提升学生工作的理论层次，提升辅导员的理性品质，推进辅导员工作不断科学化。

人类之所以是万物之灵，是由于人类具有创造性和发展性，人类通过自身的努力改变着自己和周边的环境，而高校辅导员面临着国家内外社会环境的日新月异、现代科技飞速发展以及学生管理的现实，这些要求高校辅导员必须创新、敢于突破陈规，这是高校辅导员开创工作新局面的关键所在，是辅导员开展工作的力量源泉，是辅导员不断提升工作的动力所在。高校辅导员的创新能力是指辅导员根据环境变化不断改进工作方法、创新工作思路和理念的能力。辅导员的创新能力具体包括：积极地探索新的路子、总结新的经验，对新时期大学生的工作和未来发展趋势及时提出新思路、新方法、新对策，逐步在思想观念、内容、方法、手段和机制上实现学生工作的现代化、科学化；实现由“封闭式”管理向

"开放式"管理、由"静态"管理向"动态"管理、由"管理型"向"服务型"转化；树立以教育学生创新精神为核心素质的人才标准观，通过在教育过程中对创造力的发掘、训练、强化，激发学生的创造才能，充分调动学生的积极性，培养学生的学习能力、实际动手能力、竞争能力，使当代大学生成为社会主义建设真正需要的合格人才。因此，新时期高校辅导员必须看重自身创新素质的养成，不断增强自己的竞争意识、创造意识以及超前意识，努力开阔自己的视野，学会独立思考，积极向上，形成创造性思维的习惯，提高开拓创新的能力，在创新中寻求学生工作的突破与发展，形成独具特色的工作方法，为学生工作注入新的活力。

（二）专业技能

专业技能是指人们在遇到问题时运用专业知识解决问题的能力。高校辅导员的专业技能是辅导员职业能力的具体体现，是辅导员与其他非辅导员老师的根本区别。高校辅导员的专业技能主要有职业生涯辅导技能、学习辅导技能、心理疏导技能、生活指导技能、就业指导技能等。

1. 职业生涯辅导技能

职业生涯辅导技能是指辅导员通过科学的职业生涯辅导，帮助大学生做好科学的自我定位、自我发展、自我实现的技能的职业生涯，辅导技能不是简单的职业设计或就业信息的提供，而是帮助大学生在认识自我和职业世界的基础上，做好职业选择与就业准备的综合技能。辅导员可以将理想信念教育与大学生职业指导相结合，将大学生的世界观、人生观、价值观的教育与大学生的职业态度结合起来。为大学生提供职业发展所需的信息，帮助他们了解自己，了解职业世界，指导他们参加一些职业咨询活动，从而使大学生能够科学地规划学习、生活，正确地进行职业选择，达到人与职业的优化组合，实现职业理想。

2. 学习辅导技能

学生进入高校，最先遇到和熟悉的人就是辅导员。学习辅导技能是指辅导员对大学生学习活动中出现的各种问题进行指导的技能。辅导员要指导大学生的学习方法和学习策略，使大学生养成良好的学习习惯。主要内容包括：指导大学生选课、补课，形成良好的学习方法，培养学习兴趣，克服学习倦怠，管理逃学，创造良好的学风等。因此，辅导员在评价大学生整体水平和学习能力的基础上，需要运用学习心理学、咨询心理学等相关理论指导大学生的学习方法。许多大学生学习动机、学习方法等方面存在问题，辅导员应培养学习技能、学习态度和学习动机、学习习惯和训练指导方法，对部分大学生的学习问题进行干预和纠正，如帮助他们克服疲劳、注意力障碍、自我退却和学习困难等。总之，对于大学生学习中存在的问题，辅导员需要快速捕捉到，对不同的学生进行分类定位，有计划地引导集体问题，对个体问题进行个性化指导。

3. 心理疏导技能

心理疏导技能是指辅导员对有心理问题的学生，运用心理学基础理论，通过言语的沟通技巧进行“疏理、泄压、引导”，改变个体的自我认知，从而提高其行为能力和改善自我发展的心理疏泄和引导方法。促进大学生心理健康，是当前对辅导员工作提出的新要求。适应当前的新形势，辅导员要提高心理疏导技能。辅导员作为大学生成长过程中的引导者，必须承担起对大学生心理辅导的责任。大学四年时间，由于各种原因，大学生往往面临一些适应性问题，需要辅导员对此采取一些干预措施。因此，辅导员应具备心理咨询技能，积极协助学校心理健康指导中心做好大学生心理辅导工作，并及时做好大学生心理危机干预等工作，关注大学生的心理健康水平，开展深入细致的心理健康教育。辅导员的心理疏导技能包括通过一定的教育活动提高大学生在学习、人际交往与社会适应等方面的心理素质，充分开发大学生潜能，促进其健全发展的能力；帮助大学生建立心理防御体系，增强其有效规避风险的能力；针对有心理困扰或障碍的大学生，通过运用鉴别、诊断、干预等心理咨询的程序与技术，消除其心理不适，防治心理疾病，使其保持心理健康的能力等。

4. 生活指导技能

面对大学生活，学生需要辅导员进行指导。生活指导技能是指辅导员帮助大学生养成良好习惯、促进个人健康的技能，包括身体健康咨询、行为咨询和人际关系咨询等方面的内容。

健康咨询是指运用关于健康的知识，为大学生每日提供最基本的健康咨询服务。行为咨询是指针对大学生的缺陷行为、不当行为或不道德的行为进行咨询。人际关系咨询主要针对大学生如何处理师生、朋友之间的关系等进行咨询和指导。

5. 就业指导技能

学生学习的最终目的是成为合格的社会人才。就业指导技能是指在大学生就业时，进行全程、全方位的培训和指导，提高大学生的就业能力，帮助大学生实现就业的能力。主要包括成功教育指导、职业素质培训指导、职业咨询指导、就业政策和就业技能指导等。具体体现为：（1）从就业指导中心、媒体、网络、往届毕业生、企事业单位等处收集静态、动态信息，对信息进行归纳、分析、判断和评估后，提供给大学生丰富的就业政策、就业信息的能力；（2）帮助大学生确立自主创业观念的能力；（3）指导大学生掌握择业心理调适技能、制作简历的技巧以及面试技巧的能力；（4）帮助大学生树立正确的就业观念、勇于面对竞争的观念、发挥专业所长但也注重综合素质提升的观念的能力。

二、媒介素养

从交往的角度看，大学生的思想政治教育实际上是信息传播的过程，大学生的政治思想和心理行为受到相关信息的影响。高校辅导员是对高校学生实施思想政治教育的具体实施者，由于目前提高大学生在互联网时代的媒介素养刻不容缓，因此，提高大学生思想政治教育的实效性，已成为辅导员的必然选择。

（一）提升高校辅导员媒介素养对思想政治工作的重要意义

高校辅导员与大学生之间沟通最多，联系最紧密，是学生的贴心人，这一特点与高校辅导员这一岗位职责决定了他们是思想政治教育的中流砥柱。而在互联网时代，每一个人都是自媒体，都可以同社会与他人发生联系，辅导员必须在全媒体的时代提高自己的媒介素养，提高工作实效。

1. 有助于应对意识形态斗争

新媒体增加了国际交流，而国家和专业人士的“媒体把关人”作用也在受到冲击并弱化。新时代的媒体具有高度的开放和共享特性，能够使各种意识形态在同一平台上传播。因此，高校思想政治教育工作者必须保持警惕，及时掌握学生的思想动向，有效控制信息来源。

2. 有助于增强思想政治教育的实效性

思想政治教育最终的落脚点就是能够对学生产生实实在在的效用。在我国传统的教育理念和模式中，往往重视思想政治教育效果，而思想政治教育的效果无法衡量。在现在的互联网和大数据时代，可以运用先进的网络技术和大数据进行科学的教育，以最小的成本获取最大的思想政治教育实效。现在的大学生都是“触网”的一代，他们能够熟练地运用各种网络媒介，同时这些媒介对他们有着很高的黏性，他们不自觉地受到这些网络媒介的影响与支配。新型的网络媒介成为在校大学生获取信息、娱乐、交往的最重要的途径，自然网络媒介成为思想政治教育的“兵家必争之地”。网络虚拟空间给大学生的现实生活带来了两方面的冲击：一是网络虚拟生存方式，让部分大学生脱离现实，甚至逃避现实，沉浸在虚拟世界的满足与幻想中，严重者甚至成为整天躲在网络上的“瘾君子”，痴迷网络，无法自拔，直至荒废学业；二是把网络信息混同于现实，因而出现非理性的、极端的行为。虚拟和现实的交错混杂，对大学生的识别能力、判断能力和高校思想政治教育者的引导澄清力都提出了考验。面对互联网时代各种媒体的冲击，高校辅导员如果没有很高的媒介素养，就无法灵活地运用各种网络媒介对在校大学生进行思想政治教育，将会在思想政治教育方面与现实脱节，思想政治教育的效果会大打折扣。这就要求高校辅导员的职业素质实现由“嘴喊、腿跑、手抄”式的“体能型”向“知识型”“智能型”转变。辅导员必须能够学会理解、认识、评价青年大学生的网络接触行为和现象，并能具备一定的媒介素养理念，这样才能成为让大学生信赖的辅导员。

（二）辅导员媒介素养的主要内容

1. 新媒体技术能力

在新媒体环境下，辅导员必须具备一定的新媒体技术能力，也就是可以较好地掌握新媒体技术。新媒体技术主要包括以下几种能力。

（1）新媒体的基本知识与操作技术。在新媒体时代背景下，人们需要掌握寻找和接收信息的技能，新媒体的形式多样、更新速度快，想要顺畅地接收信息，一个重要的前提就是全面了解和掌握新媒体的特性与规则。对于辅导员来说，掌握各种新媒体的特性和基本操作方法成了首要的要求，这样才能在工作中更好地将其应用进来。为了更好地操作新媒体，就需要对新媒体有一定的了解，也就是说，辅导员需要在掌握新媒介及其相关软件的特性的基础上掌握相应的操作技术。例如：掌握 Offices 办公系列软件技术；利用 Word 软件可以进行文字处理工作；利用 Excel 可以建立表格对信息进行加工处理；利用 PPT 可以制作教学软件；利用网页制作技术和 Flash 动画技术，可以实现对音频、视频教育资料的剪辑；利用智能手机等现代移动设备，可以帮助教育工作者通过更多渠道开展工作，帮助他们随时随地与大学生进行沟通与交流。计算机网络技术是新媒体三大技术系统之一，是构成新媒体环境的重要因素。辅导员应该具有熟练使用网络媒体的能力，如了解各门户网站的内容、特点与功能，能有效从中获取信息；熟练地运用各种搜索引擎寻找需要的信息，以满足个人需求并解决问题；在日常工作中使用 E-mail 以提高工作效率；熟悉并积极使用网络社区、博客、播客、微博、微信等网络媒体形式。

（2）新媒体的实际应用能力。实际应用能力是一项重要的能力。辅导员不仅需要掌握新媒体的基础操作技术，还应该具有在教育实践中灵活运用新媒体技术的能力，帮助学生有针对性地解决在教育过程中遇到的问题。在进行工作时，辅导员主要通过文本、图片、音频、视频等形式开展教育活动。这就要求辅导员应熟悉相关的信息资源库，如思想政治教育信息数据库、多媒体资源库、数字图书馆等，并且熟练掌握利用各种媒介工具及现代信息检索技术搜索自己需要的信息资源的能力，在此基础上，利用各种手段储存相关的信息资源，通过计算机网络技术等对这些信息进行处理、加工和分析，真正实现对信息的有效利用。辅导员不仅需要有严密的逻辑和优秀的表达能力，还需要具备良好的信息制作能力。几乎所有人都可以利用新媒体技术制作和传播信息，一般社会成员也普遍地参与信息制作与传播，但对于辅导员来说，掌握实用的制作技巧与传输技术仍然具有重要意义，他们需要利用各种新媒体技术为大学生提供更有效的教育活动，提升教育活动的丰富性。

（3）新媒体技术的更新能力。新媒体是以新技术为依托而产生的，因此无论其外在形态，还是其传播方式都会受到技术进步的影响，尤其对于网络媒体、智能手机等移动设备来说，这种影响尤为明显。从媒介形式的角度来说，人们在学习、工作和生活中都离不开各种各样的新媒介产品，而各种新媒介产品的更新速度十分快，同时，一些基础性媒介产品，如电视、手机等更新换代的速度也很快，并且随着技术发展而不断更新；从媒体技术的角度来说，随着新一代互联网的发展，在远程教育、数字图书馆和虚拟实验室等方面的应用有突出的表现，为人们带来了更快、更大、更安全、更及时的信息服务。随着移动通信技术的不断发展，在全球范围内将逐渐形成统一标准，更好地实现视频应用和数据传输，可以进一步提升各个领域的多媒体信息服务效能。辅导员的工作对象是大学生，“00后”是最具活力的社会群体，他们思维活跃、勇于创新，对新生事物充满了好奇。因此，辅导员必须具有强烈的新媒体技术更新意识，并且具备相应的新媒体技术更新能力。在当前的新媒体环境下，辅导员需要了解和掌握大学生经常使用的新媒体产品和技术，只有这样才可以贴近大学生的实际生活，从而掌握他们的生活状态与思想动态，只有这样才可以与大学生实现有效的交流与沟通，加强思想政治教育工作的实效性。辅导员应该将一些新技术融入其教育活动中，从而形成适应大学生偏好的方法形式，以此有效地提升教育的吸引力与感染力。

2. 新媒体信息利用能力

随着新媒体的发展，受众在接收信息时需要掌握一定技术，在面对海量信息时，人们应该转变传统观念，并以新媒体技术作为依托，从而准确、及时、高效地接收信息。从整体来说，辅导员需要具备以下几项信息利用能力。

（1）分析评价信息的能力。获取信息是做好信息分析评价的一个重要前提。辅导员首先需要了解各种媒体信息的载体及形式，并掌握相应的基本技能，以此为基础便可以收集并获取需要的信息。对于辅导员来说，媒体信息利用能力的核心就是评析媒体信息的能力。首先，高校辅导员要对新媒体的特性与生成规律有一个准确的掌握。新媒体信息生成与传播与以往的传统媒介有着非常大的区别，其具有即时性和超时空传播的特点，同时利用新媒体可以为人们提供个性化的信息服务，在信息制作上呈现出数字化特征。其次，辅导员应该了解并掌握各种新媒体的自身运作、语言特性、组织结构、媒体对现实的构建与反映，应该充分了解媒体信息的制作过程、控制机制与运作规律，从而帮助他们从海量数据中获取符合自身需求的信息。此外，辅导员不仅要具备媒体认知解读能力，还需要具有对媒体内容的甄别、质疑、批判能力。从一定层面来说，一切的媒体信息都蕴含着一定的价值观念与生活方式，所有信息实际上都是经过加工建构而成的，在这些信息中蕴含着一定的意念、解释与结论。高校辅导员要有一双智慧的眼睛，对新媒体传播的信息要理性地看待，需要透过现象看本质，要有敏锐的政治嗅觉与政治意识，要看到信息背后的意识形态、商业企图等目的，只有这样才可以对媒体信息做出比较准确的判断和评估。同时，不可以从单一角度评析媒体信息，而是应该从多个角度进行评判，以此获得更客观、更有效的媒体信息。另外，辅导员需要对信息的传播后果进行预判，需要充分考虑信息传播可能带来的后果和影响，以此全面地对媒体信息进行正确客观的辨别、分析和评估。

（2）规范利用信息的能力。在以往的媒体环境下，媒体掌握着信息发布的控制权，受众只能被动接收信息。在新媒体环境中，通过网络、手机等媒介，普通大众也可以成为信息的生产者、发布者、传播者，摆脱了信息交流中的被动地位。因此，辅导员必须具有较高的信息素质和熟练运用大众传媒的能力。在传播学理论中，信息传播过程中会有一些人对信息进行特殊“过滤”，而这些人就是信息的“把关人”，因此，只有配合群体规范或者与“把关人”的价值标准一致的信息内容才可以进入传播的渠道。在当前的高校网络思想政治教育之中，辅导员应该充当称职的“把关人”，利用自身拥有的坚定政治立场和丰厚的马克思主义理论功底，对信息进行筛选，尽可能消除不健康的信息。同时，辅导员应该及时了解并掌握国家有关的管理规定，在教育过程中积极运用媒介手段，从舆论上、思想上引导学生树立科学正确的人生观、价值观与世界观。此外，辅导员可以以意见领袖的身份在网络上树立威信，在网络平台上引导大学生树立正确的思想观念，承担引领社会思潮的重大责任，同时应该配合主流媒体宣传，全面、全方位地开展马克思主义相关理念的传播，促进大学生的成长成才。

（3）开展媒介素养教育的能力。在对大学生进行媒介素质教育时，辅导员是第一责任人。辅导员不是专业从事媒体行业的人员，对于媒介素养来讲也是普通大众中的一员，辅导员也需要进行媒介素养的培训教育，从而掌握新时代媒介技能与规律，进而为开展媒介素养教育打下基础；同时，辅导员需要对大学生进行媒介素养教育，以提高大学生在多媒体环境中的生存能力。相较于一些西方国家，我国的媒介素养教育起步较晚，目前还有一些高校并没有开展媒介素养教育，这就要求辅导员应将媒介素养教育的内容有机地融入思想政治教育中。

对于大学生来说，他们需要具备的媒体能力十分丰富，结合思想政治教育的相关性以及辅导员的知识特征，辅导员应该将培养大学生的信息分析能力作为重点，应该引导大学生以客观、科学的眼光看待社会上的各种事件和问题，以正确的“三观”和科学的方法获取和创造新时代的新媒介信息；通过媒介教育，培养大学生树立起正确的“三观”，能够对西方的一些信息进行甄别、批判，能够独立思考；高校辅导员在形塑大学生人格时，应该把媒介素养加入其中，使大学生树立正确的媒介意识，进而能够有效地利用新媒体展示自我，提高大学生的媒介运用能力。

三、专业研究能力

高校辅导员能否真正地把高校思想政治教育规律内化于心，外化于行；能否真正地把思想政治教育工作转化为教育实践，这取决于辅导员专业研究能力的高低，进而影响到高校的教育质量和办学质量。高校辅导员可以直接与学生进行互动交流，直接与学生进行面对面地讨论和解决问题，这决定了高校辅导员具有一定的独特性。高校辅导员以日常工作实践为研究起点，以个案分析能力为研究重点。在理论更新之后，辅导员可以向其他领域进行研究，这是做好高校辅导员专业成长和专业发展的关键所在。

（一）辅导员专业研究能力训练的必要性

1. 提升专业研究能力是辅导员适应新时代的要求

中国已经走进新时代，科学技术日新月异，我国同时也进入了新旧动能转换的关键期，在这一时期，人才成为第一资源，成为地区和国家竞争的最核心的战略资源。时代越来越需要跨界融合的综合型人才。在新的时代，国内外社会环境错综复杂，特别是在互联网时代下，各种社会思潮涌现，大学生自身价值观念尚未完全确立的情况下，容易受到各种社会因素的影响，这必然会给高校思想政治教育工作带来挑战：很多大学生没有树立起正确的“三观”，人生的第一粒扣子还没有扣好，从而出现了信仰缺失、价值观混乱的情况。同时，互联网深度介入大学生的思想和生活，而网络思想政治教育与引导还存在着滞后于现实的问题，高校思想政治教育者如何有效地对网络舆情进行研判与引导，如何占领网络思想政治教育的阵地，这些都需要创新思想政治教育的工作方式方法，更需要提高高校辅导员的专业研究能力以进一步回应新时代给高校辅导员提出的时代之问。

2. 专业研究能力是辅导员专业成长的需要

高校辅导员是开展大学生思想政治教育的精英力量，是大学生健康成长的指导者和指路人。因而，高校辅导员需要具备过硬的素质才能有效地开展工作。科研素质是辅导员应有的基本素质，是辅导员由“经验型”事务工作者向“专家型”或“研究型”辅导员转变的重要标杆，辅导员专业研究能力的高低在很大程度上决定了辅导员在专业化发展道路上能走多远，是辅导员队伍专业化发展的立身之本。专业研究能力影响和制约着辅导员对学生工作实践的探索和认识，进而影响其工作能力的提升和工作实效的达成。辅导员专业研究能力有利于指引辅导员将实际工作经验吸收到理论研究工作中，不断创新高校管理学生的工作思路、工作体制和工作机制，改进工作方法，解决学生思想政治教育工作中的新矛盾、新问题，将经验自觉提升到理性自觉的层面。此外，辅导员专业研究能力的完善，还可以帮助改变辅导员在学术视域中“边际人”的地位，提高高校辅导员的社会地位，增强辅导员的自我成就感，有效消除高校辅导员的职业倦怠感，激发辅导员不断努力进取。

3. 专业研究能力是辅导员队伍专业化发展的需要

《普通高等学校辅导员队伍建设规定》这一制度规定对高校辅导员的工作职责提出了明确的要求，高校辅导员要做好大学生的日常生活的思政教育，对所带班级要进行有效的管理；遵循新时代高校思政教育的要求，既要坚持优秀的传统经验，也要根据时代要求进行创新性的工作，促使学生能够健康地成长；高校辅导员要时刻关注思政理论的前沿，主动学习思政的理论知识，进一步提高自己的理论水平和理论素养；高校辅导员要沉入学生中，深入调查研究大学生的思想状态和日常生活情况，根据实际调整工作，从而能够与时俱进，及时分析和解决具体问题；高校辅导员要学会综合运用融媒体，特别是新兴网络技术，提高工作的时效性和实效性；教育部出台的规定对高校辅导员提出了新的要求，要求高校辅导员要突破下游的工作格局，将提升自身的专业能力放在更加突出的地位，要求辅导员不仅具备理论素养，还需要具备思想政治教育的实操技能。

4. 提升专业研究能力是辅导员提高工作实效的需要

高校辅导员有专业研究能力能够促进思想政治教育的实效性。有专业研究意识的辅导员可以以实践的要求为基础，评估自身现状，时刻对思想政治教育问题保持敏锐性，运用有效的分析工具对大学生进行调研与分析，进一步研究学生的心理与行为，同时运用最新的思政理论和思政工作方法来解决学生的问题，然后找到相关的方式方法进行思想政治教育工作，提高高校辅导员的管理能力和服务质量，增强高校辅导员工作的可行性和战略性，提高高校辅导员思政实效。如果辅导员的专业研究能力较弱，往往不能有效地创新工作方式方法，辅导员的大多数工作想法会只停留在经验层面，无法使高校思想政治教育的水平得到很好的提升和发展。

5. 提升专业研究能力是辅导员贯彻“以学生为本”的需要

《中共中央 国务院关于进一步加强和改进大学生思想政治教育的意见》中首次明确了大学生思想政治教育要坚持“以人为本”的基本思想。在实际工作中，辅导员工作是以学生为工作对象开展的教育实践活动，促进学生的成长成才是辅导员工作的本质要求。辅导员应坚持将“以人为本”这一基本思想，具体转化为“以学生为本”的职业思想。要充分尊重学生的主体性，以学生的全面发展作为出发点和立足点，有计划、有组织地实施有效的教育实践活动。要真正执行“以学生为本”的职业理念，辅导员应从学生的根本利益出发，全面深入了解学生，把握学生基本构成，掌握学生思想、学习、生活和工作的动向，探讨学生发展的特点，分析学生中出现的问题。此外，辅导员要具备分析研究学生、融入大学共同体的能力，其中专业研究能力是重要的组成部分，较强的专业研究能力有利于辅导员运用科学的方法，将实际工作中积累的第一手资料和经验，加以概括、总结和提升，通过理性分析上升到理论层面，更好地指导大学生的思想政治教育工作，真正实现“以学生为本”。

（二）辅导员开展专业研究的优势条件

在辅导员综合素质中，专业研究能力是不可或缺的部分，是辅导员专业成长的重要依托，对于推动辅导员实现从“经验型”到“研究型”的提升有重要意义，也是辅导员提升思想政治教育工作科学化水平的重要保证。同时，由于辅导员处于高校思想政治教育工作的第一线，直接接触学生，能够直面学生的问题，了解学生的动态，把握思想和行为问题的症结所在，相对于其他理论研究者而言，辅导员有其独特的研究优势，所以，应更好地帮助其开展科研工作，从而使其专业研究能力不断得到提升。

1. 政策方面的优势

为了适应形势和时代任务，应完善大学生思想政治教育工作队伍的选拔、培养和管理机制，在政策和措施方面给予辅导员有力的支持，着力建设一支高水平的辅导员队伍。随后，教育部、共青团等相继印发了一系列配套文件，都强调高等学校应重视辅导员队伍的建设和培养，把辅导员队伍建设作为教师队伍和管理队伍建设的重要内容。各高校在贯彻文件精神中，通过不断努力，采取各项配套措施，注重辅导员能力的提升和培养。高校辅导员组建的队伍可以得到有力的组织保障、政策保障和资金保障。各级组织对于辅导员开展科研工作给予鼓励、支持和引导，不仅将科研工作纳入绩效考核，同时开辟辅导员课题研究专项，举办辅导员科研工作论坛，开展提升辅导员专业研究能力系列培训，开辟辅导员科研专栏以及出版专门学术刊物等。有力的政策支撑充分调动了辅导员开展科研工作的积极性、主动性和创造性，为辅导员开展科研工作，提升专业研究能力打下了坚实的基础。由以上分析可以看出，政策方面已经为辅导员开展科研工作提供了便利的条件。

2. 角色方面的优势

从角色来看，辅导员是学生日常思想政治教育的组织者、实施者和指导者。辅导员应当努力成为学生的人生导师和健康成长的知心朋友。辅导员一切工作的开展都应紧紧围绕高校学生群体，应当具有丰富的案例经验和研究视角。

一方面，在日常思想政治教育工作中，辅导员具有多重角色，在学生眼中既可以是“老师”“朋友”“母亲”“父亲”，也可以是“师兄”“师姐”，因此，辅导员可以很容易与学生交心，能够取得学生的信任，能够较为准确地了解学生群体的构成、个性特征、思想和行为动态，及时发现学生中出现的新问题，尽早探索解决问题的对策，为高校辅导员将问题的思考转化为科研课题提供丰富的素材，也提供理论研究成果检验的平台。

另一方面，辅导员是高校教师队伍和管理队伍的重要组成部分，具有教师和干部的双重身份，是高校发展和建设中的一支重要力量，对于高校制度规范、党团建设、文化建设、德育工作以及现代大学建设具有发言权，能够总结学校发展中的优秀经验和开展有益的探索，同时也能够发现高校发展建设中的制约因素，抓住问题的成因、影响因素以及制定对策。高校管理干部的身份能够有力推动辅导员在有效参与高校管理的同时，拓宽科研的领域，不仅能提升辅导员的科研水平，还能够较好地推动高校内部管理制度的规范化、科学化、系统化建设。如果没有以实际为根基，理论研究将成为“无源之水，无本之木”，将失去理论研究本身的生命力，而高校辅导员由于其身份的特殊性，具有多重角色，能够深入高校建设的第一线，获取丰富、真实、可供研究的素材，使研究的成果能够为现实提供重要的指导价值。

3. 专业方面的优势

从辅导员入行的各个环节来看，高校在选聘过程中就比较重视辅导员的专业素质，如有的高校在辅导员招聘公告中就明文规定“思想政治专业、教育学、心理学等相关专业优先”。

一般来看，辅导员队伍的成员绝大部分具有研究生及以上学历，他们都接受过专业正规教育，具有较为完备的知识结构，较强的洞察能力，以及总结反思的能力；受校园文化的熏陶，能够具备较为健全的人格和积极乐观的心态，为学生工作的开展以及专业研究能力的提升提供动力支撑。同时，辅导员在校期间都接受过专业训练，同时在上岗前需要接受专业的岗前培训以及职后培训，又处于学生工作的第一线，能够熟知学校学生工作的运转方式和流程，能对学生的心理变化、情绪反应和思想动态保持较为敏锐的观察力，能够运用所学知识对学生开展深入的理性层面的分析和思考，而非止步于现象或者感性层面的素材。

具体说来，如果辅导员与所辅导学生的专业“对口”，那么辅导员的工作开展和科研工作的研究将会相对轻松一些，能够利用自身所学与学生产生更多共同语言，可以花费较少的时间和精力实现师生互动，挖掘学生学习、思想、生活和工作中的问题。同时，辅导员也可能存在与所辅导学生专业“不对口”的问题，在工作开展中特别需要辅导员付出更多的努力，才能给予学生有针对性的管理、指导和服务；同时，“专业不对口”也给辅导员开展科研提供了更广的空间，辅导员可以利用所学知识以及专业思维对学生思想政治教育工作展开思考和研究，拓宽研究视野，使思想政治教育研究成果可以在应用方面得到加强，同时，促进跨学科、交叉学科理论得到不断发展和提升。

4. 资源方面的优势

和其他理论工作者的研究不同，辅导员开展的专业研究更注重具体层面的应用研究。辅导员能够运用科学思维方式将学生工作的经验和做法加以提升、概括和总结，实现所思、所想的理论跨越，从而具有很强的现实性和应用性。辅导员具备充裕的条件实现理论的跨越和提升。近年来，辅导员进行理论研究的成果颇丰，在思想政治教育、学生发展指导和学生事务管理等方面都有大量的研究成果和丰富的经验，可以作为辅导员开展科研工作的肥沃土壤。辅导员可以充分利用已有的研究成果，结合自身实际，实现理论研究和经验探索的突破。同时，在科研保障方面辅导员也具有优势，其工作环境能够为辅导员开展科研工作提供保障，高校作为科研和教学的主要场所，具有浓厚的科研氛围，辅导员将增强开展科研工作的积极性和主动性，强化科研意识，将研究的兴趣引入辅导员职业中，将科研作为工作的一部分，利用科研促进管理水平的提升，将工作作为科研成果的重要推力。高校丰富的教学和科研资源是辅导员开展科研工作不可或缺的资源，如各高校的图书馆、教研室以及研究会等都为辅导员专业研究能力的提升创造了有利条件。辅导员专业研究能力的提升，科研工作的开展，离不开理论素养，辅导员有条件充分盘活校内外资源，依托思想政治教育、教育学、心理学和社会学等相关学科，积极参与各级别的研讨会和交流会，强化理论素养，并充分利用高校实践锻炼平台，发挥专业课、公共课以及实践教学的作用，对学生的动态进行深入挖掘，不断创新学生工作的新方法和工作机制。

（三）辅导员专业研究的内容和方法

1. 立足实际

辅导员关注和研究问题时要以实际为立足点。一方面，辅导员的研究要还原现实，立足实际，从现实中的具体问题出发。辅导员需要具备敏锐的洞察力，将研究方法正确地应用于工作中，对工作对象开展调查研究，分析新现象，发现新问题，提出新对策。问题的分析和解决的首要前提是辅导员要树立问题意识，要将学生管理工作中的现实理论与实践问题作为研究对象，如学生的日常生活、党团组织建设、网络思想政治教育、心理辅导以及学生干部培养等，同时也要将现实的研究进一步提升至学术意识层面，如思想政治教育工作的原则、方式、方法以及路径选择等。另一方面，辅导员要将关注和研究的问题照着说，即照着党的路线、方针、政策，以中国特色社会主义理论体系为指导，依据教育部门的相关规定和文件精神开展理论研究和探讨，其中包括全国教育科研工作会议、全国高校辅导员工作研究会和教育部人文社会科学研究专项任务（高校思想政治教育）的精神。辅导员的研究应立足社会热点难点问题，使研究方向独具特色，促进研究成果转化，使其具有较强的现实意义。

2. 力求优化

当前在新时代背景下，高校理论工作者针对大学生思想政治教育工作开展了全面的研究，研究成果颇丰，涉及面较广，有着重要的理论意义和实践意义。研究成果不断指导着高校思想政治教育工作者创新工作思路，实现教育理念的更新。思想政治教育工作新方法的应用，新媒介传播的有效引导，为进一步提升高校思想政治教育工作的科学化水平发挥着重要作用。但是，我们还要清醒地认识到，也有部分辅导员在开展科研工作时，由于没有深入地思考研究对象，无法发现问题的症结所在，无法开展深入研究，对他人的研究成果没有很好地消化，研究多数停留于表层，往往将其他人的研究成果进行罗列和拼凑，无法形成自己独到的研究见解，甚至将几篇研究成果加以解构，缺乏科学性、指导性和研究价值。因此，高校辅导员科研工作的开展需要以深厚的经验和研究成果为基础，认真消化、吸收和借鉴已有的成功经验和优秀的研究成果，发现新问题，研究新情况，对学生思想政治教育工作的开展进行反思、总结、归纳和提升，形成规律性认识，促进研究成果不断优化。

3. 争取突破

辅导员的专业研究能力的高低对于思想政治教育实效性的提升有着至关重要的作用。辅导员开展科研工作应将归纳思想政治教育工作的规律性作为追求的方向，对于现有的研究成果辅导员要时刻保持批判意识，需要具备辨别真伪的能力，区分优劣，区分主流和支流，在借鉴优秀成果的同时，认清部分研究成果可能停留于感性认识阶段或者还处于探索阶段，看到有的研究由于所立足的对象特征、环境特征和政策方针有所变化，研究成果的准确性也会受到影响，适用范围受到压缩。同时，一些问题还处于探索阶段，研究成果可能尚不成熟，还停留于逻辑推理层面，或者假设推理阶段，缺乏有力的实证分析和数据支撑。为此，辅导员在开展科研工作时可以注重理论研究的创新，不盲目崇拜权威，在研究中大胆假设，要敢于挑战权威，提出问题，小心论证，进一步结合当前国内外发展形势和我国教育改革进程，结合高校现代大学制度建设以及学生发展的实际，发现新问题，应用新方法，借鉴新经验。在注重理论继承的基础上，对已有的理论不完善之处予以补充、纠正、更新和创新，从而实现理论的发展，实现研究的推进，实现研究过程的规范化，使理论研究得到突破性发展。

（四）辅导员专业研究能力提升的方法与途径

在学生工作研究方面，辅导员可以说是生力军，如何调动广大辅导员参与思想政治教育的研究工作是摆在各高校面前的重大课题。提升辅导员专业研究能力不是一朝一夕之功，它是一项系统工程，涉及研究的理念、制度、氛围、团队、平台和辅导员自身的努力，必须形成多方协同创新、互助科研氛围浓厚、科研意识提升、科研制度保障提高、科研产出增多和科研质量提升的新局面，促进辅导员工作科学化水平的提高。在理论层面，专业理论工作者和一线辅导员需要加大对提升辅导员专业研究能力的理论探讨，探索有效发展途径。在实践中，高校和辅导员自身可以从以下几个方面进行。

1. 更新办学理念，营造宽松的科研环境

办学理念是对高校构成要素的基本看法和信念。办学理念是高等学校在长期办学实践中凝聚而成的对其命运、追求、精神状态、地位、作用、发展道路的坚信不疑的共同认识和价值判断，它是高等学校办学的根本和灵魂所在，直接关系到大学培养人才、服务社会和科学研究三大职能的发挥。高校办学理念对处于学生管理工作第一线的辅导员的培养和发展具有重要影响，辅导员的培养是否受到重视，辅导员素质以及科研水平的高低在很大程度上受到高校办学理念的制约。高校依据建设现代大学制度的要求，更新办学理念，在辅导员队伍建设方面营造宽松环境，鼓励辅导员大胆地进行科研创新，多出成果，出好成果。一是要以人为本，二是要开放包容。

2. 完善制度建设，提供制度保障

要想提升辅导员科研素质，不仅需要高校办学理念的转变，同时也需要有一定的制度保障作为支撑。完善辅导员参与科研的制度建设是高校辅导员专业研究能力培养体系中的重要一环，健全和完善的制度建设能够促进现代办学理念的实施，为高校辅导员专业研究能力的提升提供制度保障。高校应该从辅导员的选聘、培训、管理和使用各环节建立完善机制，健全人才使用制度，为辅导员专业研究能力的提升创设有利条件：一是规范聘用制度，考察科研素质；二是创新培训体系，提升培训质量；三是健全管理体系，提高工作效率；四是健全激励机制，落实保障制度。

3. 开创科研平台，整合科研资源

专业平台的支撑对高校辅导员专业研究能力的提升有重要的作用。术业有专攻，只有将高校科研资源整合到辅导员专业研究能力培训体系中，为辅导员专业研究能力的提升提供保障，才能使辅导员对工作的思考得以深化，活跃科研氛围，为辅导员专业化、职业化的发展打下坚实基础。一是要建设学术科研梯队，做好衔接帮扶；二是要开设实践锻炼平台，让辅导员能够将理论运用于实践。

4. 从自身做起，提升动力机制

辅导员自身是其专业研究能力能够不断得到提升的关键因素。辅导员需要明晰身份，做好角色定位，扎根辅导员职业，完善科研工作内部动力机制，增强从事科研的积极性、主动性和创造性，充分利用一切有效资源，强化问题意识，勤于思考，严守科研学术规范，开创科研工作新局面。一是明晰职业角色，提升动力机制；二是严守学术道德，规范科研行为。

第四节 新时期高校辅导员队伍科研能力提升的必要性及有效路径

一、提升高校辅导员科研能力的必要性

随着时代的发展、社会的进步，新时期高校大学生思想政治教育也面临着巨大挑战，如何掌握多种工作方法，及时应对高校学生在学习生活中遇到的各种困惑、困难，也对高校辅导员队伍提出了更高的要求。辅导员是实务工作者，为了加深对所从事的实务工作的理解，提高实务工作的水平，需要做一些科学研究工作。辅导员从事科学研究不仅有利于将理论与实践相结合，提高实践工作水平，而且对切实丰富辅导员的角色和身份，提升辅导专业化和职业化起到重要的推动力量。

（一）新时期加强辅导员队伍专业化建设的基本要求

1961 年，党中央庐山会议上出台专门文件，提出在各高校设立政治辅导员，时至今日，辅导员制度已经在中国高等教育发展中发挥了巨大的作用。2004 年，《中共中央 国务院关于进一步加强和改进大学生思想政治教育的意见》进一步阐释了当代辅导员成长发展所需要符合的大学生成长、成才的内在诉求。新时代下，当学生面临多样化选择时，辅导员工作的差异性造成的影响更为显著。2005 年，为贯彻落实《中共中央 国务院关于进一步加强和改进大学生思想政治教育的意见》《教育部关于加强高等学校辅导员班主任队伍建设的意见》明确指出，要统筹规划专职辅导员的发展。鼓励和支持一批骨干攻读相关学位和业务进修，长期从事辅导员工作，向职业化、专家化方向发展。这一要求的提出，有助于促进辅导员通过参与研究的方式，在日常工作和学生整体特征中进行系统化、规范化、严谨化的探索，进而改变自己的工作思路，由"万金油"向职业专家转变。

（二）提升科研能力是达到"人师"境界的内在诉求

辅导员是高等学校教师队伍和管理队伍的重要组成部分，具有教师和干部的双重身份。《普通高等学校辅导员队伍建设规定》对辅导员的角色做出了明确的界定，辅导员既是教师，又是干部；既是教育者，又是管理者。韩愈《师说》中提到："师者，所以传道授业解惑也。"说明教师要为学生传授事物规律和道理，讲授专业知识，解答疑问。现代教师的职责简单来说是教书育人。高校辅导员之为师者，所传之道、所授之业、所解之惑相对专职教师有不同之处。从教育内容上讲，辅导员的主要以思想政治教育为核心教育内容，但不同于思政课教师通过课程进行传授理论知识，辅导员通常采取将教育内涵融入学生日常活动中，通过开展党团活动、主题班会等形式，在潜移默化中推进思政教育。

（三）实现大学生思政教育科学化、现代化的必要之举

随着大学生思想政治教育科学化的发展，社会对辅导员工作科学化程度要求也逐日提升，传统以行政制度和工作经验为基础的辅导员工作模式已经越来越无法适应辅导员工作的要求，辅导员工作亟须新发展模式的介入。

辅导员作为大学生思想政治教育先锋军，身处大学生思想政治教育真实情景之中，能够第一时间获取大学生思想政治理念动态变化和大学生思想政治教育过程中遇到的困难、问题和需求。辅导员所掌握的案例、调研、访谈、数据等均源于日常工作，而非简单的纸上谈兵，这为辅导员开展理论研究提供了良好的条件和得天独厚的资源。

辅导员作为研究者，一方面，要不断提升自我反思意识和能力，了解自己行为的意义和作用，只有深入开展针对自己在日常思想政治工作中的行为进行研究，才能够真正了解自己在思想政治教育过程中做了什么，这些行为有什么意

义，反映了什么样的思想政治教育理念，对学生有什么影响。另一方面，也要通过对学生的观察和探寻，理解学生到底在做什么，想什么，他们到底学到了什么，这种学习对他们的发展有什么作用等。通过上述参与式的研究，辅导员可以对自己的行为和观念进行反省，了解自己所思所想对学生的思想政治观念发展所产生的影响，进而更加科学有效地指导学生。

（四）培养党政工作、科技工作后备人才的有力保障

很多高校党政干部为辅导员出身，因此辅导员科研能力的提升，有助于加强自身在管理、研究上得到长足进步，并在某一方面发挥良好的工作能力，探索优秀的发展潜力。近年来，部分高校也在实行博士辅导员制度，选聘优秀博士毕业生加入辅导员队伍，这也为辅导员今后开展科研提供了有利基本功的准备。在实际工作中，一部分，有意愿长期从事学生工作并具有学术研究潜质的辅导员可以作为教学、研究、管理岗位的储备人才；而另一部分，对政治素质好、业务能力强，有党政工作培养发展潜力的辅导员，可以作为学校储备干部进行培养，也可以通过多种渠道向地方党政部门、上级单位输送。

二、当前辅导员科研能力现状及问题

（一）刺激鼓励高校辅导员提升科研能力的机制不健全、制度有待完善

目前，各高校对辅导员的岗位的认同感程度不一，有的高校更加注重专职教师的培养，而对辅导员队伍建设重视度不够。一方面，专职教师和专职科研工作人员的各项制度保障完善，而辅导员学科理论与实践研究项目、创新项目、资金保障、科研团队建设、科研奖励以及学术研讨等制度尚不健全。另一方面，辅导员在与专职教师在各类评先评优、绩效考核的同台较量中并没有明显优势。与此同时，辅导员在高校中常常被认为是学生的保姆和管家，高校各部门只要遇到涉及学生管理的各类事务都会找辅导员，琐碎的工作会占据辅导员的大量精力，使其自顾不暇。除此之外，尽管国家出台了《普通高等学校辅导员队伍建设规定》《高等学校辅导员职业能力标准（暂行）》《关于深化高等学校创新创业教育改革的实施意见》等制度，但对于辅导员科研能力提升方面的指导性制度性文件相对较少，辅导员科研激励机制各地各高校不同，这种局面对鼓励辅导员开展科学研究极为不利。最后，面向辅导员征集文章的期刊和课题项目数量有限，现有期刊和课题这对于庞大的辅导员队伍来说无疑是杯水车薪，不但解决不了辅导员提升科研工作能力的实际问题，还会极大地挫伤他们参与科研工作的热情与积极性。

（二）各高校对辅导员岗位认识以及工作职能界限不清，对提升辅导员科研能力助力不大

尽管《高等学校辅导员职业能力标准（暂行）》将高校辅导员分成初、中、

高三个等级，各级别都对理论与实践有明确的要求，但在实践过程中，部分高校并不能真正贯彻落实好对辅导员职业能力标准的要求。有的根本未对辅导员进行评级，大多数辅导员评职称还是走高校教师系列或者教育管理路线；有的即使评定了等级，相关待遇问题没有明确规定；加上部分高校对要求中辅导员的“理论与实践研究”能力要求弱化，对辅导员提升可能能力助力欠佳。

（三）高校辅导员个人在内在因素上存在科研素养与能力不匹配

唯物辩证法认为，事物的内部矛盾，即内因，是事物自身运动的源泉和动力，是事物发展的根本原因，而外部矛盾，是事物发展、变化的第二位的原因。内因是变化的根据，外因是变化的条件，外因通过内因而起作用。因此，高校辅导员个人能力的提升首先应该找准自身问题。如，辅导员科研意识淡薄，绝大多数辅导员都是爱岗敬业的，但在处理事务时通常凭借经验，因此在解决新时期、新形势下的新问题时，理论储备明显不足，在更深一层剖析本质原因和解决方法时捉襟见肘，这都是科研意识不强的表现；另外，辅导员提升科研能力的内在驱动力欠缺，盲目追求目的性，科研能力的提升并不一定能给辅导员带来待遇的提升，因此动力不足；除此之外，随着高校招生规模的扩大，辅导员需求量增多，除硕士研究生学历辅导员外，部分高校为了补充辅导员数量，采取本科毕业保留入学资格担任辅导员，学历水平在很大程度上也制约了辅导员的研究能力。

三、辅导员提升科研能力的途径

（一）“读经典”——构建思想政治教育理论思维

所谓“读经典”，是指辅导员开展科研首先需要较深厚的理论基础，辅导员应阅读理论著作和经典文献，学习掌握思想政治教育相关的学科知识，并能把握思想政治教育研究热点。新入职辅导员因学科背景不同，大多是非思想政治教育直接相关学科，故而构建思想政治教育理论思维，转变话语体系是关键一环。“读经典”可以从以下三步入手。

第一步，阅读“经典文献”，是指主要阅读马克思主义理论一级学科内各学科共同学习和掌握的基本文献，从辅导员实际工作情况可在工作中注重时间“化零为整”，抓紧间隙时间进行阅读。初读时建议阅读《马克思恩格斯列宁经典著作选读》《毛泽东选集》《习近平著作选读》等，从经典文献选读入手，并从中选取部分感兴趣的文章再进行深度阅读。

第二步，阅读思想政治教育学原理相关书籍，建议阅读思想政治教育权威专家的经典著作，例如张耀灿的《思想政治教育学前沿》、陈秉公的《思想政治教育学》等书籍。辅导员可从至少深度阅读一本著作入手，对思想政治教育学学科理论有系统的建构和整体把握，为之后阅读思想政治教育相关文献奠定基本的理论基础，熟悉思想政治教育学科概念和范畴。

第三步，阅读思想政治教育学相关重要期刊和杂志，掌握思想政治教育学科研究热点。首先建议新入职辅导员定期阅读《高校辅导员》和《高校辅导员学刊》，这两本刊物发表的大多是一线辅导员的业务研究文章，与工作紧密相结合，具有实务性强、可读性强的特点。另外，则要阅读国内顶级思想政治教育类刊物，例如由CSSCI最新版收录的期刊如《思想教育研究》《思想理论教育导刊》《思想理论教育》，以及中文核心期刊的《思想政治教育研究》《学校党建与思想教育》等，此类期刊是思想政治教育专业杂志，其中有些杂志还专门设立了辅导员工作研究等相关专栏。以《思想政治教育研究》为例，该刊设有“党建工作”“思想政治工作”“德育研究”“辅导员队伍建设”“网络思想政治教育”“心理健康教育”等与辅导员工作相关栏目，相关发表文章学理性强，作者大多是思想政治教育专家、思政课教师以及学生工作方面资深研究人员和一线辅导员。另外如《中国青年研究》《中国高等教育》《教学与研究》等教育类期刊，都有诸多与思想政治教育、辅导员工作相关的文章，这些文章是辅导员开展科研及撰写学术论文的重要范本。

大学生思想政治教育工作是一个跨领域、多学科的知识体系，在工作中如何整合思想政治教育的效果，需要具备多元复合的知识与能力结构体系。辅导员要提高自己的科研能力，就必须扎扎实实地学习，特别是对思想政治教育学科基本理论和基本方法的学习，要关注社会发展，关注思想政治教育研究动态和热点，在学习过程中结合实际进行思考，不断充实完善自身的知识能力储备，更好地开展科学研究工作。

（二）“多研修”——参加专题培训和专业化研修

辅导员在学习思想政治教育理论的基础上，还应注重理论与实践的结合，通过参与专业化培训、走上讲台提升个人思想政治教育能力，奠定科研能力扎实的理论与实践基础。辅导员培训的主要形式包括岗前培训、日常培训、专题培训、高级研修和学位培养。

1. 培训提升专业化职业化水平

加强高校辅导员的培训和专业化研修是提高专业化水平的有效举措。辅导员通过积极参与教育部辅导员基地、各高校举办的辅导员研修班、相关专业化培训，提升能力。

由于思想政治工作涉及跨学科的知识内容，涉及较为广泛，目前高校辅导员的培训可以归结为两大类别：一是专业化、职业化的培训，比如思想政治教育、学生事务管理、心理健康教育、职业生涯规划、管理方法与实践，另外方针政策培训也是必要的，比如中央思想政治教育方针、政策文件、学校学生工作相关规定、团学工作基本概况、学校辅导员队伍建设政策等；二是辅导员科研能力的培训，主要围绕马克思主义基本理论知识、马克思主义中国化理论体系、教育学、心理学、管理学、法律基础等相关学科知识。另外还包括如何进行社会调查、撰写学术文章、开展课题研究等相关科研领域方法技能的培训内容。

目前，辅导员培训的日常培训主要由各高校自行开展。教育部在全国范围建立了 21 所高校辅导员培训和研修基地，承担辅导员岗前培训、专题培训、高级研修培训和学位培养的任务。如全国高校辅导员研究会、各辅导员培训和研修基地开设的全国高校辅导员工作创新论坛、高校辅导员职业能力大赛和全国高校辅导员论文大赛等，也是辅导员提升专业化职业化能力、“以赛为训”的重要平台，也为高校辅导员的理论探索和工作交流提供了众多的平台。高校辅导员参与培训，除参加学校相关要求的辅导员培训等，还应根据个人工作特点以及研究兴趣，有针对性参与培训，带着研究问题与困惑参与培训，才能更有收获，更好地指导工作实践和科研。

2. 上讲台训练教育教学能力

对大学生进行行之有效的思想政治教育工作，应当以传播马列主义和党的重要思想为纲，辅导员“上讲台”为学生开设形势与政策课、党课、大学生心理健康教育、思想政治教育课等课程，是辅导员开展科研的理论研究和实践结合的重要平台。正所谓“给学生一杯水，教师要有一桶水”。辅导员想要上讲台讲授课程，必须进行大量的理论学习和研究，才能“有话可讲，有理可说”。

“上讲台”既可以培养并锻炼辅导员的讲课能力、语言表达和交流能力，更重要的是通过“讲台”这一不同于辅导员日常思想政治工作的平台，能够对辅导员个人的研究热点、授课选题进行系统的梳理和学习，建立思想政治教育的话语体系。辅导员在课堂中的讲课，能够直观地感受到学生对于所讲内容的反映，例如讲授的理论如果晦涩难懂，学生往往会成为“低头族”，而学生关注的热点问题可以从学生对授课内容的“抬头率”感受，课堂的直观反馈为辅导员开展科研奠定了实践基础。

3. 攻读学位系统理论学习

自 2008 年以来，随着教育部高校辅导员攻读博士生计划的推进，依托高校辅导员培训与研修基地和相关高校等招收辅导员博士生，在职攻读思想政治教育、公共事业管理及心理学相关专业博士学位，大大提升了辅导员专业化和理论研究的水平。攻读辅导员博士也是对一部分有志于长期从事大学生思想政治教育工作的骨干辅导员进行重点培养，使辅导员博士成为大学生思想政治教育方面的专家型人才。攻读学位需要辅导员有进行理论研究的热情，又要具备一定的研究能力，还要具有一定的辅导员实践经验。

综合来讲，攻读辅导员博士是一种更高要求的理论学习和系统的研究训练，对于辅导员学术成长和个人发展都有着极其重要的作用。但是，同样要取得思想政治教育专业博士学位，相比“科班”思想政治教育专业学生，因为辅导员大学及研究生阶段系统的学习大多并非直接相关专业，理论水平和能力都需要进行严苛的训练，才能获得相应的专业水平，其中需要大量扎实的学习和努力。

（三）“勤研究”——依托辅导员工作室，积极开展思政科学研究

辅导员工作室建设已成为近年来我国高校对辅导员队伍建设与探索发展的重要方面，是推动辅导员队伍合作共赢、共同发展的重要抓手。依托辅导员工作室，积极开展思政科学研究十分必要。

辅导员应遵循“实践—研究—再实践—再研究”的模式来探索工作世界，勤于思考工作中遇到的困难和问题，将问题及实践方法进行总结归纳，将实践经验积累上升到理论研究高度，善于总结自己处理学生琐碎事务中的经验，并上升为科学的理论，形成科研成果，由事务性工作者向专家型学者转变。在前期工作积累和理论研究的基础上，高校辅导员可围绕个人感兴趣或者擅长的研究方向开展调查研究、申报相关课题，开展理论研究及论文撰写。

第四章　当前高校辅导员队伍建设的现状

客观分析改革开放以来高校辅导员队伍建设取得的成绩是为了更好地继承和发扬队伍建设的宝贵经验和优良传统。通过深入细致的调查研究，可以发现我国在高校辅导员队伍建设之中还存在着诸多不适应、不协调、不完善的地方，需要继续深入探究存在的问题，分析问题产生的根本原因，为有针对性地开展高校辅导员队伍建设研究奠定基础。

第一节　高校辅导员队伍建设现状概况

只有在科学指导思想的指引下，才能科学构建高校辅导员队伍建设的指标体系。本书围绕“提出问题、分析问题、解决问题”的思路谋篇布局，在对高校辅导员队伍建设理论研究系统分析和全面调查的基础上，科学设置调查问卷的指标体系，为深入研究高校辅导员队伍建设现状奠定基础。

一、科学编制高校辅导员队伍建设现状调查问卷

科学编制高校辅导员队伍建设现状调查问卷与访谈提纲是开展实证调查研究的前提和基础，其调查问卷的内容指标体系直接关系调研数据的信度、效度，直接影响着高校辅导员队伍建设的对策与措施。

（一）调查问卷设计的理论源泉与实践基础

系统研究高校辅导员队伍建设的理论成果可以为科学建构调研问卷提供理论指导。恩格斯说：“我们只能在我们时代的条件下去认识，而且这些条件达到什么程度，我们就认识到什么程度。”为科学、系统、有针对性地设计高校辅导员队伍建设现状调查问卷，笔者展开了深入细致的文献研究，系统了解和掌握改革开放以来高校辅导员队伍建设在理论研究取得的成果和存在的不足，为科学设置辅导员队伍建设的调查问卷理清了研究思路，指明了研究方向，提供了理论素材。

“没有调查就没有发言权”，并将调查研究作为发现问题、分析问题和解决问题的重要途径与手段。编制高校辅导员队伍建设现状调查问卷同样需要坚持理论联系实际，需要建立在现实社会实践活动之中。为此，作者结合自身从事高校辅导员工作的实际，开展了大量的实地访谈、考察和观摩。其中，作者通过对高

校领导，特别是学生工作处的主要负责人开展的电话或实地访谈交流，获取了领导对辅导员队伍的评价以及今后辅导员队伍建设的规划和创新点。通过和高校辅导员队伍进行座谈访谈，获悉了辅导员们对队伍建设的评价、思考和发展规划。通过和大学生群体座谈，了解了青年学生对辅导员队伍的认识、评价等。为调查问卷编制注入了新时期高校辅导员队伍建设的实际和实践要素。

（二）高校辅导员队伍建设现状调查问卷指标体系

为提高高校辅导员队伍建设现状调查问卷的真实性和准确性，使其具有较高的研究价值，笔者对调查问卷进行了初次测试。在测试的基础上，借鉴心理学和管理学中关于量表设计和检测的基本理论，通过专家评分法进行效度检测，通过 α 信度系数（克隆巴赫系数）分析进行信度检测，并根据测试结果对高校辅导员队伍建设现状调查问卷进行相应的调整和修改，以保证调查问卷能为科学检测和调研辅导员队伍建设现状提供有效的数据支撑。

最终定稿的调查问卷具体包括：第一，高校辅导员队伍建设基本状况，主要包括性别、年龄、学历、职称职务、专兼职情况、工作时间、专业和工作单位的性质等方面的内容，旨在掌握当前高校辅导员队伍的结构状况；第二，高校辅导员队伍的素质和能力，根据高校辅导员队伍建设相关政策和辅导员工作职责要求，选择了思想素质、政治素质、道德素质、科学文化素质、健康素质和职业胜任力等指标作为调研对象，旨在全面了解当前高校辅导员队伍的整体素质；第三，高校辅导员队伍的思想建设，主要包括了地方高等教育主管部门和高校党委等对高校辅导员队伍建设的思想认识、重视程度、投入状况以及辅导员职业认同感等；第四，高校辅导员队伍的组织建设，主要包括了高校辅导员队伍建设的组织机构、组织文化和环境等；第五，高校辅导员队伍的制度建设，主要包括了高校辅导员队伍建设的选聘、培养、发展、管理、支撑和评价机制的建设和执行情况。

与此同时，调查问卷设置上采用开放式、封闭式和半开放半封闭式相结合的方式进行合理布局。调查问卷语言简洁明了、表述准确，体系完善、逻辑严谨，为科学调研当前高校辅导员队伍建设的现实状况奠定了基础。

二、高校辅导员队伍建设现状调研数据的统计方法

为科学分析收集到的调研数据，利用了最新的 SPSS17.0 数据处理软件进行数据统计，同时根据论文写作需要进行了必要的比较分析、相关性分析，以便科学准确地把握新时期高校辅导员队伍建设的客观现状。

三、高校辅导员队伍建设现状调研的组织实施

为全面掌握高校辅导员队伍建设现实状况，有效开展高校辅导员队伍建设问卷调查，确保调查数据的真实性和全面性，本次问卷调查充分考虑了调研对象的

层次范围、地域分布和高校性质。

为全面掌握我国高校辅导员队伍建设现状，先后对 32 个省、自治区和直辖市的千余名辅导员开展了问卷调查。本次调研总共发放问卷 1100 份，回收 948 份，其中有效问卷 813 份，回收率达 86. 18%，回收问卷有效率为 85. 76%。

在发放调查问卷时，充分考虑了各高校的特点和性质，确保调查问卷的全面性、代表性和针对性。在学校专业方面，调查涉及邮电、交通、航空、艺术、财经、语言、教育、农业、林业、工商和医学等专业。在学校性质和层次方面，涵盖了诸如同济大学等综合性大学，又涉及一般的省属院校，还调查了一部分高职高专院校。

第二节　高校辅导员队伍建设存在的问题

通过对改革开放以来高校辅导员队伍建设政策文件、理论文献的梳理和研究，以及对 32 个省、自治区和直辖市的 70 余所高校的近千名辅导员关于“高校辅导员队伍建设调查问卷”数据的分析研究。笔者发现，高校辅导员队伍建设还不同程度地存在着思想认识不深刻、辅导员队伍的体制机制不合理、队伍建设的对策措施不科学、辅导员队伍建设的成效不明显等突出问题。

一、高校辅导员队伍建设的思想认识不够深刻

思想上固步自封、观念上保守落后，必将导致行为上迟缓、建设上乏力。思想认识不够深刻是束缚和抑制辅导员队伍建设发展的根源性问题。高校辅导员队伍建设思想认识不够深刻，表现为部分辅导员队伍建设者对高校辅导员队伍建设的思想认识不到位和少数高校辅导员自身思想认识存在偏差。

（一）部分高校辅导员队伍建设者的思想认识不到位

高校辅导员队伍建设之所以存在一些不尽如人意的问题，一个根本的原因是部分高校辅导员队伍建设者的思想认识不到位。国家、地方高等教育主管部门和高校三者在高校辅导员队伍建设中扮演着不同的角色，承担着不同的建设职责，其思想认识的深度会对高校辅导员队伍建设产生不同程度的影响。

首先，部分地方高等教育主管部门对高校辅导员队伍建设不够重视。地方高等教育主管部门在辅导员队伍建设中扮演着承上启下的纽带作用。在现行的教育管理模式下，党和国家关于高校辅导员队伍建设的各项政策和制度需要各级地方教育主管部门组织落实，他们对高校辅导员队伍重视的程度直接影响到辅导员队伍建设的效果。调查数据显示，66. 30% 辅导员完全或基本认同本地教育主管部门高度重视高校辅导员队伍建设，认为不太符合和完全不符合的占到了 16. 61%。由此可见，部分地方高等教育主管部门对高校辅导员队伍建设的重视程度还有待

进一步增强。地方高等教育主管领导是否重视高校辅导员队伍建设，是辅导员队伍发展不平衡的重要原因。缺乏思想上的深刻认识，难免会对本地高校辅导员队伍建设缺乏有力的指导和科学的监督，也就难以提升辅导员队伍的素质和能力。

其次，部分高校校级领导对高校辅导员队伍建设思想认识不够深刻。调查结果显示，64.33%的辅导员完全或基本认同高校领导重视辅导员队伍建设，15.25%的辅导员持否定态度。教育部《普通高等学校辅导员队伍建设规定》是新时代高校辅导员队伍建设的纲领性文件，是各高校切实加强辅导员队伍建设的政策依据和行动指南。调查数据显示，仅52.40%的辅导员赞同或比较赞同学校能认真落实《普通高等学校辅导员队伍建设规定》，辅导员队伍建设效果良好；还有13.66%的辅导员不太赞同或极不赞同。由此可见，部分高校领导在落实辅导员队伍建设相关政策文件方面还存在着执行不力的现象，充分证明了他们对辅导员队伍建设的思想认识还不够深刻，这具体体现在学校辅导员的经济收入和岗位编制等方面。

一方面，高校辅导员队伍的经济收入较低。在市场经济背景下，高校辅导员的经济待遇是吸引和激励辅导员的重要手段，也是经济社会中维持高校辅导员及其家庭发展的物质基础。合理的经济待遇既是对高校辅导员工作的认可和肯定，也是社会公平正义的具体体现。由此可见，相对于高校辅导员工作的时间投入和精力付出，辅导员队伍的经济回报是不平衡、不对称的，难免影响高校辅导员队伍的工作激情。

通过对经济收入满意度的调研数据分析，绝大多数的辅导员对当前的收入不太满意。调查数据显示，相对于辅导员在学校的工作付出与投入，高校辅导员在实际收入的感受上，非常满意和比较满意的仅占7.75%，31.12%的辅导员认为还可以，61.13%的辅导员不太满意或不满意目前的经济收入。

在对学校辅导员工资、福利分配办法的评价方面，12.55%的辅导员觉得学校的分配机制科学合理，能充分体现个人能力与贡献的差异；25.09%的辅导员觉得在分配方面平均主义、大锅饭现象依然存在；59.41%的辅导员感觉现行分配制度固定成分太大，激励性不强；16.48%的辅导员认为差距悬殊，两极分化现象严重。因此，加强高校辅导员队伍建设，必须客观分析高校辅导员的工作职责和社会贡献度，尊重高校辅导员队伍的劳动，在遵循市场规律的前提下，根据人力资源薪酬管理理论，合理分配，体现公平正义和对辅导员队伍应有的尊重和肯定。

另一方面，各级领导对辅导员队伍建设不重视还突出表现为辅导员编制配备不到位。配备一支数量充足的辅导员队伍是有效开展大学生思想政治教育的组织保证。虽然近几年高校辅导员队伍的人数逐渐增多，规模明显扩大，但是由于部分高校领导思想认识不足、学校办学条件不足等主客观原因的影响，高校辅导员整体数量配备不足，不能很好地满足大学生思想政治教育的实际需要。

当前高校辅导员队伍缺编的现象依然十分严重，人员数量配备明显不足，将导致诸多潜在隐患。一方面，队伍缺编势必导致辅导员承担的工作量急剧增加。以致辅导员难以有效开展深入细致的教育、管理和服务工作，不利于大学生的成长。另一方面，辅导员超负荷工作，使辅导员缺少必要的时间和精力来进行工作反思、经验总结和自我提升，不利于辅导员自身的科学发展。部分高校领导更加重视学校的学科建设、教学科研和基础设施建设等，对辅导员队伍，甚至大学生的思想政治教育不够重视。具体表现为辅导员经济收入较低、校内地位不高、职业发展空间狭隘、办公环境不优、工作经费不足以及学校全员育人氛围不浓、大学生思想政治教育支撑体系不完善等，严重影响和制约了高校辅导员队伍专业化、职业化和专家化发展。

最后，部分高校院系领导对辅导员队伍建设的思想认识不够深刻。为实现对高校辅导员队伍的双重领导和双重管理，绝大多数高校都为各院系配备了党总支副书记，负责院系学生工作和辅导员队伍的建设和管理。院系党总支副书记对于辅导员工作的开展、利益的维护具有重要的作用和影响。调查数据显示，71.47%的辅导员完全或基本赞同院系学生工作专职领导（如党总支书记或副书记等）对辅导员的成长、发展和工作上的指导能够提供有益的帮助，10.83%辅导员对之不置可否，感觉未能充分感受到直接领导的关心和爱护。

高校院系领导不重视辅导员队伍建设，将对辅导员队伍失去应有的人文关怀和有效的工作指导。一方面，缺失人文关怀的辅导员感受不到学校和组织的温暖，看不到事业发展的前途，难免会带着情绪开展大学生思想政治教育工作，出现消极懈怠的现象，不利于学生成长和发展。另一方面，学院分管学生工作领导疏于对辅导员工作的指导，会给辅导员，特别是年轻的辅导员顺利开展工作带来诸多困难，以致辅导员工作成效难以显现，不利于辅导员的发展。

事实上，高校辅导员队伍建设者对辅导员队伍建设的重视程度直接关系到辅导员队伍的发展、稳定与人心向背，直接影响大学生思想政治教育的效果和高校的发展与稳定。这也是当前我国高校辅导员队伍建设发展不平衡的根源所在。为此，各级高校辅导员队伍建设者应认真学习领会，并贯彻执行党和国家关于辅导员队伍建设的各项政策文件，提高思想认识，保持与党中央高度一致；同时应学习借鉴其他高校辅导员队伍建设的先进经验，开拓创新地推进辅导员队伍建设。

（二）部分高校辅导员自身思想认识存在偏差

高校辅导员队伍建设是主客体之间双向互动的过程，除了组织推动之外，还需要广大辅导员端正思想态度，自觉主动地参与辅导员队伍建设。调查研究表明，部分高校辅导员还存在从业心态不端正、职业认同度不高和职业动力不足等现实问题。

首先，部分高校辅导员从业心态不端正。由于高校辅导员队伍建设政策上的原因和历史上对高校辅导员队伍的偏见，不少辅导员缺少坚定的职业信念，从业心态不端正，骑驴找马的思想严重影响了高校辅导员队伍的相对稳定，不利于辅导员队伍建设。在涉及当初选择辅导员工作的动机时，调查数据分析显示，59.66%的辅导员乐意从事高校学生工作；5.90%的辅导员感觉辅导员政策较优惠；27.67%的辅导员直言不讳地道出了心中的感受，从事辅导员工作仅仅是为转岗或考研考博搭建平台和迫不得已的暂时选择；其他原因占7.01%。数据显示，有超过40%的辅导员在选择辅导员岗位时都没有良好的从业心理准备，难以长期持续从事辅导员工作，影响了队伍的稳定性，为辅导员队伍专业化、职业化建设埋下了隐患。

其次，部分高校辅导员职业认同度低。职业认同是一个心理学概念，是指个体对于所从事职业的目标、社会价值及其他因素的看法，与社会对该职业的评价及期望的一致，即个人对他人或群体的有关职业方面的看法、认识完全赞同或认可。职业认同度会影响员工的忠诚度、向心力、成就感和事业心。新时期高校辅导员队伍的职业认同感是促使辅导员持续开展工作的不竭动力。调查结果显示，46.37%的辅导员为自己是一名高校辅导员而感到骄傲，20.79%的辅导员不太赞同或极不赞同这一观点。32.11%的辅导员非常和比较乐意支持自己的配偶或子女从事辅导员工作，39.49%的辅导员不太和极不主张自己的亲人从事辅导员工作。当面临转为专业教师或管理岗位时，43.67%的辅导员不会选择继续留任辅导员。由此可见，高校辅导员队伍对辅导员职业认同感和职业忠诚度还有待进一步提高。高校辅导员职业认同度不高，难免在工作中产生职业倦怠或工作懈怠等情绪，影响大学生思想政治教育效果，也不利于自身更好地发展。

加强高校辅导员队伍专业化、职业化和专家化建设，需要保持队伍的相对稳定，教育部明确提出要鼓励和支持一批骨干攻读相关学位和业务进修，长期从事辅导员工作，向职业化、专家化方向发展，并取消了高校辅导员转向教师岗位等政策导向。调查数据显示，热爱辅导员职业、打算终身从事该职业的辅导员仅占15.74%；由于道德、良心和责任使然，75.65%的辅导员主张在担任辅导员期间尽职尽责，不误学生发展；除此之外，6.15%的辅导员把辅导员工作当作谋生手段；10.46%的辅导员在有适当机会时就会转行；2.09%的辅导员希望尽快转行；1.48%的辅导员觉得无所谓，干什么都一样。由此可见，虽然有将近60%的辅导员乐于从事辅导员工作，但是真正愿意长期从事的仅占15.74%，这会给高校辅导员队伍的稳定与发展都带来极大的负面影响。高校辅导员队伍人员流失现象明显，直接反映了部分辅导员缺少长期从事辅导员工作的职业信念。同时，部分辅导员的流失会影响到其他辅导员，产生一定的负面影响，导致其他本来想长期从事辅导员工作的人员思想不稳。

最后，部分年轻辅导员自我职业发展定位不准，自我改变、自我发展的意识不强，拼搏进取的动力不足。任何教育、培训都需要通过组织推动和自身能动，才能取得更好的效果。仅仅依靠组织的推动，辅导员队伍自身缺乏积极向上的主观能动性，是不可能有效加强辅导员队伍建设的。依据现代管理理论，辅导员既是建设的主体，又是建设的客体。充分发挥辅导员队伍自身的主观能动性是提高辅导员队伍建设效果的内在要求。笔者通过走访、座谈以及对身边诸多辅导员的长期观察发现，由于部分辅导员非思想政治教育相关专业出身，有的辅导员甚至对《中共中央 国务院关于进一步加强和改进大学生思想政治教育的意见》和教育部《普通高等学校辅导员队伍建设规定》等了解甚少，导致他们对高校学生工作、大学生思想政治教育工作的认识以及对自身的职业发展定位还比较模糊，不能科学规划自己的职业生涯，往往是安于现状而非挑战自我、被动接受而非主动决策、自发生存而非自觉发展。以至于辅导员在自我改变、自我发展时间投入上还不够，拼搏进取的动力不足。

加强高校辅导员队伍培训是提升高校辅导员队伍素质和综合能力的重要途径。但是，仅仅依靠组织的推动，难以全面彻底地促进高校辅导员队伍素质的提升，充分发挥辅导员队伍自身的主体性和主观能动性才是其素质和能力提升的内在动因。调查数据显示，仅 39. 11% 的辅导员赞同或基本赞同工作之余能注重自我开发，充分利用业余时间进行自我教育、自主学习；19. 31% 的辅导员不能有效进行自我开发，发展动力不足。高校辅导员每周投入 10 小时以下的时间用于学习的占 79. 33%；投入 10 小时以上的仅占 20. 67%。

综上所述，当前高校辅导员队伍建设思想认识不够深刻是影响和制约队伍建设的根源所在。提高辅导员队伍建设者和辅导员自身的思想认识是推进辅导员队伍建设的突破口和基本前提。因此，双方都需要认真学习领会党和国家关于高校辅导员队伍建设的文件精神，将辅导员队伍建设上升到关系全面建成小康社会奋斗目标、关系坚持和发展中国特色社会主义、关系实现中华民族伟大复兴的战略层面上来，统一思想、共同努力，整体提高。

二、高校辅导员队伍建设的领导管理不够科学

高校辅导员队伍建设必须加强党对辅导员队伍建设的领导和管理，需要建立、健全辅导员队伍建设的组织机构，打造良好的组织支撑体系，明确辅导员队伍的工作职责，致力于营造良好的组织环境。但调研研究显示，当前高校辅导员队伍建设的领导管理还不够合理，需要继续加强。

（一）高校辅导员队伍建设的领导管理机制不够科学

传统的高校学生工作模式与新时期高校辅导员队伍工作职责的不断扩张、劳

动强度的不断增大之间的矛盾日渐凸显，已经成为制约高校辅导员队伍专业化、职业化和专家化建设的瓶颈，具体表现为辅导员队伍的领导体制、管理体制还不够科学，辅导员的工作界限模糊。

首先，高校辅导员队伍建设的领导体制不够科学。部分高校辅导员队伍建设的组织机构领导监督相对乏力。加强高校辅导员队伍建设的监督，需要辅导员队伍建设组织机构通过制定相应的政策，采取相应的措施，鞭策和督促下属部门进一步贯彻和落实高校辅导员队伍建设的各项政策，将辅导员队伍建设作为实施大学生思想政治教育的重要内容狠抓落实。改革开放以来，党和国家都高度重视高校辅导员队伍建设，虽然制定和颁发了与高校辅导员队伍建设相关的一系列政策文件，但是不少高校在贯彻落实上还存在不足。为此，必须加强高校辅导员队伍建设领导监督机制的建设，保证党和国家关于高校辅导员队伍建设各项政策文件真正落到实处。

调查数据显示，61.99%的辅导员非常赞同和比较赞同学校能认真落实《中共中央 国务院关于进一步加强和改进大学生思想政治教育的意见》，大学生思想政治教育效果良好；52.4%的辅导员非常赞同和比较赞同学校能认真落实《普通高等学校辅导员队伍建设规定》，辅导员队伍建设效果良好；50.93%的辅导员非常赞同和比较赞同学校的学生管理各项制度健全，大学生思想政治教育氛围浓厚；13.66%的辅导员不太赞同和极不赞同学校能认真落实《普通高等学校辅导员队伍建设规定》；89.79%的辅导员主张为了更好落实辅导员队伍建设相关文件，迫切需要建立辅导员队伍建设的监督机制。正是当前高校辅导员队伍建设领导监督机制的缺失，导致了部分地方高等教育主管部门、部分高校在辅导员队伍建设上存在显著的差距，从而导致各地、各高校辅导员队伍建设发展不平衡。

其次，高校辅导员队伍建设的管理体制不够科学。根据社会学的理论知识，任何健全的社会组织都必须有相对完善的组织机构。不少高校辅导员队伍建设的组织机构还不太健全，极不利于高校辅导员队伍专业化、职业化发展。根据教育部规定1∶200的辅导员队伍的师生比，每个高校都应有十几人甚至上百人规模的辅导员群体。由于工作性质的特殊性，各高校应建立相应的组织机构。调查数据显示，24.60%辅导员认为学校没有专门设置高校辅导员队伍建设的组织管理机构；24.35%的辅导员认为即便设置了辅导员队伍建设的组织管理机构，也是形同虚设，除考核管理外，没有切实维护辅导员的切身利益。在对高校辅导员队伍建设组织管理机构的职能诉求方面，45.14%的辅导员希望组织机构能帮助辅导员成长提高，维护辅导员队伍权益；40.34%的辅导员希望组织机构能营造辅导员成长、发展的组织文化环境；37.52%的辅导员希望组织机构能具体负责辅导员队伍的选拔、培养、考核、发展等制度的制定、实施和监控；31.24%的辅导员希望组织机构能指导和协助辅导员开展工作。由此可见，高校辅导员队伍的组织机构还不健全，不利于高校辅导员队伍的建设以及辅导员工作的开展。

最后，高校辅导员队伍的工作职责界限模糊。在现有的高校辅导员队伍建设领导管理模式下，根据教育部文件精神，高校辅导员实行的是学校和院系双重领导，统筹规划、统一领导。随着高等教育事业的改革和发展，高校辅导员队伍的工作内容和劳动强度都在不断增加，高校辅导员队伍承担的工作职责也随之增加。调查研究表明，高校辅导员队伍工作职责界限模糊，工作时间长、劳动强度大，影响了工作效果，也不利于辅导员队伍建设和发展。

虽然教育部《普通高等学校辅导员队伍建设规定》中对高校辅导员队伍的工作职责进行了明确的阐释，但现实生活中，一些高校辅导员队伍的工作职责并未逐一细化，明确界定。调查结果显示，68.02%的辅导员觉得辅导员工作职责界限模糊，增加了工作的强度，削弱了自己的本职工作。在双重领导的在体制下，一方面，高校辅导员要接受校级职能部门的领导和管理，需要承担或执行校级职能部门部署的各项工作。另一方面，辅导员隶属院系二级单位，服从和服务于院系的发展亦是责无旁贷，但不少本不属于高校辅导员队伍工作职责之内的工作任务便落在了辅导员身上，使本应专职从事大学生思想政治教育与管理工作的辅导员成了职能部门的办事员、院系领导老师的教学和管理秘书，严重影响了大学生思想政治教育的效果和辅导员队伍自身的发展。访谈中，不少辅导员对于工作职责漫无边际十分苦恼，难以拒绝上级领导布置的各项任务，只得硬着头皮接受，加班加点地执行和落实。重庆某高校曾对辅导员工作项目进行过专门统计，累计近两百项，涉及学生处、教务处、财务处、组织部、宣传部等十多个部门，权责严重不对称，影响了该校高校辅导员的工作，不利于其职业化发展。

高校辅导员还承担着诸多分外工作。现实工作之中，高校辅导员工作任务重的表现还有：不少辅导员除了全面负责大学生日常思想政治教育和管理的工作职责之外，还担任了其他本不属于辅导员分内的工作。

（二）高校辅导员队伍建设的组织氛围不够浓厚

高校辅导员队伍建设组织支撑体系主要包括浓厚的组织文化和系统的支撑体系，两者共同作用，营造良好的组织氛围，可以为辅导员的职业发展提供良好的外围环境。

首先，高校辅导员队伍建设的组织文化不够浓厚。组织文化是指组织在长期的生存和发展中所形成的、为本组织所特有的且为组织多数成员共同遵循的最高目标、价值标准、基本信念和行为规范等的总和及其在组织活动中的反映。组织文化具有导向、约束、凝聚、激励、调适和辐射功能，是高校辅导员队伍建设的重要内容之一。调查数据显示，17.71%的高校成立了专门的辅导员协会；21.77%的高校开发了辅导员工作的数据库并建立了网络学习平台；36.53%的高校开展了辅导员沙龙；36.78%的高校搭建了辅导员队伍科研平台；64.33%的高校建立了网上交流沟通的平台（如 QQ 群、论坛等）。这些活动的开展有利于活跃辅导员队伍的业余文化生活，丰富高校辅导员队伍的组织文化环境，对于缓解辅导员工作压力、激发队伍的归属感和荣誉感具有特别的意义。但是，访谈中了解到，不少学校领导重视不够，在辅导员建设的经费投入、政策保障等方面还不能很好地满足高校辅导员队伍组织文化建设的需要。

其次，高校对辅导员队伍的支撑配合不够协调。调查研究显示，仅有 59.04% 的辅导员认为高校全员育人氛围良好，学校领导、管理人员和专业教师都高度重视大学生思想政治教育；18.08% 的辅导员对此表示不太赞同或极不赞同。

高校思想政治理论课是大学生思想政治教育的主渠道，对于通过课堂教学等途径，提升青年学生思想政治理论素养和提高大学生的思想政治素质具有重要的作用。调查结果显示，表示非常赞同和比较赞同学校高度重视思想政治理论课等主渠道建设且学生教育效果良好的辅导员共占 60.27%；15.00% 的辅导员觉得思想政治理论课的教育效果还不太理想。高校班主任或班导师同样也是大学生日常教育管理的主要力量，但仅有 61.25% 的辅导员赞同和基本赞同班主任对学生的思想、学习和生活等方面指导效果良好；15.62% 的辅导员觉得班主任的育人效果未能充分发挥。

事实上，大学生思想政治教育是一项系统工程，需要充分发挥学校党政干部和共青团干部、思想政治理论课和哲学社会科学课教师、辅导员和班主任的重要育人作用，营造良好的校园文化，构建和谐的人际关系。这在很大程度上需要学校领导大力支持、统筹规划、全面协调，发挥全校教师至少是高校思想政治教育工作队伍的育人作用，为辅导员队伍提供有效的支撑和帮助。

（三）高校辅导员队伍的制度建设有待加强

高校辅导员队伍建设离不开党和国家的政策支持，当在保证政策延续性的基础上，紧跟时代变化的现实背景，结合辅导员队伍自身发展和大学生思想政治教育的需要，不断修订、完善与辅导员队伍建设相应的制度。

对于高校辅导员队伍选拔、培训、发展、评价制度以及领导管理体制健全，能为高校辅导员队伍建设提供帮助和指导方面，认为完全符合和比较符合的辅导员占 42.11%；认为基本符合的占 30.92%；认为不太符合和完全不符的占 26.97%。由此可见，对高校辅导员队伍建设相关制度，有超过 70% 的辅导员持肯定态度，充分说明了在党和国家的领导下，高校辅导员队伍建设的制度建设有了明显增强。但是，还有接近 30% 的辅导员认为与辅导员队伍建设相关的制度还不能很好地促进辅导员队伍的建设和发展，同时表明，有的高校关于辅导员队伍建设的相关制度还不太健全。通过对五项制度的比较，辅导员对选拔、领导管理体制、培训、发展和评价持肯定态度的比例依次降低，对选拔、领导管理体制、培训、评价和发展持否定态度的比例逐渐上升。由此可见，辅导员队伍建设的评价和发展制度还有待进一步加强。

三、高校辅导员队伍建设的方法措施有待改进

高校辅导员队伍建设是一项系统工程，主要包括队伍的选拔、培养、发展、评价等具体环节。加强辅导员队伍建设，在解决队伍建设的思想问题、组织问题之外，还必须加强建设措施的研究。调查研究显示，高校辅导员队伍建设过程中存在高校辅导员队伍的选拔配备不科学、专业化培训程度不高、职业化发展不畅和科学化评价不实等薄弱环节。

（一）高校辅导员队伍选拔不够科学

科学建构高校辅导员队伍的准入机制，是优化高校辅导员队伍整体素质、提升队伍社会形象的基础工程和关键环节。

首先，高校辅导员队伍的选拔标准不统一。由于当前国家和很多省市还没有建立国家公务员式的辅导员职业准入制度，目前，大多数高校在选拔辅导员时仅仅按照《普通高等学校辅导员队伍建设规定》要求的“政治强、纪律严、作风正、能力强”的标准选拔辅导员，充分考虑应聘者的综合素质，特别注重思想政治道德素质。访谈中，很多高校准入标准不统一，最为突出的是对应聘人员的专业未做硬性要求，导致了辅导员队伍专业结构多样化。缺少必要的专业知识支撑，缺少统一的专业标准，辅导员队伍就像一支杂牌军，在专业化、职业化的建设进程中必将遭遇最大的瓶颈障碍，不利于辅导员队伍的建设和发展。调查数据显示，82.90%赞同应建立全国或省市相对统一的辅导员职业准入指标体系，实行高校辅导员职业准入制度。建立统一的职业准入标准是提升辅导员队伍职业地位和确保队伍专业化发展的基础环节，需要高度重视，着力解决。

其次，高校辅导员选拔缺乏科学的测评方法。高校辅导员队伍的选拔具有较强的科学性和技术性，需要通过科学的测评方法才能挑选到最佳人选。调查结果显示，在辅导员的选拔过程中，实施情景模拟测评的（如小组讨论、文件筐测验等）占24.35%；面试（一般、情景及行为面试）占92.87%；进行心理测验的（如职业能力倾向、个性或职业兴趣测验）占33.21%；开展专业理论笔试的占49.08%。由此可见，高校辅导员队伍的选拔很大程度上还停留在传统的选聘模式，难以科学的选拔优秀人才。在对高校辅导员选拔的评价的调查中，60.39%的辅导员队伍认为招聘渠道丰富，参与广泛、竞争公平；61.75%的辅导员觉得选拔程序公开、公正、公平；33.21%的辅导员觉得选拔时建立了基于岗位胜任力模型的职业准入标准；20.17%的辅导员觉得运用了人才测评技术，提高了选拔的质量。因此，需要继续加强对高校辅导员队伍选拔测评方法的深入探究，科学遴选符合岗位职责的优秀人才。

最后，辅导员队伍选拔缺乏科学性，导致辅导员队伍部分结构不合理。高校辅导员队伍作为大学生思想政治教育队伍的组成部分，有其内在的要素结构。调查分析表明，新时期高校辅导员队伍存在着辅导员整体数量配备不足，专业结构层次多样，年龄结构、职称职务结构整体偏低等现实问题。

高校辅导员队伍的专业结构与专业化要求存在差距。新时期，高校辅导员具备适应辅导员工作职责的专业基础知识不仅是提升辅导员队伍社会地位的重要指标，同时也是推进高校辅导员队伍专业化建设的重要基础。

从历史发展纵向比较而言，高校辅导员队伍的学历层次明显提高，这一方面源于高校扩招后，接受高等教育的人数、层次有了大幅增长，为选拔高学历的辅导员提供了丰富的人才资源；另一方面，党和国家高度重视辅导员队伍建设，为吸引硕士生、博士生提供了政策和发展的保障。但是，我国高校辅导员队伍的学历层次同高校专业教师队伍学历层次以及西方发达国家学生事务管理队伍的学历层次相比，仍明显偏低，学历层次偏低不利于高校辅导员队伍专业化建设。

（二）部分高校辅导员队伍专业化培训程度不高

新时期，党和国家高度重视辅导员队伍的培训培养，将辅导员队伍的继续教育作为提升高校辅导员队伍素质和工作水平的重要途径和手段。但是调查表明，目前高校辅导员队伍的培训效果还不太理想，直接影响高校辅导员队伍的专业化发展，需要进一步改善和提高。

首先，高校辅导员参加国家及省级的培训相对有限，校内培训质量不高。改革开放以来，党和国家一直高度重视高校辅导员队伍的培训教育工作。大多数高校积极举办了校内的相关培训，为高校辅导员工作能力的提升做出了积极的贡献。在对部分高校辅导员老师进行访谈时，不少辅导员表示，校内辅导员培训具有随意性和零散性，培训效果和质量都差强人意。

其次，高校辅导员队伍对培训评价不高，培训措施有待进一步加强。加强高校辅导员队伍培训，不仅要保证辅导员队伍培训的数量和频次，还应高度关注培训的质量和效果。在辅导员队伍培训的评价方面，77.86%的辅导员认为高校辅导员队伍培训缺乏长远目标、整体规划和科学制度，培训效果不明显；74.42%的辅导员认为培训者缺少培训需求分析，培训内容的针对性不强；80.44%的辅导员认为培训期间管理严格；35.42%的辅导员觉得培训方式灵活多样，能够展开如案例研讨、模拟实战、网上学习和移动学习等多种方式的培训。高校辅导员队伍培训评价不高，从某种意义上也折射出高校辅导员队伍的培训质量和培训效果还不太理想，需要采取有效措施，提高培训的质量和效果。

最后，高校辅导员专业化培训程度不高，导致辅导员队伍的素质能力存在问题。高校辅导员队伍的素质是辅导员个体的思想政治素质、专业知识素质和健康素质的集中体现。高校辅导员自身素质的高低，直接影响辅导员队伍整体功能的发挥。

一方面，部分高校辅导员队伍的专业素质较差。高校辅导员队伍的素质直接关系到青年学生的成长和发展。与高校辅导员队伍过硬的思想政治素质相比，高校辅导员队伍的专业知识相对较弱。调查数据显示，81.79%的辅导员觉得自己的马列主义、毛泽东思想和中国特色社会主义理论等基础知识扎实；75.89%的辅导员认为自己的思想政治教育等相关专业知识扎实和德育科研能力强；71.83%的辅导员认为自己对教育学、管理学、伦理学、心理学和职业生涯等相关知识较为了解。思想政治教育是一门科学，有效开展大学生思想政治教育和日常管理，需要辅导员具备一定的专业基础知识和业务技能。通过对上述数据的进一步分析，尚有20%～30%的辅导员存在马克思主义基本理论、思想政治教育专业相关知识匮乏的问题。如果剔除调查样本中109位思想政治教育专业辅导员博士生所占的13.53%，高校辅导员队伍欠缺马克思主义基本理论、思想政治教育专业知识和相关知识的占40%左右。高校辅导员队伍专业知识素质的欠缺，难以运用科学的理论指导各项工作的开展，势必在不同程度上影响和削弱大学生思想政治教育的效果，不利于高校辅导员队伍自身专业化发展。

另一方面，高校辅导员队伍的整体科研能力较弱。提高高校辅导员队伍的科研能力有助于推进大学生思想政治教育和管理的发展与创新，直接关系到辅导员的职称评定和职务晋升，是高校辅导员队伍专业化、职业化和专家化发展的关键所在。当前高校辅导员队伍主持或参加科研项目、撰写学术论文等的能力不容乐观。调查结果显示，51.05%的辅导员没有主持过任何人文社会科学相关课题；41.57%的辅导员主持过校级相关课题；17.71%的辅导员主持过省市级社会科学项目；获得教育部及国家社科基金项目的累计约6.64%。

从整体而言，新时期高校辅导员队伍承担高层次科研项目的相对较少，科研能力相对薄弱。高校辅导员队伍的科研能力不仅体现在主持或参加不同层次的社会科学项目基金，同时还体现在学术论文的数量和质量等方面。

与此同时，高校辅导员队伍职称职务级别偏低在很大程度上不仅仅是由于其工作年限短，辅导员队伍职称评定、职务晋升相关政策发展滞后，一个更为核心的根源在于大部分高校辅导员自身的科研能力薄弱，在理论创新，特别是大学生思想政治教育方面理论创新的知识储备和能力还不够。通过对众多高校辅导员相关硕士论文、学术论文的分析，笔者发现，不少文章的质量不高。因此，高校辅导员队伍自身的理论基础不够扎实、科研能力相对薄弱是辅导员队伍建设中亟待解决的问题。

（三）部分高校辅导员队伍职业化发展不畅

高校扩招导致辅导员队伍规模不断扩大，人数不断攀升，辅导员晋升和发展问题也日渐凸显。当今社会，辅导员队伍的职称、职务是衡量其能力水平、彰显自身价值和社会地位的重要标志，关系到辅导员队伍的发展和薪酬待遇。

首先，高校辅导员队伍职业发展的政策制度不能很好地满足辅导员队伍自身职业发展的内在要求。调查数据显示，34.57%的辅导员认为辅导员队伍的发展机制落实到位，能充分调动辅导员的工作积极性和主动性；21.16%的高校制定并实施了专门针对辅导员队伍职称评定和职务（级）晋升的制度；50.44%的辅导员认为职称评定和职务（级）晋升机制不健全，没有严格按照教育部的规定贯彻落实。在辅导员职业压力的测试中，67.4%的辅导员认为个人的发展得不到基本的保障；76.14%的辅导员赞同切实解决辅导员的职称评定和职务（级）晋升问题是激励辅导员长期从事辅导员工作的有效措施。访谈中，绝大多数辅导员觉得评讲师比较容易，但由于科研成果、教学课时等硬性条件的限制，评聘副教授或教授特别困难。职务晋升空间狭小，学校行政领导岗位数量十分有限，并且竞争人员多。专业教师在学历、职称和科研等方面具有天然的优势，行政人员具有管理的经验以及较好的人脉，在职务晋升中，辅导员往往处于相对劣势的地位。这充分说明当前高校辅导员发展的内在诉求与高校的政策环境间存在一定的矛盾和冲突，需要建立和完善适应高校辅导员自身发展的晋升体系。

其次，高校辅导员队伍职业发展的措施和对策并未得到高校辅导员队伍的高度认可。加强高校辅导员队伍建设是为了促进学校和辅导员队伍的共同发展，最终实现组织和员工利益的最大化。调查结果显示，17.72%的辅导员认为学校制定了基于学校发展和辅导员队伍发展的战略规划；50.93%的辅导员认为不太符合和说不清楚。建立基于岗位胜任力的素质开发项目是现代人力资源开发的重要措施，也是高校辅导员素质能力提升的重要途径。调查结果显示，对于建立基于岗位胜任力素质开发项目方面，认为非常符合和比较符合的辅导员占15.01%；认为不太符合和说不清楚的辅导员占59.41%；61.99%的辅导员深感没有享受到政策的优惠，例如仅36.78%的辅导员觉得学校为辅导员搭建了一定的科研平台。高校辅导员队伍职业发展的措施和对策制定或执行不力，势必影响高校辅导员队伍的职业发展，从而也造成当前高校辅导员队伍职称、职务级别明显低于专业教师的现实状况。高校辅导员队伍发展机制的不完善严重影响了高校辅导员队伍的稳定，制约了辅导员队伍的专业化和职业化发展。

最后，部分高校辅导员职业化发展不畅，高校辅导员队伍的职称级别和职务级别整体偏低。高校辅导员队伍的职称结构和职务结构是辅导员自身职工价值的根本体现，是高校、社会对辅导员的价值认同。

结构决定功能，一个健康健全的组织必定有其合理的组织结构。高校辅导员队伍的专业结构复杂多样，年龄结构低龄化、学历结构、职称职务结构整体明显偏低。一方面，将严重影响其队伍整体功能的正常发挥，直接影响大学生思想政治教育和管理工作的效果。另一方面，高校辅导员队伍结构不合理，极不利于辅导员队伍的自身发展。

（四）部分高校辅导员队伍建设系统化评价不实

高校辅导员队伍的职后准入是指在对高校辅导员工作表现、能力和效果进行评估的基础上，决定是否对其继续评聘。实行高校辅导员队伍职后准入机制是辅导员队伍永葆青春活力的重要举措，对于激励和促进高校辅导员队伍更好地发展具有重要的作用。

高校辅导员队伍工作的考核存在一定的困难。当前，高校辅导员队伍工作考核主要集中在对辅导员的思想政治素质、工作效益指标和任务完成情况、平时工作表现和工作作风、辅导员获优获奖以及科研论文数量以及辅导员负责学生获优获奖和教育效果等内容。在对高校辅导员工作考核的评价上，调查数据显示，20.54%的人认为考核内容不够全面，53.51%的人认为考评指标无法量化，38.62%的人觉得考核方法不够科学，13.41%的人认为考核程序不够公开。进一步调查显示，对学校建立并实施了辅导员工作过程中的监督和指导机制持赞同意见的占49.57%。仅28.9%的高校采用了科学的考核测评方法，如全方位考核法（360°）、关键绩效指标法（KPI）以及平衡计分卡（BSC）等，以保证考核结果的客观真实性；31.86%的辅导员认为学校建立了考核结果反馈制度和基于绩效差距的分配制度。同时，高校辅导员教育对象的特殊性和多变性给队伍工作的考核也带来了一定的困难。

不少高校对辅导员工作考核的结果未能有效地利用。调查数据显示，41.08%的辅导员认为考评结果意义不大，仅33.46%的辅导员感觉考核结果能与自己的薪酬福利、职业发展等有机结合。调查结果显示，在对考核不合格的辅导员采取措施方面，57.32%的高校进行了批评教育，帮助其改进；18.33%的高校予以降低工资；17.84%的高校将辅导员转向其他工作岗位；8.61%的高校取消了其辅导员任职资格；1.72%从学校开除；38.25%的辅导员觉得对考核不合格的辅导员没有进行实质性的惩罚。根据现代人力资源管理相关知识，考核的核心是促进组织管理水准的提高及综合实力的增强，其实质是使员工个人的能力得以提升，并确保人尽其才，使人力资源有效发挥。因此，将高校辅导员工作考核的结果与职后准入紧密结合是促进辅导员队伍有效开发的重要手段，建立科学的职后准入机制和淘汰机制既是对辅导员队伍的约束与激励，又是提高工作效率的重要途径。

如果不能客观公正地评价辅导员队伍建设，也就不能有效激励高校辅导员队伍，难以有效增强辅导员的职业归属感、价值认同感和人生幸福感，辅导员的工作积极性大打折扣，不利于辅导员队伍建设，影响了大学生日常思想政治教育的效果。加强高校辅导员队伍建设的最终目的是为了提高辅导员队伍的自身素质，增强其开展大学生思想政治教育的工作能力，在高校人才培养中发挥更好的作用。通过调查研究数据可知，改革开放以来高校辅导员队伍的整体素质有所提升，但是高校辅导员队伍建设的效果还不太理想，存在人员配备不足，结构不够合理，专业化、职业化程度不高，辅导员队伍缺乏稳定和辅导员队伍建设发展不平衡等具体现实问题。加强高校辅导员队伍建设不仅需要维持队伍人员数量上的稳定，更重要的是需要全面激发辅导员对组织的归属感、责任感和荣誉感，使其能真正潜心教书育人，立志终身从事大学生思想政治教育和管理工作。

第三节　高校辅导员队伍建设存在问题的原因分析

由于社会和历史、主观和客观的原因，高校辅导员队伍建设还不能很好地适应和满足新形势下加强和改进大学生思想政治教育的需要，主要原因是存在着历史性与现实性问题交织、结构性与体制性矛盾交融、理论支撑与实践需求脱节、思想认识与客观需求错位等因素，亟须深入加强和改进高校辅导员队伍建设。

一、高校辅导员队伍建设历史性与现实性问题相互交织

根据辩证唯物主义基本观点，历史与现实具有对立统一性。一方面，历史能向现实转变迁移，对现实产生正负两方面的影响；另一方面，现实也会向历史转变，对未来产生相应的影响。

高校辅导员队伍建设中的历史性问题阻碍了辅导员队伍建设的健康发展。改革开放之初，由于思想政治教育专业人才短缺、高等教育改革发展滞后，高校辅导员队伍在“营养不良”的状况下重生，成长缓慢。一直以来，虽然党和国家高度重视高校辅导员队伍建设，但受我国经济、政治和高等教育发展状况，以及人们思想认识等因素的影响，在思想认识、体制机制、对策措施等方面还不很好地满足辅导员队伍建设需要，不能很好地为当前辅导员队伍建设提供指导和借鉴，以至于出现高校辅导员角色定位模糊、工作职责泛化、社会地位不高、队伍的稳定性差等问题，至今没有得到有效的解决。高校辅导员队伍建设历史性遗留问题为当前高校辅导员队伍建设带来了阻力和压力，阻碍了高校辅导员队伍专业化、职业化和专家化发展。

高校辅导员队伍建设面临着严峻的现实挑战。当前，高校辅导员队伍教育对象发生了显著的变化，多样化需求迫使高校辅导员队伍的工作内容由单一转向多元，工作方式由粗放转为精细，工作方法由经验转为科学。同时，党和国家对辅导员寄予了更高的要求和希望，都对高校辅导员队伍的素质和能力提出了严峻的挑战。随着高校辅导员队伍规模的扩大、队伍人数的增加，辅导员队伍年轻化现象明显，工作经验较为欠缺。受历史遗留问题的影响，在辅导员队伍专业化、职

业化和专家化发展的时代背景下，辅导员队伍的选拔、培养、发展、管理、支撑和评价等问题日益突出。要有效破解高校辅导员自身素质难以满足大学生日常思想政治教育需要的难题，需要通过不断加强辅导员队伍建设予以解决。同样的道理，现实性问题会随着时间的推移而变成历史性问题，如果不及时处理好辅导员队伍建设的现实问题，必将对未来辅导员队伍建设产生不利的影响。

二、高校辅导员队伍建设结构性与体制性矛盾交融

队伍，是指有组织的社会集体。现代社会对组织的系统性、协作性要求越来越高。要充分发挥高校辅导员队伍的组织功能，必须采取有效措施优化队伍结构。历史和现实的种种问题导致高校辅导员队伍结构性问题突出。在年轻化面纱的掩盖下，潜藏着专业结构参差不齐、学院结构近亲繁殖、职称职务等级不高、核心领军人物极度匮乏等突出问题，削弱了组织的凝聚力和向心力，制约着辅导员队伍整体功能的有效发挥，影响着辅导员队伍的地位和生存。

加强高校辅导员队伍建设离不开高校学生工作体制的改革和创新。高校辅导员传统的管理体制有助于高校党委对大学生进行自上而下的管理，但无形之中增加了管理的中间环节，影响了信息传递的效率，导致工作冗杂。校院两级管理模式难免增加辅导员队伍的工作任务和负担，不可避免地会产生职责泛化的现实状况，严重阻碍高校辅导员队伍专业化发展。

高校辅导员队伍结构性与体制性矛盾交融，具体表现为辅导员队伍建设的体制机制科学与否直接影响队伍的结构和功能，反之亦然。因此，优化队伍结构、改革体制机制，是实施队伍建设的内在要求和必然归宿。

三、高校辅导员队伍建设理论支撑与实践需求脱节

理论和实践相结合是高校辅导员队伍建设的根本原则和指导方针。“思想政治教育是一门科学”，辅导员队伍从事的大学生思想政治教育是一项系统的、科学的和综合的社会实践活动，需要专门化的理论支撑和指导。与国外的学生事务管理相比，我国目前还没有关于高校辅导员队伍建设较为成熟的理论体系、关于辅导员的角色地位、工作职责、运行机制、管理体制等还没有系统深入的研究，使辅导员队伍建设还仅仅停留在解读、执行党和国家的政策的层面上，缺少必要的理论创新和研究。没有设置专门的辅导员学科，现有辅导员队伍中具备思想政治教育专业和相关专业知识背景的辅导员比例较低，不少高校在选拔配备辅导员时还没有将思想政治教育专业纳入选拔的考核指标体系，有的甚至轻视、排挤思想政治教育专业的毕业生。同时，由于辅导员的职后继续教育培训还不太健全，辅导员后续理论提升乏力。缺少必要的专业理论支撑和指导，不少辅导员在开展大学生思想政治教育时难以很好地运用科学的方法、措施开展教育、辅导等实践

工作，大学生思想政治教育的效果大打折扣。

由于高校辅导员队伍职责泛化、任务繁重，加之学术、科研水平不高，高校辅导员纵有丰富的实践感性认识，也难以在高校学生工作、队伍建设等理论研究上有所建树。全国辅导员队伍建设的核心领军人物依然欠缺，高校辅导员队伍建设理论支撑与实践需求脱节现象，将严重制约着高校辅导员队伍专业化、职业化和专家化发展。

四、高校辅导员队伍建设思想认识与发展需求错位

思想决定行动，加强高校辅导员队伍建设必须转变思想认识，不断满足辅导员队伍建设发展的要求。有的地方高等教育主管部门和高校，结合地方和高校实际情况，制定了辅导员的职称评定和职务晋升等制度，有效解决了高校辅导员的发展问题。但是这种情况在全国还没得到有效的推广和实施，高校辅导员队伍的发展机制较为滞后，政策落实不到位，严重影响了队伍的稳定，打击了部分辅导员的工作激情，使不少辅导员难以苟同“工作有平台、生活有保障、发展有空间”这一论断。

部分高校对于辅导员队伍作为教师系列的职称评定没有单列，采取与专业教师同样的评定标准，与高校辅导员的发展相对有失公平。究其原因，首先，辅导员与专业教师选聘的标准不一直接导致辅导员一开始就“输”在了起跑线上。高校辅导员队伍特殊的工作性质使辅导员缺少足够的时间进行科学研究，撰写学术论文。由于部分高校对辅导员队伍建设的重视程度不够，专业教师和辅导员的科研平台差距较大。所以，用专业教师的评定标准来对照广大辅导员是不公平的，难以调动辅导员潜心教书育人的积极性，导致年轻的辅导员寻思转岗，年长的辅导员消极懈怠，严重影响大学生日常思想政治教育的效果和高校人才培养的质量。

高校辅导员的职务晋升没有提上议事日程。教育部明确强调高等学校可根据辅导员的任职年限及实际工作表现，确定相应级别的行政待遇，给予相应的倾斜政策。这在不少高校没有得到很好的贯彻和执行。现实生活中，不少辅导员工作了十几年甚至几十年都还是一个普通辅导员，使得年长的辅导员趋于职业倦怠，让年轻的辅导员看不到未来。现实中，不少辅导员专业知识基础扎实、综合素质全面，甘于奉献，积极上进，由于理想与现实的差距和错位，其客观需求不能得到很好的满足，经过几年学生工作的风雨沧桑之后，不少辅导员通过努力提高自我的上进心没了，服务学生、建设学校的积极性少了，工作质量大打折扣，教育管理效果欠佳这种由于高校辅导员队伍建设主体思想认识不足而导致的部分辅导员消极倦怠的现象是影响辅导员队伍建设最重要的因素。

在思想认识上，部分辅导员自身思想认识不够端正。由于受市场经济和高校

人事制度的影响，因此部分辅导员缺乏敬岗爱业、刻苦钻研、严谨笃学、勇于创新、奋发进取的精神。比如有的辅导员只是将从事辅导员工作作为进入高校的“跳板”，为考研、考博或转岗搭建平台，缺乏对辅导员事业的清晰认识，缺少长期从事辅导员工作的职业意识和信念。为此，加强辅导员队伍建设需要辅导员队伍建设主体和客体的共同努力，共同提高思想认识，在组织推动和自身努力的基础上共同推进高校辅导员队伍建设。

第五章　新时期高校辅导员队伍建设的能力提升探究

高校辅导员队伍在加强学生思想政治理论教育中，始终发挥着重要作用，建设一批具有较高业务管理能力的辅导员队伍势在必行。建设高素质辅导员队伍，不仅需要辅导员自身的努力，也需要党和政府给予更多的政策支持，使更多人愿意并积极投身于辅导员工作，把辅导员工作当作终身职业。更需要高校领导干部人事聘用制度改革不断推进深化和学校相应的评价考核体系的逐步建立且不断完善。近年来，随着当代高等教育的不断改革和社会的蓬勃发展，国家越来越重视高校辅导员队伍建设，重视辅导员专业素质和业务能力水平的提升，引导辅导员逐步向专业化、职业化、专家化道路发展。

第一节　新时期高校辅导员队伍建设能力提升的基本思路

随着当前国际国内形势的变化，大学生思想政治教育工作正面临新的挑战，辅导员工作也面临更大的压力和困难。因此，应该更加关注对辅导员队伍的建设和能力的提升，政府、社会、高校和辅导员自身要形成合力，努力建设一支优秀的辅导员队伍，有效保障大学生思想政治教育工作的有效性和针对性。

一、立足现实，破解老问题

分析和解决高校辅导员队伍建设存在的问题，有助于加强和保障队伍的积极性、主动性、创造性和稳定性。随着党和国家对高校辅导员队伍重视程度的持续提高，高校辅导员队伍建设应该科学化、规范化。

（一）深入基层调研，了解真实情况

辅导员队伍在高校思想政治教育体系中扮演重要的角色、发挥重要的作用，必须加强这支队伍的建设，提升高校辅导员队伍素质能力，以体现其在高校思想政治教育体系中的价值，巩固其在高校思想政治教育体系中的地位。从新中国成立初期高校辅导员制度开始设置以来，这支队伍历来被党中央赋予重托，寄予厚望。但是目前，高校辅导员工作普遍存在队伍不稳定，专业化职业化发展不稳定，具体事务繁重，工作实效性被削弱，职业发展与个人发展存在冲突，渴求被尊重、被认可等问题。

1. 高校辅导员队伍稳定性较差

高校辅导员工作包罗万象，存在着“家长式”管理的倾向，只要与学生在校生活学习相关的各方面事情，都是辅导员分内的工作，而对于学生的成长成才关注相对较少。由于工作性质等原因，高校辅导员更多地被行政及事务性工作牵绊，真正投入到大学生思想政治教育上的时间和实践较少，因此工作的积累较为匮乏，这对于辅导员素质能力的提高极为不利。辅导员作为一种不断发展壮大的职业，需要在工作内容界定、考核评级、职称评审等方面加以明确。然而目前众多高校在行政岗位选人用人方面，将辅导员作为后备力量，对辅导员队伍冲击较大，对队伍的稳定性具有较大影响。因待遇、身份等问题，导致高校辅导员归属感不强、认同感有待提高、流动性较强。随着硕士、博士毕业生的数量不断攀升，高校辅导员的门槛被不断提高，较多高校目前招收辅导员均要求博士学位，博士辅导员存在入职后将工作重心放在科学研究上的问题，在真正深入学生一线，开展思想政治教育方面投入的时间、精力较少。

人员配备不足也是导致辅导员队伍稳定性差的重要因素。《普通高等学校辅导员队伍建设规定》中提到，高等学校应按总体师生比不低于 1：200 的比例设置专职辅导员岗位，按照专兼结合、以专为主的原则，足额配备到位。但是随着近年来高校招生规模的不断扩大，学校的教学资源明显不足，辅导员承担的工作不断加重，再加上一些学校对辅导员工作的认识存在误区，认为随便管管就可以了，只要保证学生的安全就行了，不需要太多的辅导员。一些学校编制有限，有限的编制可能用来引进高学历的科研教学人员，而不是用来扩充辅导员队伍。再加上辅导员本身工作繁重，压力非常大，一旦有晋升或者转岗的机会，很多辅导员就脱离了辅导员队伍。由于以上的种种原因导致了辅导员配备不足，因此，出现工作超负荷的情况，这是长期以来困扰辅导员队伍建设的主要问题。

2. 高校辅导员“三化”建设道路不明晰

辅导员专业化、职业化、专家化道路缺乏良好完善的外部环境，社会对辅导员这一职业存在误解，高校本身对辅导员角色定位不够清晰，导致辅导员发展道路不明确、不明朗，直接导致辅导员队伍的不稳定；因高校工作的性质，导致辅导员对自身发展的困惑，使其专业化、职业化发展道路遇梗阻和瓶颈。

俗话说，什么样的辅导员带出什么样的学生。大学是学生人格品质塑造的重要时期，辅导员在改变学生的人生态度、学习习惯、思维方式等方面起着至关重要的作用。但这些工作不是立竿见影的，这使得辅导员工作在短期内看不到什么效果，工作业绩需要依靠长期的工作积累，工作效果没有量化的考核机制，往往难以衡量。再加上辅导员承担了太多的学生事务性工作，涉及教学、后勤、心理等方面，这在很大程度上导致辅导员无暇顾及自身的职业生涯规划。长此以往，辅导员个人的理论素养、业务能力得不到显著的提升，往往还会每天显露出身心疲惫之态，这就导致很多辅导员骨干不断“跳槽”的现象出现，使得辅导员整体队伍缺乏稳定性，辅导员这一“神圣”职业得不到传承。没有传承，就没有经验积累，更不可能形成系统的职业发展技能。

一些新入职的辅导员没有受到系统的培训，自身的学生工作业务能力水平有限，处理学生具体事务工作时，往往带有经验主义的思想。一些辅导员认为自己只是学生的“保姆”，甚至是“高级伴读”。他们对自身的职业认识出现了严重偏差，在工作岗位上“水土不服”，与辅导员任职的基本条件完全不相匹配，自身的职业生涯得不到很好的发展。

3. 高校辅导员培训晋升机会不多

一是辅导员队伍年龄结构较年轻。调查显示，目前辅导员的年龄多数在35岁及以下，自身社会工作经验较为匮乏，实际的学生思想政治工作经验尚浅，这在一定程度上制约着辅导员队伍的职业化、专业化。二是具有专业学科背景的辅导员数量比较少。目前应聘高校辅导员队伍的人员多数是优秀的本科毕业生和硕士毕业生，还有少数博士毕业生、新聘教师及部分轮岗挂职干部，但在招聘条件中并没有对专业作严格的限制，成功被录取的多数人员，在思想政治教育相关学科背景的专业理论知识方面还较为薄弱。

辅导员因其日常性、事务性工作繁多，以及特殊的工作性质，导致时刻处于思想紧绷状态且异常忙碌，出去进修时间不足，培训机会较少。辅导员因身处学生工作一线，往往随着年龄的增长存在身体素质跟不上工作节奏的情况，所以年长辅导员有些愿意走行政岗等非辅导员岗位，但此类岗位位置较少，所以就存在队伍不稳定、晋升通道不足的情况。同时，近年来，一些高校存在压缩学工队伍科级干部岗位的情况，进一步阻碍了一线辅导员的晋升。

4. 高校辅导员被认可度不高

由于长期从事繁杂的事务性工作，辅导员往往希望自己的学生能够理解他们，学校能够重视他们，社会能够尊重他们。但是在现实中，辅导员并没有得到足够的回报，也没有得到充分的认可。对于一所高校来说，辅导员在学生成才和校园稳定上做出了重大贡献，理应得到应有的工资待遇和社会地位。然而，辅导员这一职业群体在高校中往往处于边缘甚至被忽视的地位，有些高校认为辅导员并不是专业化职业，不需要什么职业技能，只要学历水平过关，任何人都可以从事。在有些其他教师和管理者看来，辅导员只是处于无关紧要的地位，与同龄的专业课教师、机关管理人员相比，辅导员在职业地位和晋升空间上都有着较大差距。

（二）厘清积弊难点，客观分析问题

辅导员作为高校大学生的思想引路人，其素质能力的提升对于高等教育事业的发展、教书育人成效的保障具有重要意义，是高等教育质量提升的重要一环，

对于加速培养社会主义接班人具有重要意义。辅导员作为学生管理的一线工作者，要在日常学习生活中成为大学生的知心朋友，成为学习道路上的引导者，成为学生心理健康的保障者、心理问题的疏导者。因社会环境的变化，导致青年大学生心理问题凸显，此项工作重要且繁重。因此，高校辅导员对于高校学生的成长具有重要意义，其素质能力的提高同样意义重大。对于辅导员素质能力的提升，应该厘清积弊难点，客观分析存在的问题，打通辅导员素质能力提升的通道。

加强教师队伍和思想政治工作队伍建设，将“立德树人”作为教育的根本任务。不但抓住了教育的本质要求，也契合了教育和人才培养的规律，并且进一步丰富了培养人才的深刻含义，科学地回答了“培养什么人，如何培养人”这一根本问题，为高等教育改革发展指明了方向。时任教育部部长陈宝生在全国教育工作会议讲话中指出了国家推动高等教育教学质量的一系列措施。教育部等八部门印发了《关于加快构建高校思想政治工作体系的意见》，其中在第 23 条“打造高素质思想政治工作和党务工作队伍”中，着重对高校专职辅导员的职业发展体系——职级、职称“双线”晋升、选聘工作、培训、管理、考核制度、岗位津贴等方面提出了明确要求。以上种种措施要求各高校要充分认识到辅导员队伍作为高校教师队伍之一的责任担当，以及加强高校辅导员队伍“三化”建设的重要性，务必严格把握好辅导员的选聘、培养、考核等辅导员“三化”建设机制，这样才能制定出高校辅导员队伍“三化”建设的路径。

二、与时俱进，回应新期待

时代在变化，环境在改变，具体任务不断更新，这就需要辅导员队伍与时俱进、改革创新，通过创新获取队伍建设的新途径、新动能。

（一）紧跟时代步伐，落实最新要求

随着新时代的到来，大学生的发展和需求也日趋多元化，呈现出新特点、新标准和新要求。高校辅导员如何提升自身素质能力以不断适应学生管理和教育的新挑战，进而成为学生可靠的人生导师和知心朋友，为我国高等教育事业发展注入新的动力，是当下亟须解决的问题。党的十九大以来，以习近平同志为核心的党中央对高校辅导员这支队伍高度重视，高校辅导员队伍建设面临前所未有的发展机遇，高校辅导员的时代使命和育人责任更加明确。

第一，明确角色定位。教育部颁发《普通高等学校辅导员队伍建设规定》，文件进一步明确，辅导员应当努力成为学生成长成才的人生导师和健康成长的知心朋友。围绕学生成长成才规律和立德树人的要求，更加科学地界定了辅导员的九项工作职责，将“思想理论教育和价值引领”从“思想政治教育”中提炼出来，明确了辅导员所做的工作内容，从概念上厘清了“思想政治教育”与辅导

员九项工作职责之间的关系，解决了辅导员角色不清、角色错位等问题。

第二，注重内涵建设。新时代辅导员队伍专业化和职业化发展的能力导向得到不断强化。《普通高等学校辅导员队伍建设规定》明确提出，高等学校要保证辅导员工作有条件、干事有平台、待遇有保障、发展有空间，并进一步明确高校辅导员的工作要求与职责、配备与选聘、发展与培训、管理与考核等内容。此外，还要求建立健全多级培训网络，不断扩大培训覆盖面，加强基地建设和师资队伍建设，从多方面提升辅导员专业化建设。

第三，培育工匠精神。职业院校办学特征决定了高职院校辅导员承担培育学生工匠精神，重视服务产业结构调整、产业技术升级，以支撑实体经济发展的重任。面对新的挑战，辅导员队伍建设要更加注重职业能力标准建设，丰富工匠精神培育手段，增强创新创业教育能力，积极探索专业教育与创新创业教育有机融合、实践教学与工匠精神有机融合的有效途径。在学校层面，统筹企业资源，组建培养学生工匠精神的校企合作专门机构，重视学生职业素养的培养：围绕专业技能、职业发展、就业择业、学生成长难点问题等，举办沙龙活动，培养学生理性思维、批判质疑、独立思考的能力；围绕专业发展、技术趋势的前沿问题，邀请校内外知名专家教授开展座谈、讲座，提升学生专注严谨、精益求精的意识；围绕产业发展前景、专业技术发展、企业人才需求等内容，举办企业专家讲座，培养学生对专业技术的学习兴趣和前瞻性思维；推进现代学徒制，在实践学习中培育工匠精神。在辅导员层面，要提升辅导员创新创业和职业规划教育能力，利用好网络平台，整合校内资源与企业资源，开展企业文化、专业及新技术宣传活动，培养学生积极的劳动态度，坚定学生职业理想，培养学生爱岗敬业的精神；利用好第二课堂，推进优质科技创业社团建设，积极引导和组织学生参加各类专业技能竞赛和创新创业比赛，以赛促学，在加强学生职业能力训练的同时，培养学生的工匠精神。

第四，落实“三全育人”新要求。辅导员队伍建设必须遵循“三全育人”的工作思路，将辅导员“单兵作战”模式转向全体教工“全员育人”模式；以“执行力、专业力、创新力”为引擎，把辅导员队伍打造成一支全能型的学生工作队伍。

首先是理念先行，打造特色育人模式。“三全育人”是思想政治教育新理念、新格局、新体系，只有在思想上率先破冰，行动上才能顺利突围。推行“三全育人”是高校打造特色育人模式、切实增强思想政治教育实效性的良好契机，必须强化问题导向，抓住机遇改革创新，结合高院办学特色，全方位地开展“三全育人”实践。做到有力、有效、有序地将思想价值引领贯穿高校教育教学全过程，形成“十大育人”体系的长效机制。

其次是全员参与，完善多维育人格局。在“三全育人”理念的指引下，队伍建设不能局限于辅导员，要着眼于全员进行思想政治教育，搭建多维育人平台。学校要在党委统一领导下，成立专门的工作机构，协调和统筹组宣部、团委、学生处、教务科研处、图书馆及相关教学教辅部门，全校上下紧密配合，构建“大思政”育人格局。在思想政治课程建设上，以辅导员队伍、思想政治教学队伍为基础，建设一批学生真心喜爱、终身受益的思想政治理论课，充分利用信息技术手段，实现课内课外、线上线下相结合，培育“叫好”又“叫座”的品牌思想政治课。在校园文化建设上，通过校内外服务平台建设，让广大师生在服务他人、服务社会中涵养道德，践行社会主义核心价值观；通过名家讲堂、座谈会、研讨会，厚植“德育为先”的育人理念；通过树立一批师德榜样，形成“人人向善，从我做起”的担当氛围，连点成线，连线成面，使思想政治教育工作影响力变强变大。

最后是多措并举，着力提升主力军“三力”。实现“三全育人”，要着力提升辅导员的执行力、专业力、创新力。其中，执行力是辅导员的核心业务能力，专业力、创新力是辅导员的必备素质。提升“三力”要“文武并用”。一要定期开展资格考试、技能竞赛，通过考试与竞赛增强辅导员的知识储备。二要加强培训，除了常规的岗前培训，还应开展形式多样、主题鲜明的在职培训，实现辅导员技能成长和工作需求的有机结合，使辅导员队伍各怀绝技、优势互补。三要讲好中国故事，以优秀传统文化为支撑，探索文化育人新模式，中国传统文化是立德树人的重要基础，不仅有助于培育新时代大学生，也是辅导员成长的重要依托，是培育辅导员团结合作、开拓创新、爱岗敬业、精益求精的匠心之魂，要将主流文化与地域特色、学校特色相融合，发展独具特色的高水准校园文化。四要完善科学管理办法，制定辅导员岗位聘任办法，严格选聘高素质辅导员；做好辅导员发展的顶层设计，畅通职级晋升和职称评审渠道；打造特色团队和辅导员工作室，发挥“头雁效应”；科学评价辅导员职业能力和工作贡献，完善思想政治教育队伍的专业职务系列，探索设立辅导员科研资助制度；为辅导员起步和发展构建保障，实现辅导员队伍的可持续发展。

（二）尊重客观规律，谋求科学发展

高校辅导员队伍建设和素质能力提升，应该从可持续发展的视角，遵循教育自身规律、人力资源配置规律、高校辅导员队伍建设成长规律以及高校辅导员职能拓展规律。

1. 遵循教育自身规律

辅导员是教师、管理者，是通过教育、管理和服务育人的。教育有自身的规律，教育质量和效果受到生源质量、地域环境、家庭因素、学生学习方法、学校

管理模式等因素的影响和制约。教育工作是专业教师、教辅人员、管理人员等群体化和系统化的劳动，教育教学质量如何，同每位教师工作都密切相关。教育教学质量的评价也不能把某一类教师队伍孤立起来进行，必须在一定的条件下在一定的时空中综合考虑。

高校在辅导员队伍建设过程中，往往存在忽视教育规律的倾向，体现为高校辅导员在实际工作中职责不明，分工不清。辅导员在现实中扮演着多重角色，承担了太多的责任，似乎涉及学生方面的工作都要管。在高校辅导员工作评价上没有形成科学的评价体系和评价标准，高校和社会有些片面地认为学生思想好、学习好是辅导员的功劳，学习差、表现差是辅导员的失职，把高校系统的育人效果评价归因到辅导员一支队伍上，给辅导员队伍太多的压力，不利于辅导员队伍的发展。

辅导员队伍建设要遵循教育自身的规律，就是要把辅导员队伍建设放在高校整体改革、发展和稳定的战略中去审视，就是要把辅导员队伍建设放在高校教师队伍建设的整体中去考察，就是要认清辅导员队伍作为教师队伍和管理队伍的双重身份，既给其发展的期望，又不至于使其承受过多的压力，给辅导员队伍以高度的人文关怀，营造宽松的发展环境。

2. 遵循人力资源配置规律

规律人力资源是指在一定范围内能够推动整个社会和经济发展且有一定智力和体力劳动能力的人群的综合，是在一定劳动力资源的基础上，发挥积极创造性的群体，优化人力资源配置，就是充分实现人力资源价值和人的价值，让人力资源能够获得发挥其才能的机会和平台，尊重其个人追求和内在价值的实现，关心人的自我进取和自我发展，同时也要对每个人制定统一的评价标准。

目前高校对辅导员队伍建设实际背离人力资源配置规律的情况仍然存在。根据调查问卷结果，不同职称的辅导员对于“学校为辅导员开展学术研究提供有效支持”选项的评价存在显著差异。其中，获评中级职称者均值最低。对比发现，中级与副高职称者的均值差为1.57，存在显著差异。这是由于中级职称者的下一个职业目标就是争取获评副高职称，而高级职称的评选名额相对较少，对获评人员的要求更高，这便成为讲师们职业发展的瓶颈，也给年轻辅导员增加了不少压力。

高校辅导员队伍建设遵循人力资源配置规律，就是要给辅导员创造公平竞争的平台。比如，在中级职称的辅导员进行学术研究时，能够从学校层面获得更多的支持与帮助，例如充足的科研经费，良好的科研平台等，从而提升学生工作方面的调查研究能力，提高工作水平。所以高校应完善辅导员考评和激励制度，真正使辅导员岗位能够吸引人、留住人、发展人。

3. 遵循高校辅导员队伍建设成长规律

人才成长规律是对人才成长过程中各种本质联系的概括与归纳。促进辅导员全面、协调、可持续发展，从人才成长规律的视角把握好如下的规律。

一是竞争选择的规律。辅导员作为人才的成长总是在与他人相比较而存在、相竞争而发展的。这是因为，在社会发展的每一个阶段，社会对特定角色的需要都是一定的，在社会需求的刺激下，潜在人才的数量总是大于社会对特定角色的需求。在社会各个领域内，人们为了取得有利的发展条件而进行激烈的社会竞争。正是这种社会竞争培植了人的进取心和首创精神，成为人才辈出的重要条件。辅导员在成长的过程中要面临多次的竞争选择，通过这种竞争选择从而获得更好的成长和发挥才能的机会。所以，要为辅导员队伍建设打造公平竞争的平台，形成科学的竞争评价机制和合理的竞争淘汰机制。

二是人才流动规律。人才流动是人才成长的催化剂，树立人才流动的理念，激发人人成才；通过人才流动促进“潜人才”转化，人才流动为“潜人才”的脱颖而出创造了条件，是“潜人才”向“显人才”转化的重要途径；通过人才流动促进人才层次提升。辅导员队伍中要树立人才合理流动的理念，建立完善的能进能出、能上能下的人才流动机制。创造有利于人才流动的环境，畅通人才流动渠道，建立健全人才流动保障机制，促进辅导员由“潜人才”向“显人才”的转化。

三是人才成长规律。随着人才主、客体环境的不断变化，人才实践活动也随之发生变化，人才成长总是经历着“准人才”—“潜人才”—“显人才”—“领军人才”等过程。辅导员队伍建设应把握人才成长规律，要树立人才是第一资源的理念和人人都可成才的理念，要明确辅导员队伍建设长远规划目标，要认识辅导员发展成长是一个长期发展转化的过程，不可能一蹴而就，要努力做到队伍建设阶段性和连续性的统一。

4. 遵循高校辅导员职能拓展规律

我国高校辅导员制度建立以来，其职能在不断拓展，并且在未来的发展中，仍需要不断强化和推进。

首先，随着我国高等教育的发展，其职能不断拓展。与高等教育目标相联系，我国辅导员工作职能源于政治工作，是加强党对高校领导的一项政治工作。当前，我国高校辅导员工作已经具有思想政治教育、班级管理、心理健康教育、就业创业、学习指导、生活服务等职能。随着高等教育不断发展，高校辅导员的工作职能也应该不断拓展。

其次，辅导员工作的研究领域需要不断拓展。思想政治教育或者德育作为学科建设和研究的领域在不断拓展，以教育、管理和服务育人为核心的辅导员工作的研究和探索也必须拓展：一方面是随着思想政治教育或者德育研究领域的拓展而拓展；另一方面辅导员工作的研究或拓展必须超越思想政治教育或者德育研究的局限，向其他科学延伸，比如，近年来辅导员的工作研究与心理学科联系越来越紧密，与网络技术和信息技术的研究越来越紧密。

最后，辅导员作为一种职业，其职能需要不断拓展。辅导员工作的职业化发展，就要求其工作职能定位必须遵循职业发展规律。一个职业形成的过程，从本质上讲，是社会分工细化的过程。在一个组织内部，由于社会分工的细化可以提高工作效率，一个职位的产生逐渐成为必要。当前大学生思想政治教育受到多种因素的影响，其难度和强度越来越大。这种情况下，辅导员“全能化”发展，已不能成为大学生教育、管理和服务的通才，而只能成为某一方面的专家。所以，辅导员在日常工作中也必须细化分工，以辅导员职能拓展性研究为前提。辅导员专业化、职业化、专家化成为辅导员队伍建设必然的趋势。

基于辅导员队伍建设需要遵循的规律，在新形势下要做好大学生思想政治工作，必须重视辅导员队伍的发展，推进辅导员队伍的科学化建设。辅导员队伍科学化建设是指让辅导员的发展方向变得更加职业化和专业化，让辅导员真正成为一门职业。辅导员职业化发展意味着让辅导员长期从事这项工作，使辅导员队伍保持稳定性和持续性；辅导员专业化发展是指把辅导员作为一种相对独立的职业，让具备相关知识和能力的人，经过系统的、专门的培训，加入这支队伍中来。

基于辅导员队伍的重要作用，新形势下应该在尊重辅导员队伍建设和个人成长规律的前提下，做好辅导员个人素质提升，谋求科学发展。

首先，有助于提高思想政治工作质量。高校思想政治工作关系到培养什么样的人、如何培养人以及为谁培养人这个根本问题。辅导员作为高校思想政治工作阵地的一线人员，是大学生思想政治教育的指导者、实施者和组织者，是大学生成长成才的人生导师，是他们健康成长的知心朋友。推进辅导员队伍科学化建设，提高辅导员的业务能力和综合素质，能够帮助他们提升解决学生思想问题和实际问题的能力，提高思想政治教育的质量。

其次，是应对新形势下辅导员工作复杂化的需要。中国特色社会主义进入了新时代，赋予高校思想政治工作新的内涵、使命和要求，高校思想政治工作迫切需要深刻的变革，辅导员工作也面临着许多新问题、新任务和新挑战。在日常工作中，辅导员面临着困难学生帮扶、学生心理问题骤增、就业压力增大、学业问题以及网络思政等各方面的难题，这些问题在新形势下变得日趋复杂和多元化，这就需要辅导员队伍顺应时代要求，不断加强科学化建设。

最后，是辅导员自身发展的迫切需求和必然选择。新时代的辅导员承担着多种角色，不仅是学校和学生沟通的桥梁，也是国家和学校政策的传播者与执行者。辅导员既是学生的良师，又是学生生活上的益友。因此，辅导员不仅要成为学生思想、学习、生活等方面的解惑者，更要做学生梦想的领航者。这就需要他们不断学习，强化理论知识，努力提升自身的整体综合素质，实现自身更为长远的发展。具体应该做到以下几点。

一要明确辅导员的主要工作职责。辅导员首先要明确自己的首要任务是做好学生的思想政治工作，因此要把思想理论教育和价值引领放在首位，把立德树人作为自己工作的重点，帮助学生践行社会主义核心价值观，培育正确的世界观、人生观和价值观，做好学生的引路人。

二要提高辅导员队伍的整体素质。教育部对辅导员的工作作出要求，辅导员要做到政治强、业务精、纪律严、作风正。第一是政治强，这是放在首位也是最基本的条件。作为大学生思想政治教育的骨干力量，辅导员必须具备良好的思想政治素质，在政治原则、方向和立场问题上始终与党中央保持一致，具有较高的政治觉悟，具有坚定的理想信念和追求。第二是要业务精。辅导员作为一个工作人员，工作业务能力必然是重要的，想要做好辅导员工作，就必须有过硬的专业知识储备和工作技能。第三是要做到纪律严。具有大局意识和责任意识，服从组织纪律和安排。第四是作风正。教师是人类灵魂的工程师，辅导员更是。作为大学生思想政治素质的引领者和立德树人任务的主要承担者，辅导员自身必须具备良好的道德品质，工作中能够做到无私奉献、艰苦奋斗，对学生有责任心和爱心。

三要建立系统化的培训机制。培训是辅导员提升自身素质的重要途径。要想推进辅导员队伍科学化发展，高校就必须建立相应的系统化培训机制，制定短期和长期的培训规划，把校内培训和校外培训、日常培训和专题培训、线上培训和线下培训结合起来，确保辅导员每年都能够参加一定数量的各种形式的培训。同时，还可以组织辅导员参加一些社会实践活动，如组织他们到红色革命基地和其他高校进行学习交流，一方面可以提升他们的政治素养，另一方面可以开阔视野，通过交流学习来拓展思路，提高工作能力。加强对辅导员队伍的领导，做好辅导员队伍的建设和管理，离不开学校领导和各方面的重视。第一，在辅导员队伍管理方面，高校应该进一步加强党委的统一领导，形成党政齐抓共管、相关职能部门和各个院系都参与进来的工作机制。整合全校上下各个方面的资源，在辅导员管理上形成强大的合力。第二，要深入到辅导员队伍当中去，定期举办座谈会、沙龙等，听取辅导员在学生管理和自身发展等方面的意见和建议，指导他们做好学生工作，帮助他们解决实际问题。第三，要把辅导员队伍的建设情况纳入学校的考评体系，把它作为学校考核各院系的重要指标，作为考核领导干部工作业绩的重要指标，定期督促检查。

三、科学谋划，探索新路径

加强高校辅导员队伍建设关系到辅导员队伍素质的提高，关系到高校人才培养的质量，关系到国家人才培养战略目标的实现。所以应该科学谋划，探索路径，规范辅导员队伍专业化建设，提升辅导员自身素养，打造一支高素质、专业化、作风过硬的辅导员队伍。

（一）优化顶层设计，构建科学体系

高校要高度重视辅导员队伍建设，注重辅导员素质能力提升，要将其纳入教师队伍建设和党政管理干部总体规划。学校要始终遵循教育规律，遵循思想政治工作规律、教书育人规律、学生成长和教师发展规律，按照“政治强、业务精、纪律严、作风正”的总体要求，明确“高标准选聘、科学化管理、多元化培养、全方位保障、多样化发展”的建设思路，以更大的力度、更实的措施推进辅导员队伍科学化建设，使辅导员队伍成为学校学生工作队伍的专家力量、管理队伍的支柱力量、教师队伍的骨干力量、服务社会的先进力量，为学校改革夯基垒台，为学校发展立柱架梁，切实发挥支撑作用。

要结合“立德树人”任务，在辅导员队伍发展思路上注重“选、育、评、留、转、提”等环节，在制度设计、梯队建设、培养体系等方面不断完善，形成辅导员队伍建设的科学体系，充分保障这支队伍的凝聚力和战斗力。

1. 强化制度建设，注重规范化管理

高校应该高度重视辅导员队伍建设发展和推进工作，根据教育部《普通高等学校辅导员队伍建设规定》《高等学校辅导员职业能力标准（暂行）》的要求，结合高校整体发展规划和辅导员队伍工作实际，着力培养德才兼备、岗位履职卓越、具有开拓创新意识的优秀辅导员。高校要结合自身实际制定完善的《辅导员队伍建设条例》《辅导员培训规划》《辅导员考核办法》等文件。对辅导员管理实现规范化、动态化，可以采取过程督查与阶段考核相结合的方式，加强科学管理，统筹协调整体性工作、规范推进阶段性工作，召开研讨交流会，及时研究进展情况，实施分类指导，确保工作扎实有序落实。

2. 完善准入制度，充实队伍构成

高校在辅导员选聘过程中，应完善辅导员准入机制，严把入口关，严格按职业标准选拔人才，坚持宁缺毋滥原则，有计划、有步骤地选聘具备思想政治工作相关知识，具有较强组织管理、语言表达等能力的辅导员。同时，应结合辅导员年龄结构、综合素质、专业背景、绩效考核、责任意识等方面，完善辅导员准出机制，畅通出口关，进一步优化辅导员队伍结构，时刻保持辅导员队伍的生机与活力。同时要坚持德才兼备，从优选拔的原则贯彻实施辅导员助理制度，做好辅导员助理的选拔工作，从在读学生中选拔优秀学生作为辅导员助理，进一步丰富辅导员人员构成，提升学生工作的活力。

3. 优化考核模式，强化评价激励

优化辅导员考核体系与激励机制，注重全维度、全视角对辅导员进行绩效考评。高校应该从学生评议、院系考核、相关职能部门考核、绩效考核等方面，建立完善、合理的评价体系。例如，学校可以建立大学生满意评价制度，让学生评出最喜欢的老师，并将评选的结果与辅导员的绩效奖金挂钩，这样无疑能从实质上提升辅导员工作的积极性，同时提高他们的教学成就感。从另一方面来讲，大学生满意评价制度既是对辅导员的激励，也是监督，还能形成辅导员之间的良性竞争。通过这一制度，能在一定程度上反映辅导员之间的良性竞争，还能在一定程度上反映辅导员的工作状态和工作效果，促进辅导员工作方法改进，从而促进高校思想政治工作的良性发展。

4. 实施高校辅导员职业能力级别评定

为了进一步规范辅导员队伍管理，充分发挥辅导员主观能动性，激发辅导员的工作热情，激励辅导员向专业化、职业化、专家化方向发展，推动高校学生管理工作者在学生思想政治教育、帮助引导、服务育人等工作上的专业化与职业化的发展，学校实施辅导员职业能力级别评定工作。成立校级领导小组，进一步完善辅导员职业能力级别评定管理办法，根据相应级别发放岗位级别工资，实现“物”有所值，发挥激励作用。

（二）坚持系统思维，形成内外联动

新时代背景下，党和国家为适应当代职业的发展和国内国际形势的变化，对辅导员的专业职能、选聘条件、培养方式进行了系统规定，高校辅导员队伍建设必须以习近平新时代中国特色社会主义思想为指导，坚持系统思维，形成内外联动，探索出加强辅导员队伍建设和辅导员个人能力提升的具体路径。

1. 坚持质量导向，确立标准

在加强高校辅导员队伍建设的工作中，应当坚持质量导向和内涵发展，按照“立标准、建机制、提质量、促发展”的整体思路，全面推进高校辅导员队伍的科学化建设。具体来说，从确立辅导员岗位职责、职业准入、工作评价和成长发展标准等方面入手，努力抓好辅导员知识体系支撑和培养培训机制建设，提升辅导员工作和队伍建设质量，促进思想政治教育学科和辅导员自身的发展。概括地说，主要体现在两个层面：一是外因层面，政策、机制、环境还需要进一步优化；二是内因层面，辅导员队伍自身素养还需要进一步提高。

确立标准可体现高校辅导员队伍建设的质量导向。标准是质量之基，以标准体现高校辅导员队伍建设的质量导向，就是要把已经出台的辅导员队伍建设的各项政策措施转化为可操作、可执行、可评估、可考核的建设标准，具体包含以下几个方面。

（1）确立辅导员岗位职责标准。辅导员是开展大学生思想政治教育的骨干力量，是大学生日常思想政治教育和管理工作的组织者、实施者和指导者。辅导员要努力开展以理想信念教育为核心的世界观、人生观、价值观教育，以爱国主义教育为重点的民族精神教育，以基本道德规范为基础的公民道德教育，以大学生全面发展为目标的素质教育，指导学生形成正确的人生目标、价值取向、思维方式、道德法治意识，以及良好的品行操守、健康的心理。高校要结合实际，进一步明确辅导员工作要求、岗位职责，让辅导员“干有所依”“考有所据”。

（2）确立辅导员职业准入标准。按照政治强、业务精、纪律严、作风正的要求，结合岗位职责，研究制定科学的职业准入标准和严格的选拔程序。坚持“起点前移、重心下移”，发现、考察并培养目标对象，真正把忠诚于党的教育事业、热爱学生、乐于奉献、善于做大学生思想政治教育工作的同志选聘到辅导员队伍中来。高校应根据辅导员队伍建设的实际情况，制定有利于队伍可持续发展的职业资格条件，确保辅导员入职的高起点和成长的厚基础。

（3）确立辅导员工作评价标准。辅导员工作在大学生思想政治教育的第一线。要制定反映辅导员工作特殊性的专业化评价标准，建立和完善辅导员绩效管理体系，树立辅导员履职导向，促进形成辅导员的专业地位和社会声誉。高校要坚持定性和定量结合、过程与结果结合，突出考核工作实绩特别是关键时刻的表现，制定科学合理的辅导员工作评价标准，全面客观地评价辅导员工作。

（4）确立辅导员成长发展标准。辅导员具有教师和干部的“双重身份”，可以在教师专业技术职务和行政职务上“双线晋升”。高校要充分考虑辅导员工作的特点，制定专门的辅导员评聘专业技术职务标准，做到“岗位单列、序列单列、评议单列”，打通辅导员从助教晋升到教授的发展通道。同时，要根据工作年限和实际表现，确定相应级别的行政待遇。

2. 坚持内涵发展，完善机制

制度是根本，制度管长远。以制度保障高校辅导员队伍建设的内涵发展，就是要把握时代的发展和环境的变化，针对制约辅导员队伍建设和辅导员自身发展的瓶颈问题，建立一套既立足当前、能够有效解决突出问题，又着眼长远、保证辅导员队伍建设不断推进的体制机制。解决辅导员队伍建设和发展的动力机制问题，可以从以下几方面着手开展工作。

（1）建立高校辅导员知识体系支撑机制。专业知识体系是辅导员队伍专业化建设的重要支撑。要从基础性和应用性的视角，建立健全辅导员工作的专业知识体系。基础性部分包括马克思主义理论、政治学、社会学、心理学、管理学、教育学等学科知识。应用性部分包括心理健康教育、职业生涯规划、就业指导与服务、学生事务管理等工作技能。高校要积极加强辅导员的知识体系建设，把知识学习和经验传授、理论熏陶和实践锻炼有机结合起来，不断提升辅导员的专业素养。

（2）建立高校辅导员队伍培养培训机制。培养培训是辅导员掌握专业技能、提高岗位适应能力、增强工作创新性和研究性的重要途径。要研究建立融教学、科研、实践交流三位一体的培训体系，建立岗前培训、日常培训、专题培训、职业化培训有机结合的培训流程，着力提升辅导员的政治引导能力、学业与就业的指导能力、生活情感的辅导能力、心理困惑的疏导能力和危机处理的应对能力。要进一步完善优秀辅导员攻读思想政治教育专业硕士和博士学位的招生选拔机制，真正让表现突出、业务优秀、学有潜力的辅导员有学习深造的机会。高校要将专职辅导员在职攻读学位和国内外业务进修纳入教师培训计划，使辅导员享受有关鼓励政策。

（3）建立高校辅导员队伍建设政策的合力形成机制。努力创造良好的政策环境、工作环境和生活环境，使辅导员工作有条件、干事有平台、发展有空间，是辅导员队伍可持续发展的关键。高校要真正把辅导员队伍建设作为关键任务，作为办学质量、教学评估、教师队伍建设、文明单位创建和领导干部工作业绩的重要考核指标，制订辅导员队伍建设规划，在选聘、管理、培养和发展等方面拿出更为有效的措施。要针对高校辅导员队伍制度建设中存在的部门化、碎片化等问题，进一步加强与编制、组织、人事等部门的协调沟通，努力突破辅导员编制、专业技术职务评聘和行政职务晋升等瓶颈问题，形成齐抓共管、多方支持的工作合力。同时，要加大对职称评聘、职务晋升等重点工作的督查工作力度，确保政策落到实处。

3. 注重质量建设，提升整体水平

思想观念是行动的向导，要在辅导员队伍数量发展的同时，把提升质量摆在更加突出的位置来抓。“从思想上真正高度重视提高质量，牢固树立科学的质量观”。具体来说，主要包含以下几个方面。

（1）提升辅导员队伍质量。职业认同是做好辅导员工作的基础。当前，少数辅导员的职业认同感、荣誉感还不强，不能全身心地投入大学生日常思想政治教育和管理工作，不愿长期从事辅导员工作。要进一步加强辅导员职业内涵挖掘与职业道德建设，通过征集和推出辅导员誓词等措施，增强辅导员的职业认同感、使命感和成就感，引导辅导员更好地在工作岗位上实现岗位奉献、岗位成才、岗位发展。要注意发掘、培育和树立一批辅导员先进典型，宣传他们的先进事迹，充分肯定辅导员在大学生思想政治教育中的突出贡献。

（2）提升辅导员工作质量。提高思想政治教育的针对性和实效性是当前辅导员工作面临的重要课题。高校要积极创造条件、搭建平台，鼓励并支持辅导员结合工作实践，研究工作对象和环境的变化情况，探寻大学生思想政治教育的规律性、前沿性问题，在工作中找问题、攻难题，有针对性地提出解决问题的思路和方法，努力把辛苦转化为成果、把经验上升为科学，不断提高思想政治教育的科学化水平。

（3）提升辅导员队伍建设保障质量。辅导员队伍建设必须要有科学的资源供给和保障。要善于从辅导员最关心的、与其自身利益和成长发展联系最密切的问题入手，积极推进校内资源、校际资源、社会资源的有机整合，形成政府、学校和社会积极联动的辅导员队伍建设格局。整合校内资源就是要充分集成校内教育、管理、服务部门的育人资源，形成辅导员队伍建设和思想政治教育的资源向心力。整合校际资源就是要充分借鉴其他高校辅导员队伍建设的好经验、好做法，推进不同高校之间辅导员队伍建设资源优势的有效互补。整合社会资源就是要主动争取地方党委政府和各有关部门的宏观指导、力量投入，形成社会各方面都能够共同关心辅导员队伍、支持辅导员工作的良好氛围和强大合力。

4. 增强普遍认知，提供有力保障

推动高校辅导员队伍建设科学发展，就是要以提高素质和能力为重点，采取有力措施，从思想认识、体制机制、政策保障、人才培养等方面采取有力措施，着力建设一支高水平的辅导员队伍。

提高重视力度，促进事业发展。加强和改进辅导员队伍建设，对于培养中国特色社会主义事业合格建设者和可靠接班人、巩固党的执政基础，对于维护高校稳定、推动高等教育事业科学发展，对于推进素质教育、促进大学生全面发展和健康成长成才有着十分重要的意义。要加强分类指导，根据研究型大学、教学研究型大学、教学型大学、高等职业院校以及民办高校等不同类型高校的实际情况，确立辅导员队伍建设的具体要求。组织开展包括辅导员队伍建设在内的思想政治教育工作测评，以评促建、以评促改、以评促管，把思想政治教育作为一项事业来推动发展。

加强整体指导，促进辅导员自身发展。尊重和支持辅导员队伍的成长发展需求，既是对辅导员队伍的一种理解与关爱，也体现了一种求真务实的态度和着眼事业发展的使命感。高校应加强对辅导员队伍的职业生涯规划指导，将辅导员队伍建设与学校整体队伍建设结合起来、与党的干部工作和人才工作结合起来，注重文化育人，推进人本管理，强化专业培养，促进辅导员队伍健康发展。广大辅导员作为高校教师队伍中年轻而富有活力的群体，应主动适应新形势、新任务、新要求，不断加强思想道德修养，努力成为立德树人、教书育人的楷模，不断提升业务水平，不断加强学习研究，努力成为大学生思想政治教育领域的高素质专门人才。一批好教师会造就一所好学校，一位好辅导员会成就一批学生的美好未来。辅导员是高校中离大学生最近的人，应当成为大学生的人生导师和健康成长的知心朋友。辅导员队伍建设关系大学生思想政治教育质量，关系人才培养质量，关系高等教育质量。有党中央、国务院的高度重视，有教育部党组的坚强领导，有各地各高校的扎实工作，辅导员队伍建设一定能够取得更新更大的成绩，为培养中国特色社会主义合格建设者和可靠接班人做出贡献。

提升质量意识，实现内涵发展。党的二十大报告提出，“育人的根本在于立德。全面贯彻党的教育方针，落实立德树人根本任务，培养德智体美劳全面发展的社会主义建设者和接班人。”新时代新征程，坚持和加强党对高校的全面领导要以“立德”为根本、以“树人”为目标，坚持为党育人、为国育才的初心，确保高校始终成为落实立德树人根本任务、培养堪当民族复兴重任的时代新人的坚强阵地。要推动高校的内涵式发展，关键在教师。辅导员队伍作为高校教师的重要组成部分，是高校立德树人的中坚力量，在高校变革发展的道路上，这支队伍的内涵式发展尤为重要。习近平总书记也在全国高校思想政治工作会议上强调，要拓展选拔视野，抓好教育培训，强化实践锻炼，健全激励机制，整体推进高校党政干部和共青团干部、思想政治理论课教师和哲学社会科学课教师、辅导员班主任和心理咨询教师等队伍建设，保证这支队伍后继有人、源源不断。这就对新时代辅导员队伍建设方向做出了清晰指导与明确要求。随着经济社会和高等教育的内涵式发展，传统粗放式、外延式的学生工作管理模式已经难以适应学校发展的要求，难以满足大学生成长成才的发展需要，辅导员队伍聚焦主责主业并转型为内涵式发展就显得极为迫切和紧要。只有抓住了辅导员队伍这一核心，才能为培养德智体美劳全面发展的社会主义建设者和接班人提供有力的思想保证、精神动力和智力支持。

5. 明确概念内涵，掌握方式方法

要厘清内涵式发展的概念，必先认识何为内涵。所谓内涵，是指一个概念所反映事物的本质属性的总和。内涵式发展是以事物内部因素作为动力和资源，旨在促进事物本身的质量提升和内部生长的一种发展模式，如水平提高、结构优化、实力增强等。辅导员队伍的内涵式发展，即以高校的发展需要与辅导员群体的发展诉求为动力，通过挖掘辅导员队伍的潜力，优化内部结构，整合资源要素，以期促进辅导员队伍知识素质、工作技能、研究能力、自我认同的提升，实现辅导员队伍的职业化、专业化和专家化。

树立远大职业理想，坚定从业信念。高校辅导员是高校开展学生工作的专业人员，是立德树人的骨干力量。作为辅导员，应当树立崇高的职业理想，制定长远的职业发展目标。将个人事业、职业发展与长远目标相结合，做好职业生涯规划。辅导员自身要对辅导员事业的责任感和使命感有更深刻的认识，提升职业自豪感，增强对辅导员身份的自我认同感。此外，不要仅仅着眼于微观的、个人的发展困境，要以更高远的情怀去审视辅导员群体的生存困境，充分发挥群体的主观能动性，突破群体面临的困境，实现内涵式发展。

充实专业知识，提升理论水平。党中央始终高度重视辅导员队伍建设，习近平总书记多次强调，要切实把加强青年教师队伍的思想政治建设作为高校党建工作一个重大而紧迫的问题来抓。在现阶段，思想政治素质仍是辅导员应具备的核心素质，要坚持不懈地对辅导员开展理想信念教育、社会主义核心价值体系教育，帮助辅导员系统掌握马克思主义立场观点方法，增强新形势下辅导员工作责任感和引领学生思想进步的能力。同时，辅导员工作涉及学生学习生活的方方面面，因此必须具备从事相关工作的知识储备，包括教育学、心理学、管理学、思想政治、法学、创业教育、专业课程等多学科知识，并时刻关注时政，具有一定的政治敏锐性。把辅导员培训纳入高校师资队伍和干部队伍培训整体规划。作为干部后备军，辅导员应多读历史，掌握扎实的历史知识。新时代的辅导员面对的大学生是新一代“网络原住民”，他们知识量大、极具个性、追求特立独行。面对这样的学生群体，辅导员要不断更新知识体系，拓宽眼界，积极开展学术研究，提升自身理论水平。

磨砺工作技能，强化专业素养。《普通高等学校辅导员队伍建设规定》中辅导员应当符合的基本条件提到，具备较强的组织管理能力和语言、文字表达能力，以及教育引导能力、调查研究能力，具备开展思想理论教育和价值引领工作的能力。首先，学校应重视辅导员队伍的发展，每年聘请相关学科专家和优秀学生工作者，对辅导员开展各类专项工作技能培训，强化辅导员工作能力，如网文写作课程、谈心谈话活动、危机事件处理、心理辅导方法。其次，开展辅导员技能大赛，通过比赛引重视、促交流。最后，建立“以老带新”校内师徒制培养模式，让有经验的优秀辅导员担任引路人，带动在工作经验和工作技能方面较欠缺的新进辅导员快速适应新工作、新岗位，也能较快地掌握相关的工作方法和能力。辅导员工作始终处于发展变化之中，不同时期的工作要求有所差异，一定要明晰辅导员队伍内涵式建设的观测点。

面对辅导员队伍建设专业化的时代需要，应从以下五个方面入手提高工作能力。一是做好学生思想政治教育工作。辅导员在新时期学生思想政治教育工作中应有所侧重，以多途径掌握学生思想动态为基础，将教育的理论与实际工作相结合，总结开展工作的经验，形成有特色、有规律的工作方法。二是做好学生日常事务管理工作。学生安全日益成为管理工作的关键点，辅导员在依照校规校纪、人才培养方案等要求实施对学生的学习和生活管理时，要全面贯彻安全教育管理；在指导学生党支部、班委会建设和培养学生干部过程中，努力激发学生的创新思维；以群众路线为指引，做好学生日常管理工作，走进寝室、班级和课堂。三是做好学生突发事件处理工作。辅导员面临社会重大热点问题和重大事件时，应能够给予学生及时、正确的引导。除能科学应对多发的群体聚众、公共卫生、意外伤害、刑事治安、交通事故等类型的学生突发事件外，还应加强应对自然灾害、信息安全等方面突发事件处理程序和方法的掌握。四是做好学生心理健康教育工作。学生心理健康问题日渐增多，辅导员应更加注重心理健康教育知识的掌握，加强业务能力和咨询能力的学习，更好指导学生解决学习成才、择业交友、健康生活等方面的问题。五是做好学生职业发展指导工作。辅导员应坚持毕业生就业工作早谋划、早动员、早部署的原则，努力掌握职业生涯规划知识和技能，及时为学生提供优质高效的指导，帮助毕业生实现更高质量的就业。

实践结合理论，提升学术钻研能力。学术资本是高校赖以生存和发展的主要资本类型，高校内涵式发展离不开学术资本的累积与再生产。辅导员作为高校人力资本以及生产学术资本的后备军，其学术钻研能力是内涵式发展的重要板块。由于辅导员工作较繁杂，长期深陷于学生日常事务性管理工作中，缺乏深度的理性思考，科研能力较薄弱。这既不利于高校学术资本的积累，也不利于实现辅导员队伍向专家化的转变。要提升辅导员队伍的研究能力，关键是转变意识。学校层面，要把辅导员队伍看作是学校学术资本的生产者，挖掘辅导员的学术潜力，鼓励辅导员做科研。通过提供科研项目，设置科研奖励，营造浓厚的学术氛围，引导辅导员积极参与科研活动。辅导员层面，要培养思维自觉，养成深度思考的习惯，善于对工作实践中的问题、困惑进行理性分析总结，将经验性知识转变成理性研究。辅导员最好的能力提升方式不是由外到内的催化，而是由内到外的深化，就是要引导辅导员形成自主学习的意识，以马克思主义为指导，从交叉学科视角出发，结合实际进行对标学习，做到“贴地飞行”。辅导员专业素养的提升要主动，既要主动交流又要内化思考，既要有外部灌输又要有主动作为，只有敢于自我否定，自我革新，才能获得成长。

整合资源要素，创建辅导员协同发展共同体辅导员是高校重要的人力资源，构建辅导员协同发展共同体，促进辅导员之间的信息交互和深度学习，既有利于促进辅导员本身的内涵式发展，也利于形成合力促进高校的发展。所谓辅导员协同发展共同体，是指基于提高辅导员知识技能、研究能力，围绕真实工作问题，以协同原则为指导，整合群体中的资源要素，如信息、技能、经验等，组成的深度学习组织。首先，建立宏观拓宽机制，优化辅导员队伍建设的宏观环境；其次，提供交流平台，打破各校之间辅导员互通的壁垒，形成辅导员发展的合力。最后，可打造辅导员名师工作室，为辅导员创造“共在”情境，实现“共工作”“共效应”，促进辅导员互通共生共赢。

四、内外联动，实现新提升

高校辅导员是高等学校教师队伍和管理队伍的重要组成部分，具有教师和干部的双重身份，在学生思想政治教育、日常行为管理、学生党建、就业指导、心理健康教育等工作中发挥着重要作用。为实施国家人才战略、保证国家和高等院校的稳定发展、促进学生成长成才，要尽快解决当前高校辅导员队伍面临的问题。因此，积极推动、改进、创新形势下辅导员队伍建设的新模式极为重要。所以，要把加强辅导员队伍建设，作为落实全国教育大会和全国高校思想政治工作会议精神、提升思想政治工作质量、构建“三全育人”体系的重要举措，要把高校辅导员队伍素质能力提升作为一项系统性、长期性的战略任务来抓细抓实。

（一）激发内生动力，促进内力驱动

发展的本质，是个体对自我的不断否定和超越。辅导员的专业发展，最终也必然要落实到辅导员个人，需要依托辅导员的内在激情与动力。

1. 内驱力概念的界定

内驱力是心理学的一个术语。美国心理学家克拉克·赫尔（Clark L. Hull，1884—1952 年，新行为主义代表人物之一）主要著作有《心理、机制和适应性行为》，他强调指出，内驱力并不指向特定行为，而只是激活行为，行为是受环境刺激指引的。有机体的需要能够产生内驱力，内驱力激起有机体的行为。赫尔主要将内驱力分为原始性内驱力和继发性内驱力两种。原始性内驱力是指同生物性需要状态相伴随，并与有机体的生存有密切的联系，这些内驱力产生于机体组织的需要状态，如饥、渴、空气、体温调节、睡眠、活动、回避痛苦等。继发性内驱力是就情境（或环境中的其他刺激）而言，这种情境伴随着原始性内驱力的降低，结果就成了另一种内驱力。也就是说，以前的中性刺激由于能够引起类似于由原始性内驱力所引起的反应，而具有内驱力的性质。

美国著名的认知教育心理学家奥苏贝尔在对教育心理进行研究时，将内驱力分为认知内驱力、自我提高内驱力和附属内驱力三种。认知内驱力是指要求理解知识以及系统地阐述问题并解决问题的一种初期需要；自我提高内驱力是指个体因胜任能力或工作能力而赢得相应地位的一种需要；附属内驱力是指为了保持长者们（如家长、教师等）的赞许或认可而表现出的认真工作的一种需要。奥苏贝尔认为，在人类行为中，这三种内驱力会同时起作用，但是其影响程度却不同，通常随着年龄、性别和社会阶层的成员地位等因素而变化。

简而言之，心理学家认为内驱力是一种能够产生心理活动的先天的能量，当它发生作用时就会产生某种需要的感觉或是一种紧张状态来推动个体的活动，从而消除兴奋和紧张，继而达到满足。

2. 内驱力是个体内部产生的驱动力

内驱力由需要产生，或者说需要是内驱力的原动力。当机体缺乏某种东西而产生需要时，机体内环境的相对稳定（即内稳态）便遭到破坏。例如，需要水分或需要食物时，机体内细胞内外的水的渗透压或血液中糖分的一定水平遭到了破坏。这种生理变化所产生的需要便对机体形成一种紧张的内驱力，从而导致求饮、求食行为，以恢复个体内部的稳定状态。也就是说，因需要而产生内驱力。内驱力大致与需要呈正相关。例如，饥饿的人比吃饱的人具有较强的内驱力；而又饿又渴的人比只是饥饿的人具有更大的内驱力。当然，人的需要有物质需要和精神需要之分。因此，人的内驱力也可分为两大类：由生理的物质需要而驱使机体产生一定行为的内部力量，称为原发性内驱力或基本的内驱力，如饥饿内驱

力、口渴内驱力、避痛内驱力和性内驱力；由责任感等后天形成的社会性需要所产生的内驱力，称为继发性内驱力或社会性内驱力。一般说来，社会性内驱力对原发性内驱力起调节作用。

3. 内驱力的作用

基本心理需求理论认为：基本心理需求的满足能够增强内部动机，当个人的心理需求得到满足时，个体能够表现出更强烈的内部动机，并在活动的执行中有更好的表现。心理需求的有效满足是个体行为的重要内驱力。它不是静止不变的，而是一个处于动态变化中的“力”，是可以认识和把握的，可以为其施加动力或阻力，以加强或改变其方向、强度，从而驱动个体在正确、健康的人生道路上实现一定的目标。内驱力能够“唤起人实行自我教育”，能够自我激活、自我定位、自我推动。

内驱力能够唤醒个体自我教育、自我完善的意愿。马克思曾说：“人的每一种本质活动的特征，每一种生活本能，都会成为人的一种需要。”需要是一种被意识到的欠缺和不满足状态，这种状态引起的感觉、思想、动机、意志成为追求理想的意图，并通过人们的现实活动来消除欠缺状态和实现理想。没有对需要的追求，便不能产生自觉的活动。当个体尚未意识到自己现有水平不足的时候，个体处于平衡状态，自我教育愿望便不会产生；只有个体自觉与之相对照、相比较，或者反观旧我，从而发现自己的不足，改变了过去的自我评价，并产生对自己的不满情绪、态度，激发了改进和提高自己的要求和愿望，自我教育、自我完善的愿望才会产生。

内驱力引导个体自我教育的方向和目标。人的需要是同人的活动的目的联系在一起的。目的指导人的活动，诱发人的动因，并规定活动的性质和方向。这种目的，从一般意义上说，是活动结果的观念形象。如果从其根源或内容讲，目的是被自我意识到的需要，是对于某种对象的需要在意识中的反映。由此需要产生的内驱力，驱动着个体在自我教育过程中朝着既定目标努力。

内驱力推动个体不断自我完善。需要满足的积累效应原理表明：一种需要越是不能充分地得到满足，它就处于不活跃状态；另一种需要越是充分地得到满足，它的发展则越快。个体在没有追求自我实现的需要时，他可能会是静态的，为其他需要所压抑，但是，一旦自我成为主体，积极追求自我完善和自我发展时，他的自我教育愿望就会接连不断地出现，呈现出自我教育的“惯性”。因此，每次健康的、积极的自我教育愿望的实现，不但不会使主体松懈对自己的追求，反而会产生更多的自我教育愿望，进而不断地推动自我教育活动的开展。

内驱力确保自我教育和完善的最终实现。需要对于活动的意义和力量在于它使人确立一种意志，它使人们在活动中表现出主动性、积极性和顽强性。这是人们进行任何有目的的活动所必备的一种精神动力。这种动力的有无、强弱，不仅对活动的展开、持续具有重要意义，而且在关键的时刻决定着活动的成败。意志是人们最为熟悉的心理过程，意志能够支配情感，虽然意志接受内驱力的影响，但意志也能够调节内驱力。因此，探索高校辅导员在职业生涯的不同阶段的基本心理需求，制定科学有效的、适应不同职业发展阶段辅导员的激励政策，提供能够满足其职业发展基本心理需求的发展空间，促使其职业能力和成就得到社会的认可和尊重，实现其职业理想和抱负，使其个人的社会价值得以充分体现，才能充分激发辅导员的内生动力，让更多的人愿意将辅导员作为终身事业，继续学习深造、进行课题研究，不断提升个人职业技能和专业水平。

（二）注重氛围营造，提升职业认同

作为高校教师队伍中的特殊群体，辅导员具有教师和干部的双重身份，是高校学生思想政治教育和管理工作的组织者、实施者、指导者，辅导员的职业是重要的、神圣的、光荣的。但是现实中，诸多因素导致辅导员的职业认同降低，工作积极性和效能下降，甚至随着工作年限的增长出现职业倦怠感，所以提升辅导员的职业认同感是一项非常重要的、迫切的工作。

职业认同不仅是一个过程，而且是一种状态，是指个体对其从事职业的认可。其中的过程指个体从自身经历中证实自我角色与慢慢发展的过程；其中的状态是个体对从事职业的认同度。高校辅导员职业认同涉及高校辅导员职业社会认同与高校辅导员职业自我认同。高校辅导员社会认同即社会对高校辅导员职业的认可，例如社会、高校与学生认同等方面。高校辅导员职业自我认同是校内辅导员个体对其职业的认可度。高校辅导员职业认同受社会、个人与组织等多方面要素影响。社会要素以国家策略与职业声望等内容为主；个人要素以职业情感、认知、价值观与意志等方面为主；组织要素是确保审核评估、激励制度、政策与组织文化等方面。现阶段，优秀的职业认同可以帮助高校辅导员减缓工作压力、降低疲惫程度，可以使高校辅导员的工作效率、职业忠诚度得到提升，可以使辅导员职业能力提升的主动性得以提高。

1. 高校辅导员职业认同现状

目前，高校辅导员职业社会认同度低。高校辅导员作为高校管理团队与教师队伍中非常关键的部分，扮演着领导干部与教师的双重角色，不仅是大学生思想政治教育的主力军，而且还是学生们日常政治思想教育与管理工作的执行人员、组织人员以及辅导人员。但是，根据目前各高校实际情况来看，由于高校学生的特征，辅导员的大部分工作属于事务性任务，缺乏专业属性，导致不被看作高校教师。高校辅导员被社会、学校与学生所忽视，出现缺少社会认同与辅导员职业能力提升的外动力下降现象。除此，辅导员具有非常严重的职业疲倦情况。现阶段，辅导员职业疲倦基本呈现出工作热情不断降低的趋势，不仅工作态度越来越

冷淡与消极，而且职位成就感不断下降。职业倦怠使高校辅导员的自身职业认同和职业能力提高的主动力逐渐降低，主要表现如下。

一是职业能力发展缺乏规划。高校辅导员职业能力培养属于系统工程，应该进行整体规划，科学合理的职业生涯规划对高校辅导员产生积极的职业认同有极大帮助。在实际工作中，由于受到外在与自身因素的影响，一些辅导员的事业认可程度低，目标不清晰，这抑制了其职业能力的发展。具体表现在以下两方面：一方面是高校辅导员自我发展规划意识较弱，当外界未出现压力时，大多数辅导员不会主动制订个人的职业规划方案，存在职业方向不明确的现象，仅仅有极少部分辅导员能够做出科学合理的职业规划，确立自身的职业目标；另一方面是高校在辅导员整体规划发展上有待提高，不仅缺失对辅导员职业生涯的监管与引导，而且缺乏有效评价、反馈制度、培训的分层次、分时期与一体性等。

二是职业能力评价缺乏科学性。高校辅导员在专业化与职业化方面的必然需求是建立科学的工作能力评价系统。工作能力评价的功能包括鼓励、指导与评估。高校辅导员的级别在《职业能力标准》中依据工作年限被分为初级、中级和高级三种，同时在各级别辅导员的工作内容、职业功能、相关理论知识要求以及能力需求等方面做出具体规定，为职业能力评价构建了良好的理论构架。但是现阶段，结合《职业能力标准》构建的职业能力评价系统并不健全，在量化审核指标体系的科学性、评价的内容、办法与过程等方面出现不科学、忽视评价成果等问题，致使《职业能力标准》预期的成效未体现出来，技能评价的约束程度被降低，给辅导员工作的积极性带来沉重打击。

三是行业体制有待完善。由于高校辅导员团队在专业化发展方面处于瓶颈期，因此，行业体制需要进一步完善。现阶段，高校在招聘辅导员过程中，存在专业不完全对口的现象。对于非相关专业毕业生而言，缺少专业性业务基础，无法保障自身在工作方面的忠诚度，极有可能存在应聘动机不纯等情况。另外，大部分新入职的辅导员基本是应届毕业生，在社会经验与阅历、未来职业规划以及心理咨询等专业能力方面比较欠缺，辅导员入职标准需要不断强化与完善。除此之外，虽然《职业能力标准》的公布为辅导员的职业化指出了发展目标，但是在实际工作中，此标准较模糊，难以执行是目前工作的关键部分。

针对以上存在的问题，提出职业认同视角下高校辅导员职业能力提升的具体路径，主要有以下几个方面。

一是提高辅导员职业能力提升的主动性。第一，强化社会认知：一方面，高校应该加强对高校辅导员职业能力提升的重视程度，正确指引舆论，不断加大宣传力度，改变社会、校园与学生对高校辅导员身份的认知，以便为高辅导员树立良好的职业声望与形象提供帮助；另一方面，教育主管单位与高校应该根据目前学校的实际情况制定出科学性、可行性强的政策。例如，改善培育制度、完善保障策略、确立岗位职责、提供科学研究平台，从而给辅导员的成长营造出良好的社会环境。第二，强化高校辅导员的自我认识。例如，高校辅导员需要充分感受到自身的职业价值，同时了解到辅导员工作在培育人才方面起到非常关键的作用与长久性意义。另外，高校辅导员应该在自我反思以及学习力度方面进行逐步提高，同时将创新精神投入到日常工作与思想政治教育教学工作中来，最大程度弱化职业疲倦与不适应，形成正确的职业认知，提高自身职业能力。

二是加强辅导员个人职业生涯规划。随着党和国家对辅导员工作的不断重视，辅导员的地位越来越得到提升。习近平总书记在全国高校思想政治工作上指出，长期以来，高校思想政治工作队伍兢兢业业、甘于奉献、奋发有为，为高等教育事业发展作出了重要贡献。这个高度的评析让辅导员职业发展前途变得更加光明。高校要抓住这一契机，优化对辅导员职业生涯规划的管理，将职业生涯规划这一理念引入高校辅导员队伍建设中，更好地体现高校管理中以人为本的核心思想，同时也为大学生思想政治教育的可持续发展提供丰富的人才资源。辅导员要意识到自身在高等教育发展中的重要作用，认真学习职业发展理论，充分发挥主观能动性，对自己的职业生涯进行合理的规划。

2. 可以借鉴的职业发展理论

职业发展理论产生和发展于美国，美国的职业发展理论主要侧重于职业生涯和职业规划研究。批判地吸纳和借鉴西方的职业发展相关理论观点，对于深入探讨辅导员职业发展远景，促进和帮助辅导员实现职业能力提升具有一定的启示意义。

萨柏（Donald E. Super）的职业生涯发展理论。职业生涯发展理论代表人物萨柏是美国有代表性的职业管理学家。萨柏的职业生涯发展阶段理论是一种纵向职业指导理论，重在对个人的职业倾向和职业选择过程本身进行研究。他把人的职业发展划分为五个阶段，即成长阶段、探索阶段、建立阶段、维持阶段和衰退阶段。萨柏认为，个人的职业生涯模式与人们的经济情况、家庭地位、智力水平、人格特征和个人机遇等方面息息相关，人们对于某种职业的喜爱与兴趣会随着工作环境、生活习惯及自我意识的变化而变化，这就使得职业选择与调适成为一个动态发展过程。职业发展的各个阶段可以通过指导和学习而加以改善，不仅包括通过培养人的职业兴趣使人成熟，也包括在帮助别人获得职业选择过程中的自我发展与成长。

弗兰克·帕森斯的人职匹配理论。美国波士顿大学教授弗兰克·帕森斯（Frank Parsons）最早提出“人职匹配”理论，该理论成为职业选择、职业指导的经典性理论。1909 年，帕森斯在《选择一个职业》一书中，阐明了职业选择的三大要素，即清楚了解自己的态度、能力、兴趣、智谋、局限和其他特征；清楚了解职业选择成功的条件，所需知识，在不同职业岗位上所占有的优势、不利以及补偿、机会和前途；上述两个条件的平衡。帕森斯的理论内涵在于：在了解个人的主观条件和社会职业岗位的需求条件的基础上，将主客观条件与社会职业岗位相对照、相匹配，最后选择一个与个人匹配相当的职业。其观点又被称为特质因素理论，核心要点是人格特性与职业因素的匹配。个人都有自己独特的人格模式，每种人格模式的个人都有其相适应的职业类型。所谓“特质”，就是指个人的人格特征，包括能力倾向、兴趣、价值观和人格等，这些都可以通过心理测量工具来加以评量。帕森斯在职业选择上的知己知彼、主客观相符的思维观点已成为人们选择职业的经典性原则。

霍兰德的职业兴趣理论。美国约翰·霍普金斯大学心理学教授约翰·霍兰德（John Holland）于20世纪60年代提出了具有广泛社会影响的职业兴趣理论。霍兰德的职业兴趣理论主要从兴趣的角度出发来探索职业指导的问题。他明确提出了职业兴趣的人格观，使人们对职业兴趣的认识有了质的变化。霍兰德认为人的职业兴趣与人格之间存在很高的相关性，人格是兴趣、价值观、技能、信念、态度和学习风格的综合体，凡是具有职业兴趣的职业，都可以提高人们的积极性，促使人们积极地、愉快地从事该职业。霍兰德认为人格可分为现实型、研究型、艺术型、社会型、企业型和常规型六种类型，并设想出与之相对应的六种环境类型。他认为，一个人做出职业选择的主要依据就是寻找那些与自己人格类型相符的，可以满足自己的职业成长环境，可以在愉快的过程中完成工作任务，同时实现自身的价值。

3. 职业发展理论的借鉴意义

职业发展理论兴起于西方发达国家，其关于职业发展阶段理论、职业选择以及入职匹配的相关理论观点已被广泛借鉴应用于企业员工职业发展、高校学生职业生涯规划等实践中。职业发展理论对高校辅导员职业能力研究的借鉴意义在于以下几方面。

（1）职业人格、职业兴趣与职业能力发展密切相关。实施辅导员职业能力建设应充分考虑到辅导员的职业兴趣以及激发职业兴趣、维护职业兴趣、克服职业懈怠的各种因素与机制。职业发展阶段的相关观点可以为职业能力建设提供启示，如可以根据不同年龄阶段职业能力发展的需要实施不同的建设策略。

（2）辅导员职业能力发展与其对职业的认知密切相关。辅导员对其职业的认知，既有其内在的兴趣、爱好、价值观等个性特点，又有外在的职业岗位类型以及岗位意义的吸引力，还有社会责任义务的要求等因素。研究辅导员职业能力，需要关注职业环境建设与辅导员自身建设的关联，帮助辅导员在职业选择与职业发展上认识自身优势与不足，把握自身素质能力与职业岗位需要之间的关系，实现社会发展需要与个性追求的有机统一。

（3）借鉴职业发展理论，可以深入探索辅导员的职业发展前景，分析影响辅导员职业生涯的各种因素，探寻构建高校辅导员职业能力提升的机制与对策。个体的职业生涯需要规划，但规划辅导员的职业生涯和职业远景，可能更需要社会层面的作为。

（4）研究辅导员的职业能力发展，需要坚持以人为本的原则。西方职业发展理论较多地关注个体在职业选择、职业成长中的地位，这对于在市场经济条件下调动辅导员的职业积极性、创造性，提高其职业素养尤有意义。但中国职场中个体的发展与社会环境因素密切相关，如国家意志、集体观念、团队意识、奉献精神等在很大程度上影响并制约着个体的追求。因此，辅导员的职业发展，应体现社会发展与个体发展、个人利益与集体利益的协调一致。

4. 引导高校辅导员做好职业生涯规划

高校应该让辅导员认识到职业生涯规划可增强其职业意识，以及职业生涯规划在辅导员团队的职业化、专业化构建与自身发展方面的重要性。一般情况下，职业生涯策略效能感越高，其认同感就会越高，生涯探究的频率也会越来越高。基于此，强化高校辅导员职业生涯规划具体包含三方面内容：第一，应用辅导员胜任能力的模型，将具备优秀辅导员特质和相应领域专业知识背景的人才通过招聘的方式引入到辅导员队伍中来；第二，高校辅导员需要进行自我评估，例如自身的知识水平、性格、能力、价值观与兴趣爱好等方面，同时对自身所处的职业氛围进行科学正确的评估，明确适宜个人职业发展的方向；第三，高校应该依据校内每位辅导员的发展需要与不同阶段的实际情况，拟定出相关评价、培训以及激励制度，为高校辅导员在个人发展方面提供越来越多的平台，达成高校辅导员的发展方向与个人发展相统一的目标。

（三）鼓励团队合作，推进互促共赢

时代变迁，高校思想政治教育工作的难度在增加，随着《中共中央 国务院关于进一步加强和改进大学生思想政治教育的意见》出台，切实加强高校辅导员队伍建设，便成为高校发展中非常重要、紧迫的任务。至此，拥有各类专业背景的研究生、博士生开始走上这个岗位。高学历人才的进入，是对高校辅导员队伍的重要补充，他们是高校开展大学生思想政治教育的骨干力量。但学历高，“专业”弱，也成为当下高校辅导员职业素养欠缺的现实反映。

随着高校大规模的扩大，学生人数急剧增加，高校辅导员的工作职责也不断拓宽，除了对大学生的思想政治发挥引导作用、对大学生的行为管理发挥规范作用、对大学生的学习发挥促进作用、对大学生的时代精神发挥激励作用、对大学校园秩序的稳定发挥维护作用、对大学生的班团组织发挥领导作用外，还出现了凡事不知道由谁做的就都安排给辅导员，学校的各个部门都可以给辅导员安排工作、下达任务的现象。一名合格的辅导员除了要有较高的政治素养，还必须是心理咨询方面的专家、职业生涯规划方面的高手、宿舍管理方面的能人。繁重复杂

的事务性工作，多重角色的冲突和矛盾，常常让辅导员疲于应付，承受了巨大的心理压力。显然，在这种情况下，要让高校的每个辅导员都成为各个方面的行家显然是非常不现实的，“学有专长”“团队合作”才能保证辅导员这支队伍健康可持续发展。

1. 加强高校辅导员自身的专业化建设

辅导员专业化建设必须贯彻于团队工作模式的整个过程，即要强调“终身学习”制。它是以辅导员能够运用思想政治教育相关理论知识，指导大学生健康成长为前提，不断完善自身的教育理论和知识体系，在大学生心理健康、职业生涯规划、党团组织建设等领域接受规范和长期的专业训练，不断树立专业自信和学术团体的权威性。学校领导应该在辅导员外出培训、考察、交流、继续教育等方面适当增加投入，这样就在通用职业能力学习之外为不同专业发展方向的辅导员提供专门化学习的便利条件，会大大提高辅导员的职业能力。职业能力的提高反过来又会提升辅导员在指导学生活动中的创造性，提高职业化的程度，促进团队的和谐全面发展。

2. 合理构建高校辅导员团队工作模式

构建合理的辅导员团队工作模式，可以改变原来按人数、分年级、分专业配备辅导员的固有思维，尝试根据辅导员的工作年限及专业特长，将辅导员的队伍这个大团队直接按大学年级的培养重点划分为“思政教育”“职业生涯规划教育”“学业辅导”及“就业指导”几个分团队。各分团队中又可分为不同的发展方向，如心理辅导方向、德育方向、学生事务研究方向等。各分团队的成员的研究方向一致，大家群策群力，发挥团体优势，集中精力帮助在校大学生平稳顺利成功地度过大学的每一个阶段。

思政教育团队的主要任务是帮助刚迈入大学校园的大学生，在心理上和生活上完成“角色转变”，避免产生心理不适应，陷入生活难打理的窘境。职业生涯规划教育团队的主要任务是通过科学的知识体系，使大学生初步产生“规划”学习及生活的理念，并尝试着将知识运用到实际的大学生活中，避免盲目慌乱地度过大学二年级。学业辅导团队的主要工作对象是大二、大三年级的学生，面临着繁重的专业课，很多学生由于兴趣不大、底子不厚等原因，学习起来特别吃力，此时，学业辅导团队的老师通过各种途径，运用专业学习方法及时辅导学生，平稳过渡到大四。

就业指导团队的主要工作是针对大三、大四学生的专接本或者考研就业问题给出合理建议。在就业过程中，团队老师通过举办模拟招聘会、简历书写大赛等相关就业技能的培训课程，帮助学生们顺利就业。纵观这四个分团队的队伍建设，不难发现，“团队合作模式”的建立不仅可以分担辅导员自身的角色压力，使辅导员不再唱“独脚戏”，还减轻了辅导员的工作负荷。避免角色冲突的同时，也使工作职责更加明晰化，避免了多重角色的冲突与角色模糊、责任泛化的尴尬状况，提高了工作效率，减轻了心理压力。

3. 创新高校辅导员晋升及考核制度

一般高校的辅导员晋升及考核工作是由学校和院系两级部门共同完成。学工部是学校管理辅导员队伍的职能部门，各院系负责对辅导员队伍进行具体领导和管理。在构建了辅导员团队工作模式后，辅导员的晋升与考核工作可由各分团队的队长与学工部直接对接完成。具体的考核形式可以参考积分制，主要考核辅导员在专业领域的学术研究情况、日常工作表现及学生评价等，以学年为单位计算，考核优秀奖励方式除物质激励、精神激励、职务晋升等，还应该提供对外交流和进修深造的机会，以此鼓励辅导员在工作上的不断前进及创新。

（四）构建支持体系，加强外部保障

进一步推动辅导员队伍的专业化、职业化、专家化发展，对于加强和改进高校思想政治工作具有重要意义。因此，政府和学校层面要构建支持体系，加强外部保障，不断完善高校辅导员队伍建设，提升辅导员职业能力素养。具体要做好以下几个方面工作。

1. 完善选聘机制，严格把好入口关

辅导员担负着为党和国家培养高素质的社会主义合格建设者和可靠接班人的重要职责，其政治素质、道德素质和能力素质直接关系着育人质量的高低。因此，严格按照德才兼备的选聘标准，吸引和选择乐于做辅导员、善于做辅导员、适合做辅导员的高素质人才加入辅导员队伍，对提升辅导员专业化、职业化发展的质量具有重要意义。对于辅导员个体而言，要在充分了解辅导员职业特性和要求的基础上，端正入职动机，审慎入职、主动适应、积极作为，在投入教育实践中提升自我，探寻适合自身的专业化、职业化发展道路。对于二级院系单位而言，要结合各院系学生工作需要和已有辅导员队伍结构，按照可协作（专业互补）、可培养（职业归属）、可衔接（梯队层次）原则选人用人。可以通过设立一定的入职见习与实习期，给予更充分的双向选择空间。学校和教育主管部门，要将辅导员的职业匹配度测试作为入职评测的重要环节，要着重考量辅导员的思想政治素质和教育管理实践能力；要综合考虑各院系辅导员配置、使用情况，把辅导员选配到真正需要辅导员的院系，确保辅导员实职实岗，将辅导员的配备与使用及其专业化、职业化发展状况评估相挂钩。

2. 完善培养机制，分层分类指导

不同专业背景、不同职业认知水平、不同职业发展阶段的辅导员具有不同的发展诉求，因此，制定发展规划，有针对性地提供发展支持是推进辅导员成长发展的关键。辅导员要将自己在发展过程中遇到的困惑及时地与所在团队负责人、资深同行、相关学生工作负责人进行沟通，主动寻求指导与帮助；在具体的工作实践中积极思考探索与自己能力特点、专业兴趣和工作要求相适应的发展道路。院系要结合单位工作需要和队伍建设需要，主动关心辅导员职业发展过程中的瓶颈问题和支持诉求，重视辅导员发展的选择与期待，通过制定辅导员职业发展规划书、团队工作计划书等形式，明确具体的年度发展任务、中长期发展规划和具体支持性举措。在个性化培养过程中，提升辅导员将个人发展融入单位和学校事业发展，走专业化、职业化发展道路的信心。学校和教育主管部门要根据不同职业发展阶段辅导员的特点和二级单位及辅导员的发展支持诉求，制定具有针对性的培养实施方案。统筹资源，查漏补缺，有担当、有作为、有要求、有目标、有原则地发挥保障引领作用，通过阶段性的专题培训、分类别的工作沙龙、有目标的项目式提升计划等多种形式有效回应辅导员发展困惑，推进辅导员队伍建设进程。

3. 完善心理支持体系，做好服务工作

辅导员的心理素质和健康状况直接影响辅导员的履职状态和履职能力，因此根据辅导员阶段性发展特点，前瞻性地构建辅导员发展心理支持体系，对于提升辅导员在履职过程中的应对能力和调适能力，保障辅导员积极正面的心理状态具有重要意义。作为辅导员个体，要主动了解不同职业发展阶段可能面临的发展困境，在做好心理建设的同时，积极寻求破解心理困境的方式方法。在提升自身心理能力的过程中，提升通过心理教育实现思想引领的专业能力和职业化发展的心理动力。院系要从辅导员的生活状态、工作状态、学习状态、精神状态中及时洞察辅导员的心理状态，通过党委、工会、青年联谊会等党群渠道，切实帮助辅导员解决对其心理健康造成破坏性影响的困难和危机事件，通过个别谈心、团队活动、正向激励等方式，及时疏导排解压力，加强辅导员对院系的归属感，帮助辅导员深入体验辅导员职业幸福感。学校和教育主管部门，要建立辅导员“院系—学校—社会”三级心理支持体系，提供不同职业发展阶段的职前及职中专题心理健康教育、职业伦理咨询服务、日常心理健康咨询服务、定期心理健康测评及支持服务、突发事件中的心理应激指导和事后的疏导性支持等服务，帮助辅导员能够实时、全面地得到专业的心理支持。需要特别关注成长收获期辅导员积极心理因素的保持和负面心理因素的消解，最大程度转化消极倦怠感，缩短甚至避免职业倦怠期。

4. 完善考核培养制度，提升科学化管理水平

由于高校实行二级管理体制且呈现管理重心下移的趋势，短期内辅导员在院系兼任其他岗位工作的现状很难得以彻底改变。如何统一二级单位和学校对不同发展阶段辅导员的考核标准，并依据考核结果提供针对性的培养支持，是提升辅导员队伍科学管理水平、凝聚辅导员职业归属感的重要方面。辅导员要主动了解辅导员岗位职责和职业能力标准，自觉对照考核要求，按照“全面发展、专业精

深、长期从业”的专业化、职业化发展目标，严格要求和规范自己的从业行为；正确认识“分内工作”和“兼职工作”的关系，主动挖掘“兼职工作”中的育人资源，通过自觉的转化，促进本职工作的开展。院系要充分考虑辅导员的岗位职责要求和工作特点，尽力安排符合辅导员专业特点和兴趣特长、有利于资源整合、可促进辅导员工作开展和育人目标实现的工作，充分考虑辅导员“分内工作”和“兼职工作”的比例和对单位的贡献率，通过绩效考核，在物质和精神上给予肯定和鼓励，提供可能的发展晋升通道。对无法胜任或兼顾好两者关系的辅导员，要积极与学校学生工作部门沟通，为其提供合适的培养支持或流出通道。学校和教育主管部门要在充分尊重院系考核标准的基础上，坚持把握对辅导员的最终考核权，坚持将辅导员专业化、职业化能力素质和育人实效作为辅导员考核的主要依据。同时，要加强对院系及学校辅导员团队的考核管理，以督促院系和学校将对辅导员个性化成长的支持落到实处。

5. 以团队建设为依托，做好辅导员梯队建设

在辅导员发展过程中，会因为不同的任务、不同的情境、不同的发展阶段、不同的发展诉求、不同的队伍归属形成不同的辅导员团队。做好不同类型的团队建设对于辅导员队伍建设具有重要推进作用。辅导员要根据自己的职业发展阶段、专业化发展兴趣、具体工作任务需要，主动归属、积极参与各种辅导员团队建设，并在团队建设的过程中主动学习、积极作为，在精品团队打造的过程中实现自身的专业化成长。对院系而言，要根据专兼职辅导员特点，在打造单位特色的辅导员团队的过程中凝聚育人共识、形成育人合力，实现辅导员队伍在专业特长、年龄结构、发展阶段上的有效互补和衔接。学校和教育主管部门，要充分整合全校或所辖区域内辅导员队伍资源，通过任务式或兴趣式的团队组合形式，加强辅导员队伍交流，激发辅导员队伍的专业化、职业化互助自觉。如鼓励跨学科交叉融合的理论——实践研究团队，牵线以兴趣特长为连接点的发展共同体，开展同一职业发展阶段辅导员沙龙，打造不同发展阶段辅导员的传帮带计划等，让辅导员在团队归属中获得专业化、职业化发展动力，提升职业认同感和归属感。

6. 搭建多样化平台，提升专业化能力

辅导员的成长发展经历揭示出多样化的工作实践和锻炼平台是帮助辅导员探寻专业化职业道路的重要途径和载体。辅导员要善于把握实践机会，将被交付的每一项工作任务都看作职业成长的契机；按照工作职责要求，主动寻求锻炼平台，在展示自我或发现不足的过程中完善自己的专业能力。院系要适才而用地为辅导员提供锻炼平台，帮助其在发挥特长的过程中创获职业成就感；对于辅导员应当提升的专业技能，要递进式地提供任务机会，帮助其逐步提升专业化能力。学校和教育主管部门可以通过组织各种专业化职业能力竞赛和风采展示大赛，择优选送辅导员参加更高级别的竞赛，以赛促能；也可以根据辅导员阶段性发展特

点、绩效考核情况、个人兴趣爱好等，定期选送辅导员跨院系、跨校、跨地区进行挂职锻炼或岗位交流，以拓宽辅导员专业化视野，提升辅导员专业化能力。

7. 健全流动机制，凝聚全员育人共识

人员流动是辅导员队伍发展过程中不可避免的现象，也是辅导员队伍发展活力的体现。这个过程中可能会出现两种状况。一种是辅导员个体对自身专业化、职业化发展的方向性选择逐渐清晰坚定。对这一部分辅导员，需提供专业化的职业理论、政策理论、发展理论支持，帮助他们搭建各种展示平台和交流平台，进一步畅通专业化、职业化发展的上升路径，使他们能够有机会成为某个专业工作领域的专家，并能通过适当的方式发挥他们在辅导员工作实践和研究中的引领作用。一般而言，如果能够在转型变化这一阶段取得专业化、职业化发展的机遇和成果，就可以为其终身从事辅导员工作奠定基础。另一种可以分为两种情况：一是辅导员个体通过综合考量，希望通过转岗、交流、创业等形式中断或终止辅导员工作；二是根据社会、学校需要，在尊重个体意愿的基础上，成为社会各行各业、学校各职能部门的管理、教学或科研骨干。对这些在辅导员工作岗位上得到全面锻炼并做出贡献的辅导员，要给充分理解和信任，合理安排、积极举荐、跟踪培养，让他们在新的工作岗位上发挥作用，成为合力育人体系中的骨干力量。同时，也展现出对辅导员队伍的切实关注和悉心培养，增强了辅导员队伍的吸引力和凝聚力，为辅导员队伍人才回流和育人资源整合奠定良好基础。

第二节 新时期高校辅导员队伍建设能力提升的策略路径

加强辅导员队伍的内涵式建设，充分发挥这支队伍凝聚力和战斗力强的优势，从思想认识、素质能力等方面提质增效，为实现工作任务、落实工作要求提供动力源和催化剂。本章强调科学谋划，内外联动，将辅导员队伍职业素质能力提升从激发内生动力（个人学养修炼层面）以及强化外部动力（辅导员队伍建设层面）两个层面进行分析。两个层面相互结合、相互促进，形成高校辅导员队伍职业素质能力提升的策略与路径建议。

一、激发高校辅导员素质能力提升的内生动力

辅导员个人学养的高低，是提升大学生人才培养水平，造就品德优良、知识丰富、本领过硬的高素质人才的必备条件。辅导员的个人学养通常是高尚的道德风范、丰富的知识修养、健康的心理素质、适度的仪容仪表等方面的综合体现。辅导员的个人学养不是与生俱来的，而是需要后天的磨炼、修养，要从以下五个方面下功夫：调动阳光心态，激发职业内驱力；夯实理论基础，强化知识内化

力；练就精湛技能，提高业务胜任力；做好生涯规划，提升职业续航力；打造个人品牌，彰显特色创造力。

（一）调动阳光心态，激发职业内驱力

内驱力是由需要产生的，受外界条件影响，是推动个体活动的内部驱动力。美国心理学家弗雷德里克·赫茨伯格（Fredench Herzberg）提出的双因素论，即“激励因素-保健因素理论”，认为影响人的行为积极性的因素有两类，即激励因素和保健因素，它们彼此以不同的方式影响人们的工作行为。而辅导员的职业内驱力的激发也是由“自我激励因素”和“制度保健因素”所组成的合力激发出来的，既来自个体内部的激发作用，也来自外部制度、目标的诱发作用，这两者是不可分割的整体。

“自我激励因素”与辅导员在工作中的感受性等内在因素有关，主要来自个人的自我认知、目标设定和成就感体验等，能够真正激发和提高工作积极性。这类因素如果缺失或者不足，辅导员未必会很不满意，但却能严重影响工作的效率；这类因素若得到激发或促进，辅导员就会很满足，从而提高工作积极性和投入度，并通过持续性的自我强化，发挥稳定的自我激励作用。“自我激励因素”能有效地激发辅导员的成就动机，即推动辅导员去追求与完成自己所认为最重要、有价值的工作，并且设法将其达到某种理想地步。

高校辅导员队伍中存在职业理想不坚定、职业认同不牢固、职业定位模糊、职业认同感低、职业兴趣薄弱等职业认同问题，这些问题一方面与辅导员群体的社会认可度有关，更多则取决于辅导员个人的自我认知。辅导员的工作对象是活生生的个体，有情感、有思想，需要辅导员情感的投入，用心用情才能把工作做好。

1. 提升自我意识

大多数研究者认为，良好的自我意识可以强化辅导员的职业认同感，促进辅导员对其定位、职能和行为进行有效的自我反省，并随时进行自我调整和改进，从而提高工作的有效性。那些不断发展自我成长性和自我意识的辅导员，与那些自我意识较弱的人相比，其自我发展的内在动力会更加明显和持久。

辅导员要对自己的角色和职能、能力素养和行为方式、职业发展前景等有准确的认识和判断。从事辅导员这一职业之前，要认真了解岗位职责，剖析自身兴趣爱好，做到人职匹配。从业之后，更要深挖辅导员职业内涵，通过重温辅导员誓词、领会辅导员精神、学习辅导员先进典型、培养职业理想等方式消除职业倦怠和发展迷茫，增强职业带来的成就感、认同感和归属感。

当然，由于辅导员行业发展刚刚起步，对于许多辅导员来说，未来的道路和自己的职业前景是模糊不清的，他们在目前的工作环境中很难找到理想的职业楷模，所有的想象更多的来自刚成文或正在拟定的制度和条例。倘若辅导员缺乏自我意识，其目标的牵引力也会不足，激发“自我激励因素”无异于一句空话。应该说，辅导员自我意识的良好成长与发展是有效开展辅导员工作、科学规划辅导员职业发展、积极应对辅导员职业倦怠的重要前提。

因此，在高校辅导员队伍中，必须加强培训和交流，需要让他们充分了解行业发展的前景，并对自己的辅导员职业生涯做出合理的规划；需要帮助他们理解自我角色的定位和职能范畴，这对于具有不同学科背景的辅导员尤为重要，也是实现辅导员专业化培养的第一步；需要引导辅导员寻找自身与辅导员工作所必需的能力素养之间的差距，并有意识地自觉提升工作能力和素质。

2. 确立内在自我成长目标

人的内在自我成长表现为从事一项职业时所具备的知识、观念、心理素质、能力、内心感受等因素的组合及其变化过程，注重的是取得成功的主观情感。内在的自我成长目标一旦实现，能力得到了提升，并内化为个人精神财富，就会产生强烈的自我满足感。期望理论认为，目标的目标价值越高，且较易实现、又具有可控性，其产生的激励作用越大。

因此，要引导辅导员了解并认识到自我成长和成熟在人生发展中的关键性作用，自主地确立自我成长性目标，并充分认识到其在自我激励中的关键性支撑作用。内在自我成长的目标体系由各种工作的综合能力所构成，高校辅导员的工作能力有思想政治教育的核心能力，有日常管理、人生导航、稳定工作、危机应对、心理辅导、职业生涯辅导和网络辅导为主的学生事务管理的关键能力，还有管理、学习、研究、创新等能力所构成的基础能力。

3. 拓展职业生涯成功标准

职业倦怠和职业迷茫的出现与辅导员的职业路径规划不清晰、难实现有关。辅导员的个人发展要建立在明确的职业规划基础上，每一位辅导员都应该综合自身所掌握的知识、所具备的能力、个人的优势和劣势以及所处的工作环境等因素，设计出适合自己追求和发展的职业目标，并明晰实现目标的路径。对于职业生涯成功的评估，除了主观标准和客观标准之外，还可尝试以辅导员的职业“成长性”为视角，从持续目标的行为导向来构建辅导员职业生涯“过程成功”的标准。每一个过程目标的实现都为下一阶段的生涯发展搭建平台，目标实现的连续性过程也展现了辅导员迈向职业成功的路径。将个体自身的努力与职业生涯成功的评价标准相结合，能引导辅导员更加注重职业追求的价值性、过程性、意义性和自我挑战性，更重视内在的心理品格，对生命意义的体验和精神上的满足。

因此，辅导员不要忘记自我发展，可以通过论坛、研讨会等方式，搭建发展自我、展示自我的平台。辅导员之间也要注意相互提醒，相互帮助，这也是促成辅导员专业发展的有力武器。另外，辅导员在工作中千万不能忘记自己刚刚参加工作时的激情和梦想，要强化自我教育意识，逐步树立起明确的自我发展目标，并持续不断地为此目标努力，这才是确保辅导员专业发展的持久助力，是从根本上保障辅导员工作质量的治本之策。

4. 做好自我教育和发展

辅导员要怀揣梦想，做好自我教育和自我发展。

一是要学会学习，并坚持学习。终身学习的理念在当今社会已经越来越被认可和重视，辅导员不是万能的，辅导员面对的工作对象和工作环境也在持续不断地发生着变化，面对不断变化的世界，辅导员的学习能力就显得尤为重要。现实需要辅导员善于学习、主动学习、不断学习，以求为自己的专业发展不断输入动力。

二是要主动反思。坚持在实践中反思，在总结经验、吸取教训中不断提高自己，是辅导员专业化成长的有效途径。“反思”不是一般意义的“回顾”，而是对自己的工作实践和周围的教育现象、教育问题的理性思考。福柯说：“反思就是对熟悉的东西再次陌生化。”美国著名学者波斯纳曾经提出教师成长的公式为：教师成长=经验+反思。这充分说明了现代教育环境中反思对于一个教师成长的积极意义。辅导员要在工作中主动反思，经常反思，只有如此，才能不断总结自己的工作经验，在不断的自我超越中实现自己的专业成长。

随着以人为本理念的落实、教育观念的更新以及缴费上学制度的实施，学生与学校之间的关系已经从传统的伦理型关系逐渐演变成为有条件的契约型关系，学生往往以消费者的身份对自己与学校的关系进行重新审视，对学生工作的内容、质量和水平也提出了更高的要求。在这样的情况下，处于学生工作一线的辅导员在为自己设计专业发展内容和路径的时候，特别要注重学生的独特需求。只有真正将学生的需求融入辅导员专业发展之中，才会达到双赢的效果，在促进辅导员专业发展的同时，提升学生对辅导员工作乃至学校整体教育工作的满意度。

（二）夯实理论基础，强化知识内化力

辅导员是开展大学生思想政治教育的骨干力量，是高校学生日常思想政治教育和管理工作的组织者、实施者和指导者。想要承担好辅导员岗位的职责和使命，就必须自觉努力掌握学生教育管理的基础知识，更新观念，加强学习，在头脑中构建适应时代发展要求的专业化知识体系。筑牢理论根基，在实践研究中不断促进理论知识的内化，才能逐渐提高育人水平。

1. 筑牢高校辅导员理论根基的重要意义

理论是人们思想和行为的根据，理论上的成熟是政治上成熟的基础，理论功底也是决定职业能力高低的重要因素。拥有深厚理论功底的人，容易对事物形成正确、深刻的认识，也能够透过事物的现象看到事物的本质，并准确研判事物发展的方向，制定出科学的决策，有条不紊地展开工作，减少工作中的失误。辅导员的职业工作、辅导员的能力发展需要扎实的理论功底，这种理论功底既体现为对马克思主义尤其是马克思主义中国化理论的深刻理解、对中国特色社会主义思想政治教育理论的深刻把握，也表现为辅导员较高的思想政治觉悟和分析问题、解决问题的理论思维能力。

（1）思想政治教育工作内涵的要求。思想政治教育工作内涵要求辅导员必须有坚定的马克思主义信仰，用马克思主义的历史唯物主义和辩证唯物主义观点、方法分析问题。辅导员要理解和把握人类历史发展规律、社会主义建设规律和共产党执政规律，不断增强对马克思主义的理论自觉。辅导员必须具备正确的政治观点，鲜明的政治立场和政治态度，良好的政治品质，良好的世界观、人生观、价值观和道德人格。对以习近平同志为核心的党中央衷心拥护，对习近平新时代中国特色社会主义思想高度认同，成为马克思主义的忠诚信仰者、社会主义核心价值观念的践行者、党的思想政治教育工作任务的贯彻执行者和高质量完成者。

（2）思想政治教育工作职责的要求。思想政治教育工作职责要求高校辅导员谙熟中国特色思想政治教育理论。辅导员应认真学习领会、全面准确把握习近平总书记关于教育的重要论述的科学内涵和精神实质，深刻理解和把握党对教育事业全面领导的根本要求，坚持优先发展教育事业的战略部署，坚持社会主义办学方向的政治原则，深刻理解和把握坚持深化教育改革创新的鲜明导向，明确立德树人根本任务、培养德智体美劳全面发展的社会主义建设者和接班人的伟大使命。遵循思想政治工作规律，遵循教书育人规律，遵循学生成长规律，自觉提高教育情怀、职业情怀，不断提升教育自觉的境界。

（3）思想政治教育实践的要求。育人的实践要求高校辅导员具备较高的理论思维能力和水平。要增强教育的说服力、感染力，就要加强理论研究。辅导员应学会和掌握理论思维，包括战略思维、创新思维、辩证思维、法治思维、底线思维，树立历史的、哲学的、开放的、创新的思维观念和思维方式。具有战略的、辩证的、历史发展的思维，才能引导学生正确认识世界和中国发展大势，正确认识中国特色和国际比较、正确认识时代责任和历史使命，正确认识远大抱负和脚踏实地，才能不断保持对国史、党史的高度自信，对客观真理的深邃探索，进而执着追求美好梦想，体现出对时代精神的高度自觉。树立开放式思维、创新思维，就是要有不畏艰难、敢于尝试的求索精神，勇于探索真理的胸怀与气度，不断开展教育的思想创新、理念创新、方法技术创新和模式创新。

提高理论思维能力和水平，最根本的就是坚定理想信念，加强对伟大中国梦的思想自觉和行动自觉，不断增强“四个意识”，即政治意识、大局意识、核心意识、看齐意识，更加坚定“四个自信”，即中国特色社会主义道路自信、理论自信、制度自信、文化自信，保持对实现中华民族伟大复兴中国梦的坚定信心。

（4）思想政治教育工作本质的要求。提高理论水平是思想政治教育工作的本质要求。辅导员的专业素养是指从事辅导员工作所必备的特质，包括专业精神、价值观念、专业态度、专业伦理、专业知识、专业技能等。在一定的意义上讲，辅导员的专业素养即辅导员的职业能力，辅导员的理论水平则是辅导员专业能力的重要体现。扎实的思想政治教育理论无疑是提升辅导员核心能力即思想政治教育能力所必需的。辅导员深厚的理论根基源于对教育事业的一片赤诚，源于对思想政治理论的深入钻研，源于对思想理论问题的多年浸润和对教育实践问题的领悟。辅导员入职，并不意味着已经具备了较高的思想政治教育理论水平，辅导员要提高思想政治觉悟与理论水平，必须按照习近平总书记的要求，着力在坚定理想信念、厚植爱国主义情怀、加强品德修养、增长知识见识、培养奋斗精神、增强综合素质上下功夫，培养一代又一代拥护中国共产党领导和社会主义制度、立志为中国特色社会主义奋斗终身的有用人才。

2. 构建高校辅导员专业化知识体系

高校辅导员工作量大，涉及面广，这就要求辅导员具备多元化的知识结构。零碎的理论知识不能为辅导员工作提供有力的支持。需要帮助辅导员构建专业化知识体系，以激发辅导员素质能力提升的内生动力，让理论知识能够为辅导员的实际工作提供更好的指导。辅导员专业化知识体系包括以下内容。

（1）专业知识。

1）马克思主义理论知识。马克思主义是大学生思想政治教育的基础理论。辅导员必备的马克思主义理论知识主要包括马克思主义的科学理论体系和中国特色社会主义理论体系。

2）思想政治教育的专业知识。大学生思想政治教育是一项特殊的社会实践活动。辅导员必备的思想政治教育的专业知识，主要包括高校思想政治工作原理、高校思想政治工作方法论、党的思想政治工作史等。

3）思想政治教育的相关学科知识。大学生思想政治教育理论的多学科性和大学生知识面的宽广性决定了辅导员必须具备广博的相关学科知识：一是与大学生思想政治教育相关的知识，如教育学知识、心理学知识等；二是与高校工作有关的知识，如高等教育学知识、高等学校管理学知识、高等学校心理学知识等；三是与自己的具体工作对象和工作环境有关的专业知识，即各院系的辅导员都应该了解本院系的专业知识，各部门的辅导员都应该熟悉与本部门业务有关的专业知识。

（2）基础知识。

1）工具性知识。包括写作知识、谈话知识、计算机与网络知识等。写作知识是辅导员必备的基础知识之一，写作作为人类社会传递信息、交流思想、传播知识的手段，在工作中的应用非常广泛。谈话知识是辅导员必备的第二项工具性知识，大学生的日常思想政治教育大多数是在辅导员与学生的谈话中完成的，是通过报告、讲解、座谈、个别谈心等方式循循善诱地说服工作对象的。辅导员必备的第三项基础知识是计算机与网络知识。现在跨入了以计算机与网络为主要学习、工作、生活手段的信息时代，学习和运用不断更新迭代的，如QQ、微信、微博、抖音、快手、剪映等“人类通用技能工具”已成为辅导员日常工作的一部分。

2）非工具性知识。包括美学知识和人文知识等。美育不仅能促进大学生性格的全面发展，而且能开拓他们的思维、净化他们的心灵。同时，美育是培养德智体美全面发展的大学生的重要任务。辅导员必备的美学知识主要包括由内在精神美和外在形式美组成的自身美知识、环境美知识和艺术美知识。人文知识是人类关于人文领域、精神生活领域的基础知识。辅导员必备的人文知识主要包括历史知识、文学知识、宗教知识、道德知识等，它能够提高辅导员的文化品位、审美情趣和人文素养，而且在大学生中普及人文知识也是推进高校素质教育的一项重要工作。

3）生命科学知识。生命科学是研究生命现象与生命活动的本质、特征，发生、发展规律，以及各种生物之间和生物与环境之间关系的科学。生命科学知识是辅导员的良师益友，可以指导学生珍爱生命，享受健康的生活，提高健康素质。尤其是在当前疫情防控常态化背景下，生命科学知识在辅导员的管理和育人实际工作中，显得尤为重要。

4）民族文化知识。辅导员要营造团结和谐的教育情境，必须掌握民族理论、民族政策法规等知识，了解并尊重民族习俗文化，才能与各民族学生拉近距离，思想政治工作才能真正深入其心，从而使学生在潜移默化中增强中华民族自豪感和凝聚力，自觉抵制境内外民族分裂势力挑唆。这样我们的教育才能既保持民族特色又能与时俱进。

3. 构建具有中国特色的高校学生事务管理知识体系

开阔视野格局，夯实职业发展基础。我国高等教育的快速发展，对辅导员素质能力提出了更高的要求，新时代的高校辅导员除应具备马克思主义理论、哲学等学科的基础知识，思想政治教育等相关专业知识和《教育法》《高等教育法》等法律法规知识外，还要具有综合驾驭知识和熟练运用知识的能力。辅导员可以借助书籍、新媒体平台、校内外学习培训等契机广泛吸收知识，开阔知识视域，扩展知识格局；养成关心时政，关心高等教育发展，多看、多学、多记录的良好习惯。

北京师范大学思想政治工作研究院院长冯刚在其发表的《改革开放以来高校思想政治教育发展史》一文中指出，随着我国高等教育国际化程度的日益提高，“高校辅导员应当有开放的心态和视野，主动学习吸收国外高校学生事务管理的优良经验，构建具有中国特色的高校学生事务管理体系”。辅导员要将所学知识进行系统的思考整理，完善自身知识体系，以便在工作中更加得心应手地运用。中国矿业大学赵春晓、龙景奎在《高校学生事务管理知识体系的构建》一文中，提出了以“两层次三维度多线索模块化结构”构建高校学生事务管理知识体系框架的研究成果，提出基于学生发展的学习生命周期理论，分析学生事务管理知识模块、学生事务管理工具方法和管理成熟度模型等，并提出了构建学生事务管理知识体系的对策和建议，为全面提高高校辅导员工作的科学化提供了可借鉴的理论和方法。

赵春晓、龙景奎着眼于构建中国高校学生事务管理知识体系的目标，基于体系化与模块化的要求，按体系框架和模块化结构提出了高校学生事务管理知识体系框架，把高校学生事务管理框架体系总体分为“两层次三维度多线索模块化结构”。其中模块化结构是指将学生事务管理知识组成一系列相对独立的知识模块，基本组成单元就是一个课题知识模块；两个层次就是知识和方法；三维度是学生发展的时间维度、学生事务管理的逻辑维度和思维方式维度；多条线索是指按照学生学习生命周期阶段和职能领域等多条线索来组织学生知识管理体系的知识模块。

学生事务管理应当注意把大学生学习周期阶段化，按照阶段化的线索，探索各个阶段所具有的规律与特点，有针对性地进行研究，把握普遍规律，进而开展工作。随着信息化技术的迅速发展和社会环境的发展，各个年龄时段的大学生出现不同的特点，要研究不同年龄段在大学学习生命周期中的阶段特征，形成具有实际可操作的阶段管理知识模块。一般来说，可以把大学生以学年时间为周期进行阶段划分，也可以根据实际情况进行划分。划分不应当是时间点，而应该是一个时间区域。划分阶段应该以所呈现的不同的阶段特征为标准。一般而言，大学生会经历入学兴奋阶段、适应阶段、疲劳阶段、毕业阶段，在不同的阶段会表现出明显的阶段性特征，要考虑不同阶段的特点进行有效的事务管理。同时，要把大学生涯规划指导与学生发展阶段的规律结合起来，研究不同阶段的生涯规划与指导，使之能够具有不同阶段的适应性和针对性。

4. 鼓励参与科研，促进知识内化

时代的变迁给辅导员提出了更高的要求，他们需要不断地学习来给自身充电，需要继续接受更高一级的教育来适应时代的发展。辅导员应通过课题研究、论文撰写等方式，以输出倒逼输入，通过进行思想政治教育的研究和探索，来促进理论知识的内化，提高自身的职业理论素养、思想教育管理的科学性与系统性以及自身的工作积极性。

（1）提升高校辅导员职业能力迫切需要科研引领。辅导员的研究能力既是基础性能力，也是发展性能力，更是职业核心能力的关键要素。不断变化的教育情境、错综复杂的教育问题，需要辅导员具备问题分析能力、调查研究能力，创新思想政治教育工作需要辅导员以研究能力为支撑，研究与辅导员职业工作具有天然的不解之缘。思想政治教育本身是一个注重应用的学科，关注的是现实问题、研究的也是现实问题。作为一名辅导员，在思政领域有着先天的优势，有着大量实践的机会。因此，引领辅导员开展教育科研，可以扩展理论视野和学术眼界，把辛苦转化为成果，把经验上升为理论，在攀登科研高峰的进程中，增强能力水平，引领职业发展方向。

（2）以课题研究为抓手，提升学术研究能力。辅导员的思想政治教育水平既是一种教书育人的水平，也是一种学术研究的水平。辅导员的政治敏锐度、政治鉴别能力、价值引领和思想引导能力源于对党的方针政策路线的深沉理解，源于对教育问题的认真思考和冷静判断，源于对教育经验的积极吸纳和实践反思。育人的使命要求辅导员必须在实践中研究，在研究中实践，辅导员职业能力的发展也总是与问题的研究结伴而行。高校的文化底蕴、学术氛围也要求辅导员具有研究意识、问题意识和学术意识。提升辅导员的学术研究力既需要辅导员的自我学习和自我提高，也需要学术研究氛围的创设、对学术研究积极性的激励和对学术研究行动的支持。因此，从促进辅导员研究能力提高的角度，应加大对辅导员科研活动的引领，鼓励和支持辅导员开展课题研究，为辅导员的课题研究打开方便之门。依据国家的相关政策措施，通过哲学社会科学研究项目申报、思想政治教育专项课题申报、优秀辅导员论文评选等，加大辅导员的学术研究力度和深度，提高辅导员队伍的专业化、专家化水平。实际上，一些高校，尤其是办学层次较高的大学，在支持辅导员课题研究上纷纷出台激励性措施，如在课题研究上提供经费支持，额外开辟立项研究通道等。

（3）在推进学术交流中提高高校辅导员的学术素养。高校具有教学与研究的双重任务，高校辅导员置身于文明传播、科学研究的氛围中，有不断提高科研水平和学术素养的良好条件。学术素养是指进行学术研究时内在的规范和要求，是个人在学术研讨过程中所表现出来的综合品质。学校应努力创设学术交流的平台，以培养辅导员的学术意识、学术伦理规范和学术能力。应通过举办学术报告会、学术研讨会、学术专题讲座等方式，展示学科知识前沿，丰富辅导员的专业知识结构，培养辅导员浓厚的学术兴趣。也可通过学者互访、校际交流等方式，交流工作经验，提升学术品位，实现信息资源共享，增强学术体验和学术乐趣。

5. 树立终身学习理念，不断充实理论知识体系

对于辅导员而言，终身学习已经是一个基本的职业守则，《辅导员职业能力标准》中已经对此做出明确规定。在对辅导员展开的访谈中，一位辅导员老师提道：“一名优秀的辅导员既能处理好各项事务性工作，又能在学习中促进自身能力的提升。”可见，辅导员工作虽然繁杂，但只要做到爱学习、勤学习，便能在零散的、碎片化的时间中加强学习，在日积月累中提升自身的核心能力。所以，

辅导员要树立终身学习理念，才能形成不竭动力，以学习提升能力、解决困难、促进成长。一支具有生命力的辅导员队伍，一定是一支学习型辅导员队伍，具有终身学习的观念和终身学习的能力，从而不断充实自身理论知识体系。

（1）高校辅导员要充分认识终身学习的必要性。高校辅导员要树立终身学习的理念。理念是行动的先导，只有将终身学习的理念内化为辅导员的认识，才有可能外化为辅导员持续不断的学习行动，才有可能培养学习型辅导员，推动学习型队伍建设。从社会发展出发，当今世界在飞速变化，知识更新的速度大大加快，学习型社会要求每一个社会成员都应该成为终身学习者，辅导员也不例外。从辅导员职业出发，辅导员面对的是千头万绪的工作内容、千变万化的工作情况，以及千姿百态的工作对象，要高质量地完成工作，仅停留在原有的知识技能水平上已经远远不够了，必须不断学习提升自身的专业素养。辅导员是学生学习的引导者，自身如果不具备终身学习的理念和行动，就谈不上对学生“言传身教”。唯有辅导员树立终身学习的理念并付诸行动，才能影响学生的学习的态度和行为；唯有辅导员具备不断学习的能力，才能提高学生的学习能力。所以，辅导员首先要自己树立终身学习的理念。

（2）高校辅导员要突破传统学习观念的束缚。传统的学习观认为学习是单一的、被动的，具有维持性、阶段性的，然而事实上辅导员的学习应当是全面的、主动的、创新的和终身性的。辅导员不能将学习内容单单局限在思想政治教育学科领域，而是要把学习内容拓展到其他的学科领域和人的全部知识世界。这需要辅导员转变被动地接受学习和培训安排的状态，从“要我学”转变为“我要学”。同时，辅导员不能将学习局限或停止于学历教育，而是要将学习延伸到辅导员的职业生涯和整个生命旅程，面向发展，面向未来。创新是必然趋势，因为仅仅依靠原有知识的维持来应对社会和工作的要求已经不可能。反之，带有“预见性”的创新学习才能引领辅导员在工作中走向未来，突破自我。

（3）高校辅导员要具备终身学习能力。终身学习对辅导员而言，是自身能力素质和知识水平不断提升、持续追求、精益求精的过程，是自我完善和持续成长的过程。具备观念上的认识还仅仅只是起点，必须具有将观念外化为持续的学习行为的能力，只有落实了终身学习的行为，才算真正实现了终身学习。落实终身学习，辅导员至少应该具备以下几方面的基础能力。

一是要具备发现学习需要的能力。需要引起动机，动机产生行为，行为驶向目标。学习需要是引起学习行为的驱动因素。按照马斯洛的需求层次理论，需求是有层次的，在低层次需求得以满足后才能出现对较高层次需求的追求。在终身学习的过程中，辅导员应当具备不断发现和挖掘自身学习需求的能力。例如新入职时，辅导员要善于发现自身原先的专业知识结构与应对新工作所需要的知识之间的差距，明晰自己下一步的学习需要，并通过不断学习来满足这种需要；工作一段时间后，当补充辅导员工作的基本知识的学习完成后，辅导员要善于挖掘自身更高层次的学习需要，明晰与成为辅导员工作某方面专家之间的差距，并以此确定学习方向。如果辅导员不具备发现自身学习需要或持续发现学习需要的能力，很可能就不具备学习的动力，仅仅是安于现状，被动接受工作新问题对自己知识能力体系的挑战。

二是要具备科学规划学习的能力。人从出生开始将分别经历幼年、少年、青年、中年、老年几个不同的阶段，每个阶段的学习方式和状态都是不一样的，正如古人云："少而好学，如日出之阳；壮而好学，如日中之光：老而好学，如秉烛之明。"如果说辅导员在青少年时期大多是处于接受学历教育、被动学习的状态，只需要按照规定的培养路径和培养内容接受教育即可，那么进入工作状态以后，辅导员的学习则更多地表现为一种自主状态，要不要继续学习、学什么、如何学这些问题都需要自己去决定。所以对于持有终身学习理念的人而言，科学规划学习的能力必不可少。没有学习规划就会迷失学习方向，变得杂乱无章，终身学习的效果也会大打折扣。因此，学习型辅导员必须能够对学习进行科学的规划，要根据在不同职业生涯阶段自身所面临的情况、问题和需要提升的知识能力，来分别安排学习的侧重点和学习形式。关键还要分层次设定学习目标，有了明确的学习目标才会激起强烈的学习要求和求知欲望，并且激励自己在学习过程中表现出良好的注意力和克服困难的意志。

三是要具备维持学习状态的能力。坚持终身学习不是一件容易的事情，和任何事情一样，学习也不可能总是万事俱备、一帆风顺，在过程中总归会遇到这样那样的困难和阻碍。辅导员在终身学习的过程中对此要有心理准备，要具备随时用自己的能力和智慧应对学习道路上各种问题和困难的能力，而不是一遇到困难就放弃或放松学习。例如在经过一段时间的工作后，辅导员难免会遇到各种工作压力，并遭遇职业倦怠。此时辅导员必须具备应对调整能力，而不是让这些问题成为阻碍辅导员学习的因素。辅导员可以通过释放压力，缓解不良情绪，寻求积极认知，调节学习目标和节奏等方式来应对这些问题，最终开辟一条适合自己情绪状态的持续学习之路。

（三）练就精湛技能，提高业务胜任力

高校辅导员的职业能力，尤其是核心职业能力，是在工作过程中形成的。核心能力的培育，既是外部灌输式培养、技能化训练的过程，也是辅导员个体自我学习、自我训练、自我反思的过程，更是内部积累与外部获取相结合、内部要素能力与外部工作平台交相融汇而不断建构的过程。研究辅导员能力提高的实践路径，重点不是指向辅导员应该怎么做，而是指向应该为他们的发展提供什么。

1. 创造条件，推进高校辅导员能力的实践养成

思想政治教育的本质是实践，辅导员职业能力提高的关键也是实践。高校是

辅导员开展各项工作所依托的平台，是其提高专业技能的训练场。高校可以根据具体校情来开展有针对性的辅导员职业能力培养活动，通过以老带新、榜样示范、典型引路、案例分析、专题研讨等方式，打造优质的校级辅导员职业能力培养平台，营造高校辅导员职业发展的良好氛围，提高辅导员的专业技能，提高辅导员分析问题、解决问题的能力，提高辅导员的职业认同感、责任感和职业进取意识。引导辅导员深入实际，调查研究，收集工作案例，建立自己的职业能力培养资料库，在实践中理解思想政治教育的意义，领悟思想政治教育的真谛。引导和督促辅导员要从“做中学”，统筹工作过程与学习过程，将工作过程学习化、学习过程工作化。辅导员的专业学识与专业技能需要组织培养与实践养成。国家及各地开展的高校辅导员职业能力大赛表明：以赛代训式的辅导员能力竞赛活动，从理论水平到解决问题能力，从文字表达力到思政工作艺术，辅导员的职业素养得到全面历练与提高，有辅导员领悟：“最大的收获，不是比赛成绩，而是在准备比赛过程中的积累与提升。”

2. 目标分类，引领高校辅导员多样化专业发展

高校应建立辅导员职业能力培养的动态目标体系。走多样化发展道路，是稳定骨干队伍、建立职业认同、完成经验积累和传承的必由之路。学校要根据辅导员职业发展的不同阶段、专业发展的不同层次、专业背景的不同走向、对职业发展前景的不同诉求，帮助每一位辅导员建立层次不同、各具特色的职业发展规划，引导辅导员职业能力动态地、多样化地发展。确定骨干辅导员、专家型辅导员、双肩挑辅导员等不同的发展目标，支持辅导员通过不同的发展道路开辟职业前景，如鼓励辅导员兼任思想政治理论课或开设形势政策课，鼓励辅导员开展学术交流等，引导他们将个人前途与队伍建设的整体目标结合起来。

3. 搭桥铺路，提升高校辅导员的核心职业能力

学校应积极搭建理论学习、业务培训、素质拓展、技能竞赛、实践锻炼、外出研修等平台，为广大辅导员从业、敬业、乐业提供坚强支持和可靠保障。立足高校的文化底蕴，促使辅导员扩展知识，拓宽理论视野。通过组织参加新时代辅导员典范的塑造和优秀辅导员团队的创建活动等，弘扬高尚的师德，感召和引领广大辅导员，全面提升高校辅导员思想政治工作的质量和水平。辅导员的专业素养是辅导员职业能力发展的前提和基础，也是辅导员职业发展的内在驱动力和根本保证。辅导员职业能力建设不仅要重视专业精神和专业道德的建设，更要关注和支持辅导员专业学识与专业技能的积累。贵州师范大学邱尹博士认为，高校辅导员的专业化职业化发展，不仅要解决高校辅导员主体的物质和制度性保障问题，还要解决辅导员的核心素养发展问题，而核心素养的提升才是积极应对大学生思想政治教育需求的根本，这一矛盾的解决最终又会促进高校辅导员专业化、职业化的发展和稳定。

高校辅导员职业素养是在践行工作职责过程中形成的，是一种“积累性学识”，也是其他工作岗位难以具备和难以模仿的关键能力。辅导员在育人的功能发挥中，无时不依托专业学识与专业技能的积累，依托长期形成的文化底蕴。辅导员的专业学识本身就是一种人文积淀，是古今中外人文领域基本知识和成果的积累，蕴含着认识方法、实践方法、审美情趣和科学精神。

辅导员的专业技能既是一种经验知识，也是一种文化积累现象。从辅导员专业技能的传承与积累角度来说，走马灯式的人员变换、以锻炼为目的的经历式岗位任职、以加强管理为目标的学生事务指向，难以体现辅导员职业存在的专业性价值，也难以积累辅导员职业能力的人文底蕴，不利于凸显辅导员职业发展的良好前景。大力支持辅导员专业学识与专业技能的积累，既要支持和帮助新入职辅导员完成“技能模仿—实践领悟—创新发展”，也要支持和扶植一线专职辅导员骨干的成长与发展，就是要创造一切可能的条件，帮助辅导员实现职业能力的提升。

4. 创新途径，加强网络思想政治教育工作

加强网络道德建设，引导和规范辅导员正确使用网络工具，强化网上言行的法律意识和责任意识。通过网络掌握高校思想政治理论动向和网络舆情，及时发现问题，有效应对涉及辅导员的舆论事件。充分运用互联网和新媒体手段，主动占领网络思想政治教育工作阵地，积极搭建辅导员网络教育服务平台，提升运用网络和新媒体手段开展辅导员思想政治教育工作的能力。积极培育辅导员提高运用网络技术，创新大学生思想政治教育工作。

近年来，越来越多高校辅导员利用网络平台开展思想政治教育，以微信、抖音、哔哩哔哩、知乎等平台为载体，一批网络思政育人平台脱颖而出，产生了较大的反响。特别是微信平台，已成为高校思政工作者开展网络思政最重要的载体。一方面在于微信活跃用户庞大，每天有 10. 9 亿人打开微信，微信月活跃用户突破 12 亿，成为中国互联网历史上第一款月活跃用户突破 10 亿的产品。另一方面，微信平台准入门槛不高，文字成本较低，技术平台操作简便，便于随时转发，及时呈现。然而，目前高校思政工作者在网络思政育人平台运营方面，存在平台内容同质化，运营手段单一化，平台粉丝黏性不足，呈现形式单调，以网文思政代替网络思政，平台精准供给不足等问题。

若要创作出优质的网络思政作品，首先，要相信内容本身的最大力量在于其通过持续内容输出面向用户构建起来的某种强烈的“信任感”。其次，内容的核心打动力往往来源于内容生产者不同于他人的，极度细致入微和深度的经历、体验与思考。好的内容生产者，必然是一个有着丰富生活体验的思考者。再次，作品的内容当作以一种“与读者交朋友”的形式呈现。最后，应该围绕着自己发自内心相信的、喜欢的东西来做内容，让自己的内容与本人尽可能是“合一”

的。正如习近平总书记所言，传道者自己首先要明道、信道。高校辅导员要坚持教育者先受教育，利用好网络平台和大数据技术作为载体，努力成为先进思想文化的传播者、党执政的坚定支持者，更好承担起学生健康成长指导者和引路人的责任。

5. 促进反思，在总结经验教训中不断精进

高校优秀辅导员要学会辨析能力提升过程中的难题，善于总结经验教训，将能力提升中的个别问题上升为一般性问题，由此形成一套系统化、科学化的经验方法，为其他辅导员提升核心能力提供可循之法。在此基础上，辅导员群体应提高学习效率，逐一破解提升难题，努力做到把握育人重难点，化解学生危机事件，促进学生健康成长。

（四）做好生涯规划，提升职业续航力

随着党和国家对辅导员工作的不断重视，高校辅导员的地位越来越得到提升。习近平总书记在全国高校思想政治工作会议上指出，长期以来，高校思想政治工作队伍兢兢业业、甘于奉献、奋发有为，为高等教育事业发展作出了重要贡献。这个高度的赞扬让辅导员职业发展前途变得更加光明。高校要抓住这一契机，优化对辅导员职业生涯规划的管理；辅导员要意识到自身在高等教育发展中的重要作用，充分发挥主观能动性，对自己的职业生涯进行合理的规划。将职业生涯规划这一理念引入高校辅导员队伍的建设中，可以更好地体现高校管理中以人为本的核心思想，同时也可为大学生思想政治教育的可持续发展提供丰富的人才资源。

辅导员是高校管理的核心力量之一，如何引导辅导员做出符合高校发展方向的行为，引导辅导员满足组织的人才需求，从而实现辅导员价值最大化，是每个高校都应关注的问题。只有在和辅导员协商的基础上，设立好未来职业发展目标，选择好职业通道，才能从真正意义上引导辅导员朝着高校需要的方向发展，为高校保留优秀的人才资源。

高校辅导员的发展流动大致有以下几个方向：向学校党政管理工作岗位分流；根据本人意愿结合专业素质和教学科研能力调整到教师队伍；对于工作成绩突出的辅导员，可以由学校推荐参加校外挂职锻炼；推荐辅导员到校企合作企业挂职学习，以增强其对学生指导专业学习的能力；出台激励措施鼓励辅导员进一步深造或参评更高系列职称等。在辅导员发展的过程中，既尊重辅导员个人发展需要，也要立足高校工作大局，尽力为辅导员提供晋升和发展空间。

1. 提供指导与保障

高校要对辅导员职业生涯进行有效的管理与指导，建立辅导员职业生涯档案是基础，搭建平台是关键，完善制度是保障。职业生涯档案中记载的辅导员成长轨迹有助于分析辅导员的职业发展潜力，帮助辅导员设定科学完备、切合实际的

职业生涯规划；辅导员研修基地的设立以及辅导员岗位交流平台的搭建有利于辅导员素养的提升，为辅导员实现职业生涯发展目标提供了充分的条件；聘用、考核、薪酬待遇、晋升等方面的制度与规范是高校科学管理的保障，同时也能够调动辅导员追求职业生涯发展目标的积极性。

2. 优化队伍流动

作为高校管理者，要本着“以人为本”的工作理念，根据辅导员能力、特点、专业特长、工作绩效，优化队伍流动，切实为辅导员的发展创造条件。大部分辅导员在繁重的学生工作中，往往对自身的职业生涯规划感到迷惘，“定点、定心、定位”不清，认为个人发展空间有限。院系为辅导员创造良好的工作氛围和完善的发展机制，体现出对辅导员的关怀与负责，可以使辅导员尽心尽力投入本职工作中，更好地服务学校人才培养工作。

3. 促进学历提升

辅导员博士生培养作为辅导员培训系列中的学历教育，旨在通过研究和学习，使辅导员在掌握相关专业坚实宽广的基础理论和系统深入的专业知识基础上，形成独立从事科学研究工作的能力；依据要求，能创造性地回答学生工作领域关键、前沿和疑难问题，对辅导员职业领域的知识和实践做出贡献。结合本单位培养实际，有47.5%的培养基地提出了区别于学术学位博士生培养目标的、更富针对性的辅导员博士生培养目标，职业指向性更加显著，如东北师范大学提出的“高层次、应用型、国际化”的辅导员特色培养目标。根据多年摸索，教育部已将“高校辅导员在职攻读思想政治教育专业博士学位专项计划”更名为“高校辅导员在职攻读博士学位专项计划”，增设管理科学与工程、公共管理、发展与教育心理学、应用心理学等学科，把辅导员博士生培养项目从思想政治教育单一专业的单一学科依托，发展到多专业的多学科依托，增强了辅导员学历提升的专业多样化。

4. 挂职锻炼培养

应当积极拓宽辅导员非专业化的发展空间，建立定期交流制度，向校外有关部门输送、推荐或选任优秀辅导员到其他岗位和地方单位进行挂职锻炼。各高校通过辅导员到教育部门、各乡镇和街道进行挂职锻炼，或者派辅导员到其他高校进行工作学习，提高高校辅导员综合素质，拓展辅导员发展渠道，发现、培养和储备一批有发展潜力的青年人才。

首先，辅导员要进行自我认知和自我定位，即要充分了解自己的个性特点、兴趣点、能力，并对周围环境进行充分的考察，在此基础上，确定最适合自己的岗位，明确自己的职业生涯发展目标。其次，辅导员要不断学习，寻求发展。当前，很多高校开始出台一些辅导员进学科、进科研团队的举措，即根据辅导员的专业背景、学习经历、职业规划、业务实践等，鼓励辅导员在做好学生日常教育、管理和服务工作的基础上选择研究方向，支持辅导员围绕相关领域、相关学科开展研究，切实解决学生工作中面临的实际问题，调动辅导员科研热情，搭建科研平台，提高科研能力，促进成果产出。辅导员要积极把握机会，提升自身的科研能力，主动追求专业化职业化。

二、构建高校辅导员素质能力提升的外部动力

随着近年来国家对高校大学生思想政治工作重视程度的持续提高，辅导员队伍作为发挥育人效能的重要力量，各级政府、教育部门和高校对辅导员队伍建设的投入力度逐渐加大。高校辅导员队伍素质能力提升，不仅需要辅导员个体层面的学养修炼，还更加需要高校形成一套科学规范、层次鲜明、方式多样的辅导员队伍建设机制，这是辅导员队伍建设的外部动力与保障体系。

当前高校辅导员队伍建设任务任重而道远，严格选聘机制，优化培训体系，推动合作共赢，完善考评机制，构筑保障体系，各种制度、计划、方式方法、措施等相互影响并且组成，良好运行的系统，能够不断提升高校辅导员队伍的发展内涵和业务能力，促使广大辅导员在工作时有方向，干事时有平台，发展时有路径，从而充分发挥辅导员队伍在打通高校学生思想政治工作“最后一公里”的关键作用，是当前高校辅导员队伍建设的迫切需要。各所高校结合本校实际情况，建立一套科学、规范且适合本校发展的辅导员队伍建设机制，才能有效推进辅导员队伍的整体建设进入一个新阶段。

（一）严格选聘机制，奠定高校辅导员素质能力提升的基础

“高等教育承担着培养高级专门人才、发展科学技术文化、促进现代化建设的重大任务。提高质量是高等教育发展的核心任务，是建设高等教育强国的基本要求。”高校要“牢固确立人才培养在高校工作中的中心地位，着力培养信念执着、品德优良、知识丰富、本领过硬的高素质专门人才和拔尖创新人才”。与大学生朝夕相处、密切接触的辅导员，担负着重要的引导作用，扮演着大学生健康成长指导者和引路人的角色。以国家发布的关于高校辅导员的政策与制度文件为指导，建立符合国家统一标准的辅导员选聘机制。各所高校可以参照统一标准，选聘匹配学校招聘岗位实际需求的人才，这样更加有利于高校本身建立一支高素质的辅导员队伍。

1. 严格高校辅导员选聘标准

教育部明确提出了辅导员选聘条件：一是辅导员应具有坚定的政治立场和政治信念，有较强的政治鉴别力，优良的政治品质，能在思想上、行动上与党中央保持一致，有较强的政治敏锐性和政治辨别力；二是辅导员应具备本科以上学历，拥有高度的责任感、事业心和奉献精神，即热爱大学生思想政治教育事业，具有强烈的事业心和责任感，乐于奉献；三是辅导员应了解掌握马克思主义原理

的相关理论知识、思想政治理论知识以及思想政治相关学科的基本原理，熟悉相关政策法规，同时掌握思想政治教育处理实际问题的基本方式方法；四是辅导员应具有思想政治教育和价值引领的指导能力，扎实的语言和文字表达能力，较强的与人沟通交流的能力，以及一定的科学调研能力；五是辅导员应具有良好的心理素质，敢于剖析自己，坚决遵守各项法律、法规、制度等，为人正派。五个选聘条件不仅强调辅导员必须具备类似思想政治教育等相关学科的背景，而且要具备一定的讲授能力与科研能力。在加强考察辅导员政治立场、工作能力的同时，如果应聘者在学历、学位与职称等方面较高，可以适宜放宽限制招聘年龄的条件，这样有利于选拔高素质、高水平的优秀人才担任辅导员，并且使其愿意长期任职。

2. 规范高校辅导员选聘程序

教育部规定了高校辅导员的选聘过程，指出在高校党委的统一领导下，人事部门、学生主管部门、教学单位、纪委等部门共同制定辅导员的选聘条件，同时组织完成辅导员的选聘工作，整个过程要求公平、公正、公开。高校应结合本校学生思想政治工作的实际情况，考虑辅导员的选聘人数及具体职责设置，尽可能以专业化为导向，提供详细的专业背景要求和分级聘用要求，从而增强考生对自身认知的匹配程度。高校还应科学组建选聘队伍，确保其掌握辅导员主要的评价标准，并熟知选拔和招聘程序。为确保选聘结果的科学性与规范性，参与选聘中的各个部门必须严格按照流程工作，同时分工必须明确，而且各负其责，保障选聘工作稳步开展。

3. 严格高校辅导员实习期考评环节

社会上的单位和企业往往通过建立实习期来进一步考评所招聘的员工，通过他们在实习期的表现决定有无继续留任的必要。高校对辅导员队伍的招聘也可以借鉴这一考评方式。通过考察辅导员在实习期的工作状态、业务能力、业绩效果等确定其是否可以留任，实习期满且评价合格的辅导员才有可能留任。这种考评方式可以有效解决当前招聘只有笔试和面试的局限性。总之，各所高校要根据《普通高等学校辅导员队伍建设规定》等规定的要求，结合本校实际需求，制定出合理的辅导员招聘条件，其中要特别注意不再只注重学历层次，而忽视其专业背景。因此，高校需要积极研究、建立科学规范的辅导员招聘机制，并根据实际运行不断完善，这样才能有效促进高校辅导员队伍“三化”建设的有序开展，实现辅导员队伍构成的良性循环。

（二）优化培养体系，构建高校辅导员素质能力提升的促进力

各种制度、计划、方式方法、措施等相互影响，组成良好运行的系统，从而形成一个科学规范的培养机制。目前，我国高校辅导员已初步形成“国、省（市）、校”三级的培养模式。教育部、省（市）、高校培训机构已经开展了相应

的分级培养。在辅导员培养过程中，大多数培养单位能够结合自身实际情况，根据培养需求，制定出详细的培养措施，同时能有效实施，并适时考核培养效果，及时反馈培养需求。

1. 依据需求丰富培养形式

当前，各所高校的培养模式标准不一。从辅导员队伍“三化”建设角度来看，高校当前客观制度的制约不应阻碍本校辅导员的培养。因此，高校应深入辅导员队伍之中，了解他们的真实需求，从而针对不同需求的群体，开展不同形式和不同内容的培养。不仅要丰富辅导员队伍校内培训的形式和内容，还应设法增加他们外出交流培训的机会，逐步拓宽辅导员队伍的视野。

2. 协同培养形成联动机制

不断完善省（市）级高校辅导员培养制度，加强其与各高校辅导员内部培养制度的联系，从而形成一个良好的辅导员培养体系。其中，省（市）级别的高校辅导员培养制度的完善程度是尤为重要的，完善的省（市）级辅导员培养制度，不仅能提高各高校选送辅导员进行更高一级培养的主动性和积极性，还能有效指导各高校完善自身的辅导员培养制度，最终形成省（市）与各高校对辅导员队伍的协同培养联动机制。

3. 加强评价确保培养质量

高校在提高本校辅导员培养质量的同时，要特别注意评价体系是提高培养质量的保证。要确保辅导员培养工作取得良好效果，并且不流于形式，必须做到三个方面：第一，针对高校辅导员的培养计划要有科学性、可行性，根据教育部下发的关于高校辅导员队伍的政策性文件，结合辅导员发展的实际需要，科学评价教育部、省（市）、高校培养机构制定的计划，评判其可行性；第二，针对高校辅导员培养质量的评价要有规范性、科学性，科学、规范实施评价体系的量化指标，对教育部、省（市、自治区）、高校培养机构的职责和应用效果等指标内容进行分层次评价；第三，高校要建立辅导员个人培养评价体系。对辅导员学习效果的动态进行长期评价，及时反馈信息，促使辅导员提高自我意识，同时做好对辅导员参加进修的评价工作。

4. 与时俱进创新培养体系

辅导员培养是一项与时俱进的任务，只有创新才能保障教育部、省（市、自治区）、高校培养机构的培养工程，才能够适应不断变化的社会环境和高校校园环境。辅导员培养工程的不断成长离不开创新辅导员培养体系的有力支撑。随着社会环境的不断变化，如何有效改进高校学生思想政治工作，重要的一点内容就是不断加强高校辅导员队伍“三化”建设，并且激励每位辅导员的积极性和创新力。但是高校辅导员队伍“三化”的建设任务任重而道远，既要重视辅导员的选聘，又要重视业务学术骨干的培养；不仅要重视辅导员的个人成长，还要重视辅导员中业务学术骨干的成长，这样才能培养出一支热爱本职、技能专业、科研能力强的辅导员队伍。

（三）推动合作共赢，构建高校辅导员素质能力提升的互助力

近年来高校辅导员工作室如雨后春笋般蓬勃发展，各省市纷纷组织开展辅导员工作室建设，推进辅导员工作精实化、精品化、精细化。辅导员工作室以辅导员工作为依托，在很大程度上促进了辅导员工作的科学化水平，可以给学生提供更为个性化、专业化的服务，提升高校育人质量，展示辅导员风采。

1. 高校辅导员工作室对辅导员成长发展的重要意义

高校辅导员工作室有助于促进辅导员专业化、职业化和专家化发展。高校辅导员专业化、职业化发展是事关辅导员队伍建设发展的核心问题，如何让辅导员职业化，让辅导员成为一个真正的职业，这也事关辅导员的工作定位及成长发展。辅导员工作室是一个以辅导员为主体，具有明确的目标，拥有较为稳定的团队，可以通过“抱团取暖”的方式，精准发力。辅导员在做好基础工作的同时，可以跳出事务性工作的缠绕，从一定高度与深度上思考学生工作，使得辅导员工作更加有的放矢，朝着越来越专业化、职业化的方向发展。

高校辅导员工作室有助于提升辅导员自身的育人能力。辅导员工作室的出现为辅导员工作开辟了一个新的路径，搭建了一个新的平台与载体。工作室成员之间、工作室与工作室之间，根据每个成员的专长、每个工作室的重点，通过相互协同、共同促进的方式可以形成育人合力，既提升了辅导员自身的育人能力，同时又从整体上提升了学校的育人能力，在提升学校的育人质量方面发挥了很大的作用。

高校辅导员工作室有助于凝聚辅导员力量，聚焦发力。辅导员工作室不是某一个人，而应是一个共同体，其系统性和发展性的特点决定了辅导员工作室是一个研究辅导员工作的集合体。要想将辅导员工作室的功效充分发挥出来，有成果产出，有实际成效，就必须借助工作室成员共同的力量，凝心聚力，集中力量对辅导员工作某一个领域的问题聚焦发力，提升辅导员工作的针对性和有效性，这对辅导员自身的发展及学生的发展都是具有重要作用的。

高校辅导员工作室有助于提升辅导员自身的科学研究能力。辅导员工作是一项长期而又繁杂的工作，对辅导员自身提出了很高的要求。要想做好辅导员工作不外乎两个方面：一是扎实做好基础性的学生工作；二是要对辅导员工作开展科学研究。前者是工作基础，后者是理论指导。做好学生工作需要理论的指导，同时理论研究要以基础性的学生工作为前提。一个辅导员的工作不可能完全脱离学生具体工作。要想进一步做好学生工作，辅导员必须加强对学生工作的科学研究。辅导员工作室从自身工作的主要内容和目标出发，开展多层次、多方面的研究，催生辅导员工作内在动力，不断提升辅导员科研能力，提升工作效率，对促进辅导员自身发展、促进学生成长成才都具有重要意义。

2. 高校辅导员工作室的内涵、形态及特征

（1）高校辅导员工作室的内涵。辅导员工作室，就是以辅导员为主导，以学生工作为依托，由有着共同志趣、共同目标的辅导员构成，有目的、有计划、系统性地开展育人活动，实现工作精细化、精准化，关注学生成长成才及辅导员自身成长发展的，不断提升辅导员队伍素质及育人质量的工作平台。高校辅导员工作室由辅导员发起、组织、成立、运行、评价，也可以吸纳学生加入其中。辅导员在辅导员工作室中起主导作用，通过有目的性的规划，借助多种手段与途径逐步开展相关工作，使学生工作更加科学化，促进辅导员队伍的职业化与专业化发展。

（2）高校辅导员工作室的“五种常见形态”。陕西科技大学“李萌工作室”（陕西省首批立项建设的高校辅导员工作室之一）负责人李萌教授在高校辅导员工作室建设方面经验丰富，他指出，纵观当前高校辅导员工作室建设情况，可以简单划分为五种形态。

一是公社型工作室。这是最符合原生态工作室特征的一类。成员为了同一个理想、愿望、利益等形成共同努力的集体。这种工作室的规模不大，成员间的利益平等，也无职位之分，各自负责各自应做的事，大部分事务可由成员一起讨论决定。

二是公司型工作室。这类工作室有清晰的组织架构，一般设有主持人、副主持人以及各类项目组，主持人统领所有人员，各项目组各自负责各自应做的事，工作室的重要事务亦可由核心成员一起讨论决定。这类工作室的核心在于主持人，他们一般是在学工战线有一定的职位或者工作基础的人，由他们负责组建，能够在短时间内聚集资源、推动工作，甚至产生声势。

三是社团型工作室。这种工作室是典型的师生共建工作室，一般由 1 ~ 2 名教师牵头组建，成员绝大部分是学生，围绕特定主题，定期推出主题活动、内容产品。由于直接面向学生，教育力最直接。

四是专业型工作室。这类工作室建设方向明确且具体，有专门的学科专业依托，成员要求一般要有共同的专业背景，指向对象也较为明确，例如心理、职业生涯规划等方向。陕西在组建高校辅导员工作室时，原则上要求主持人身份必须是辅导员，但是对于高校心理健康工作人员则专开通道，允许申报，就是为了更好地发挥专业团队的聚合力量，精准对接问题进行研究解决，提升心理健康教育工作质量。这些工作室也常常会吸纳负责心理专项工作或者对心理育人感兴趣的辅导员加入，定期开展研讨会进行问题研判、理论研究等。因为志趣相近，该类型工作室的成果相对较多，显示度较高。

五是协会型工作室。一般由若干辅导员共同组建，牵头发起人往往是行业内有一定话语权和分量的骨干，采用资源众筹的方式，共同完成专项工作。工作成

果集体署名，共享发展红利。为了增进聚合力，该类型工作室比较重视内部建设，仪式感较足。例如定期召开研讨会，举行培训会，策划总结表彰会等。并通过集中宣传、颁发证书、挂名成果等方式予以激励。这一类工作室还有一个很典型的特点就是“跨界”：成员不限于一时一地，甚至面向全国范围招募，以专项任务进行牵引。

（3）高校辅导员工作室的特征。高校辅导员工作室随着其自身的发展越来越完备，办出了其自身的特色，对高校辅导员队伍的建设及学生工作水平的提升发挥了重要作用。高校辅导员工作室在发展过程中，表现出以下几个特征。

第一，目标性。目标性是辅导员工作室的首要特点。一个辅导员工作室的成立，包括工作室名称的确定、工作内容指向等都与工作室的目标密切相关。目标性就是要回答建设什么样的工作室，工作室开展工作的方向是什么。对于辅导员工作室的目标而言，一定要定位精准，切不可“胡子眉毛一把抓”，要有明确的侧重点，这样才能专注于某一方面有效开展工作，也更容易出成果，更易于发挥效力。

第二，长期性。辅导员工作室在发展的过程中，可能会遇到诸多问题，需要在不断改进中成长发展。正是因为其长期性的特点，决定了辅导员工作室的建设需要稳中求进，有序开展各项工作，从工作室具体工作的点滴做起，积少成多，自见成效。

第三，发展性。任何事物的发展都有其规律，辅导员工作室的建设是一个动态的不断发展的过程。发展的过程中受到多种因素的影响，可能会出现这样那样的问题或偏差，这就需要及时发现问题并做出调整，有效解决问题。探索辅导员工作室建设发展的规律，才能更加有的放矢地开展工作。

第四，系统性。辅导员工作室的建设发展及相关工作的落实，都需要有一个团队、一个共同体来支撑，仅靠一个人是很难维系的。有了辅导员工作室的团队，工作室的运行就需要成员之间的有效协同。根据成员分工的不同，系统性地开展工作。

第五，小而精。辅导员工作室从一开始就要“小而精”，注重精准定位、精准谋划、精准发展。从小处着手，从实际出发，朝着一个目标发力，切不可贪图大包大揽，否则工作室将会出现工作表面化，深入不足，消耗太多精力等问题，最终甚至会走向解体。

3. 高校辅导员工作室是共同体视域下队伍建设的新向度

高校辅导员工作室作为职业共同体强化了辅导员对自身职业的认同，作为学习共同体提高了辅导员对自身工作的认知，作为实践共同体是辅导员知行合一的有效载体，而认同、认知、知行合一的明确指向就是辅导员个人和辅导员团队的成长，这使得高校辅导员工作室作为一个最直接有效且被接受和认可的范式，在辅导员专业化的诸多路数中脱颖而出。

（1）职业共同体：高校辅导员专业化发展的重要前提。辩证来看，只有当辅导员首先成为一种稳定的、持久的、科学的、规律的职业，才能进一步走向辅导员的专业化。也就是说，只有当辅导员真正职业化，才能为辅导员专业化发展提供动力，也才能为辅导员队伍的可持续发展提供保障，所以辅导员职业化是作为辅导员专业化的前提条件存在的。在辅导员职业化的进程中，不仅需要来自外部的支持，如制定并执行职业标准、完善激励机制和打通晋升渠道等，更需要获得来自辅导员自身对这一职业的角色认同及价值认同，这样才能有效解决辅导员队伍的归属感和忠诚度问题。反观现实，辅导员自我认同度不高、身份界定模糊、队伍不稳定是目前高校辅导员共同面临的问题，而高校辅导员工作室作为职业共同体，正是基于成员们对辅导员职业的认同而走在一起，成员间的互动、交流、合作能纾解职业孤独和压力。职业共同体可逐渐唤醒辅导员职业的归属感和专业创造力，从而使其努力成为行家里手，实现向专业化的顺利过渡。

（2）学习共同体：高校辅导员专业化发展的最优路径。绳锯木断，水滴石穿。不断学习是实现专业化发展的重要途径。作为学习共同体的典型代表，江西理工大学由饶先发老师主持成立的“发哥辅导员工作室”将成员按照专长分成不同小组，如素质能力提升组、科研组、媒体运营组等，每个小组以构建系统知识为导向，每月通过开展组内“共学一门课”“共读一套书”等活动激发成员们学习的内生动力。工作室还为每个小组提供输出平台，通过“每月分享”等活动以小组为单位交流工作方法与经验、启迪思维，定期邀请国内思政名家做讲座。这激活了成员们的专业自觉，促使其主动建构系统完备的专业知识。以高校辅导员工作室为载体的学习共同体扫除了不同学校之间的障碍，让辅导员不再是单兵作战，而是凝结成一股力量，将关注的中心从“个人努力”转向“共同学习”，并通过多形式的学习，使成员们在自身原有专业的基础上实现跨学科、宽口径专业知识的储备，并逐渐形成有动力、成体系、得方法、练思维的高效输入与输出体系，不断促进辅导员专业化发展。

（3）实践共同体：高校辅导员专业化发展的关键载体。辅导员工作室作为实践共同体关注的焦点集中在新手和熟手之间的互动，工作室主持人以老带新，通过观察、交流、探讨，让新手在实践中逐步建构专业身份，而工作室成员会对照实践共同体中优秀辅导员、专业专长者对自己的实践行动进行自检，并在其他成员的帮助下进行研究、总结、反思，通过相互的介入、合作、对话和再实践，实现长足发展。辅导员工作室在运营过程中，以解决学生成长与发展中的实际问题为辅导员素质能力提升之源，以“校园经历如何影响学生发展”为主题先后开展 10 余项实证研究，形成 30 余万字的反映学生特征、经历、期待、心声的调研报告，并将实践成效总结形成“与你同行”系列成果。工作室中的辅导员工作不再是辅导员单个力量的简单叠加，而是群策群力地探索出更符合育人规律、更贴近学生实际的方法，运用专业的知识和工具来开展工作，不断创新辅导员工作的实践形式，切实提升辅导员工作的科学化水平，并致力于让辅导员真正成为九大职责中某一领域的专家。

（4）成长共同体：高校辅导员专业化发展的核心指向。辅导员工作室招募成员的初心在于“吸收一批、带动一批、扩大一批、影响一批”，并通过系列举措促进辅导员共同成长。在这一成长共同体中，一方面，工作室成员从彼此的优势中不断汲取养分并获得经验；另一方面，充分利用工作室中榜样的力量，向榜样学习，了解他们从旁观者、参与者成长为示范者的过程，这个学习和了解的过程就是辅导员个人专业化成长的过程。从成效来看，辅导员工作室让每个辅导员个体有了更快的成长。通过对朱丹、饶先发、王伟江等人编著的《新时代高校辅导员工作室建设指导手册——全国优秀辅导员工作室案例集》中 77 个工作室的“工作室业绩”模块进行分析发现，一般通过 2 ~ 3 年的时间，“新手”都能逐渐成为校级的辅导员骨干，而“熟手”则能在省级甚至在国家级的平台中崭露头角，成长共同体使工作室成员逐渐成长为辅导员中的行家里手。

4. 高校辅导员工作室建设面临的现实瓶颈与问题

目前，各省辅导员工作室建设基本已经全面铺开，也形成了较好的工作经验。但是，全国性的辅导员工作室还并未立项开展。在具体建设上，还有一些现实问题，具体表现在以下几个方面。

一是形式大于内容。工作室建设要迈出实质性的一步，离不开硬件的支持与完善。硬件的关键是场地、设备。目前，很多工作室都在外部建设上投入了不少资源，但是场地设备完善的背后，却是建设内容的相对滞后。特别是不少工作室的建设内容雷同，例如定期学习研讨、集体申报项目、开展理论总结等。那么，辅导员工作室和辅导员研究团队的区别在哪里？专项工作室和学校专项工作的区分在哪里？建设定位的混淆，也造成了工作室建设方向的异化。在辅导员工作室建设的总结中，有的将学校专项工作和工作室工作糅合推送，有的将工作室的科研成果大加推介，淡化工作室的初始作用，还有一些专业型工作室仅以科研文章作为成果，似乎也背离了工作室建设的初衷。

二是核心难以聚合。工作室的核心是主持人，但是主持人也有很多无奈。举一个最典型的例子，工作室主持人是一名一线辅导员，为了申报所用，往往加入了一些高职称、高职务的成员共同组建团队。但在实际工作中，别说这类高职称、高职务成员难以聚合，甚至连一般的辅导员同事也难以聚合。大家各自都有专项工作任务，辅导员的工作特点决定了他们越是“八小时之外”越忙，不可能每一次都放下主责主业，专门参加活动呢。另外，辅导员岗位还有一定的流动性，很多主持人慢慢就成了光杆司令，甚至立项不久，主持人就转岗调离了，工作室也就慢慢变成了空转。因此，一些工作室在设立时，专设了副主持人这个职务，也是一种解决问题的办法。

三是资源难以共享。有的工作室，因为主持人有一定的行政职务，成员比较容易聚合，但是，成果归属却也由此集中于主持人，使得成员的兴趣慢慢淡化，积极性不高。这种问题还比较常见，导致工作室建设出现了典型的上热下凉的状况。其实，理想状况下，工作室主持人和成员的关系应该类似于导师与学生之间的关系。导师指导学生完成成果，学生依托导师的影响力，有效发表成果，共同署名，形成双赢。但就现实情况而言，工作室主持人也是一线学工干部，大多也急需成果，势必造成了资源的紧缺，无法形成共享，也削弱大家参与的积极性。

5. 高校辅导员工作室促进高校辅导员成长发展的实现路径

（1）加强顶层设计，重视高校辅导员工作室建设与发展。高校辅导员要想实现专业化、职业化和专家化的发展，必须加强辅导员制度的顶层设计，其中辅导员工作室的建设就是一个很重要的方面。辅导员工作室的建设与发展不仅仅是辅导员自身的事情，而应是整个学校学生工作的大事。高校要从一定的高度加强辅导员工作室的顶层设计，规范辅导员工作室建立、建设与发展，使辅导员工作更加专业化。可以以高校每个辅导员工作室为基本单位，成立辅导员教研室、辅导员科学研究团队，使辅导员工作有自身发展的方向。同时高校要整体规划工作室的方向，依托辅导员工作室开展相关的学生工作，关注关心辅导员工作室的成长发展，及时地给予一定的指导。这些举措将促进辅导员工作朝着良性的运转方向发展，从而促进高校辅导员队伍的建设。

（2）健全管理制度，为高校辅导员工作室建设提供保障。高校辅导员工作室从申报、成立、建设到成熟等阶段，都需要相应配套的规章制度进行规范和保障，这里的规章制度包括了学校层面和辅导员工作自身层面的规章制度。第一，要有辅导员工作室建立的具体标准，即达到什么样标准才可以称为辅导员工作室。从人员配备、建设目标、运行机制到预期目标等方面都要有具体的要求，否则将出现遍地都是辅导员工作室的状况，造成杂乱无章的后果。第二，给辅导员工作室配备相应的工作场地。为了方便管理，增强工作室之间的沟通与交流，高校可以将所有的辅导员工作室进行集中场地划分，提供基础性的硬件保障，如办公电脑、档案柜、办公桌椅、打印机等。第三，高校要给成立的辅导员工作室提供一定的经费保障，有利于进一步开展工作，不会因为没有经费而导致很多事情搁置，降低工作室的工作效率。第四，每个工作室要有自身建设发展的配套规章制度，包括工作室的成立背景、总体目标、工作宗旨、人员配备、工作内容及发展规划等方面，以保障辅导员工作室的正常运行与工作的有效开展。第五，建立健全激励机制。高校对工作室必须要建立有效的激励机制，促进工作室建设发展的积极性，如评选年度优秀辅导员工作室，评选并挂牌校级辅导员名师工作室，将辅导员工作室的工作成果纳入辅导员职称评审之中，为辅导员职称晋升开辟新的路径等。

（3）发挥示范作用，依托高校辅导员工作室有效开展育人活动。高校辅导员工作室虽然以辅导员为主体，但是其出发点和落脚点都在学生的成长与发展上。依托辅导员工作室积极有效地开展育人活动，是工作室建设发展重中之重的工作。以立德树人为中心，以提升大学生思想政治素质为目标，统筹各个工作室工作内容的侧重点，有针对性地开展各项学生活动，这样才能更好地促进学生的成长与发展。关注辅导员队伍建设的工作室，可以跟学校学工部（处）建立有机的联系，在学工部（处）的指导下有目的、有计划地加强辅导员队伍建设。如新入职辅导员的业务培训与指导、新生入学教育、辅导员工作论坛、辅导员素质能力大赛、辅导员案例汇编、辅导员科研能力的提升等方面。关注学生心理健康教育的工作室，可以协同学校心理健康教育中心开展各种关于大学生心理健康教育的活动，如心理讲座、个别辅导、心理技巧、素质拓展等。关注女大学生问题的工作室，可以从建立女大学生的自信、独立、自爱、着装打扮、交友等方面进行引导。关注中华传统文化融入大学生思想政治教育的工作室，以学习传承中华优秀传统文化为基础，挖掘中华优秀传统文化的育人思想，开展诗歌朗诵、诗词大会、书法创作大赛、讲好中国故事等活动，让大学生感受中华传统文化的魅力，提升人文素养。关注大学生创新创业的工作室，要指导大学生开展大学生创新创业项目和“互联网＋”大学生创新创业大赛，组织学生有效开展创新创业活动，培养、挖掘大学生创新精神等。

（4）引领带动科研，依托高校辅导员工作室载体提升队伍科研能力。高校辅导员专业化、职业化和专家化发展离不开辅导员科学研究能力的提升，以学生实际工作为立足点，积极开展学生工作科学研究，有助于进一步把握高校思想政治教育的规律，进一步提升辅导员工作的质量。但是从基本现状来看，辅导员队伍的整体科学研究能力仍有待提高。辅导员工作室作为辅导员工作的有效载体，可集合辅导员的团队力量，开展学生工作科学研究，具有先天的优势。

第一，高校可以统筹规划辅导员工作室，根据每个辅导员工作室工作内容的侧重点，委托工作室开展本校大学生思想政治教育各方面的科学研究，将其纳入学校科研系列，从而把握本校学生特点、具体状况等，有效地开展大学生思想政治教育。

第二，辅导员工作室可以从自身特点出发，结合近期目标和远期目标，充分发挥团队的力量，有计划地开展科学研究。经过长期的积累，必定出现成果。

第三，辅导员工作室科学研究的开展应立足学生，了解新时代大学生的个性特点，把握其精神成长的规律，这对学校有的放矢、因材施教地开展大学生思想政治教育具有重要意义。

总的来说，高校辅导员工作室是辅导员制度发展过程中出现的辅导员的新的工作载体，充分发挥辅导员工作室的作用，可提升辅导员队伍的整体素质和业务能力，促进学生成长成才，落实立德树人这一根本任务，从而提升辅导员育人能力，提升学校育人质量，为学校内涵建设发展做出应有贡献。

（四）完善考评机制，构建高校辅导员素质能力提升的推动力

考核的科学标准主要体现在两个方面：一是坚持考核的基本原则；二是完善路径选择考核机制。坚持考核的原则性是考核的基础，而路径是考核的重要方式和载体。针对高校辅导员的各类考核，务必要坚持标准的统一性，促使每个被考核的辅导员能够了解考核指标、程序，欣然接受各类考核结果。同时，要坚持以考核结果为中心的指导原则，让辅导员主动接受各类考核，并且积极主动地接受和运用考核结果。

1. 明确考评的基本原则

针对当前高校辅导员队伍“三化”建设中存在的问题，要特别重视辅导员队伍的体制建设和创新发展，同时务必确保考核流程的顺畅、正确，考核结果真实有效。因此，为提高考核结果的真实有效性，并在促进辅导员队伍“三化”建设有序发展方面发挥持续的推动作用，考核过程应遵循以下原则。

标准的统一性原则。有效实施考核指标的基础是坚持标准的统一性原则，它能够有效反映和保证辅导员考核结果的真实性。高校考核部门必须采用统一的考核标准，并告知辅导员考核指标，提醒辅导员在工作中时刻牢记标准，同时确保考核结果的公平性。考核部门应该及时公布考核结果，并及时指导辅导员认真分析工作中的优缺点，针对缺点制定出相应的应对措施，以便顺利开展下一阶段的工作。

考核结果的指导性原则。完善的考核机制可以激发辅导员本身工作的积极性，主要做法为优胜劣汰，但更重要的是帮助辅导员发现和分析自己工作的优缺点。考核的指导性主要体现在“结果”反馈上，让被考核的辅导员参考考核标准，充分了解自己当前的业务能力，找出差距，学习先进。考核结果的指导性原则能够使高校考核部门建立规范化的指标标准，推动辅导员更加明确岗位职责，并做到有据可查。

2. 完善路径选择考评机制

在新时期，确保绩效考评体系的科学性、合理性和高效性，不仅可以实现对辅导员队伍的科学管理，从而促进辅导员队伍的“三化”建设，而且能为实现以生为本的高校育人目标奠定坚实的基础。

明确工作职责，匹配考核指标。做好考核工作要明确考核工作必须做、把考核工作做好这两个内容，另外考核的依据是工作职责书。要实现考核工作的两个内容，务必要充分实现考核体系涵盖的四个方面的内容为标准科学、规范流程、

严格评分和改进措施。但是由于对考核指标概念的误解，部分高校人为地缩小了绩效考核的范围。因此，这些高校的整个绩效考核工作只停留在制定所谓的科学的标准和严格评分上，而忽视规范流程和改进措施这两个非常重要环节。绩效考核四大环节不完整，导致对被考者的考评不到位、改进不到位，加上如果考核结果不理想，这样就会使绩效考核达不到预期目的。

学校范围内的相互协助合作，确保考核结果能够支撑晋升渠道。辅导员最关心是自身发展问题，如职业晋升渠道是否通畅。大多数高校往往将考核结果与各类评优评奖挂钩。然而，辅导员的考核结果与自身的职业发展之间并没有紧密联系，优秀的考核结果只是一种功绩证书。辅导员自身工作的时间越长，他们就越失去耐心。高校只有重视本校辅导员的职业发展道路，才能通过优秀的考核机制，为辅导员职业发展开辟道路，才能突出考核的必要性，从而让辅导员接受考核结果，找出差距，积极寻找改进措施，不断提升自身业务能力。

第六章　新时期高校辅导员队伍建设的科学管理

新时期高校辅导员队伍的建设需要科学的管理，其实随着时代的发展变化，其管理角度与方式也随之发生变化。本章针对新时期高校辅导员队伍建设的科学管理，从“互联网 +”时代高校人才管理的发展趋势、人力资源管理视角下高校辅导员激励机制构建、高校辅导员人力资源管理的问题与改进三方面进行分析。

第一节　“互联网 +”时代高校人才管理的发展趋势

“互联网 +”正悄无声息地渗透到人们生活的每个角落，悄然改变着人们生活方式和思维方式，当然也包括职场。一方面是企业的“用工荒”“招工难”“留人难”，另一方面是人才市场熙熙攘攘的景象，各位人力资源人士不禁要问：“人都去哪儿了，是谁在动我们的奶酪?”答案是“互联网 +”。毫不夸张地说，“互联网 +”时代的到来正在挑战传统的那套企业管理模式，传统的人才激励模式和人才保留政策已经难以适应人力资源管理目前所面临的形势和问题：职能角色的定位；员工需求的个性化；员工价值观的多元化；激励机制和政策单一、呆板；信息传递和沟通渠道及方式的变化；都要适时地做出适当的调整。

“互联网 +”（用户思维、迭代思维、大数据思维、平台思维和跨界思维）正在深刻改变着企业的组织结构、运营体系、管理方式、品牌推广、战略制定、人才管理等方面，传统思维（顾客思维、成品思维、批处理/经验思维、雇佣思维）已经难以适应新时代的要求。从人力资源角度看，“互联网 +”时代将会带来企业人才管理的新趋势。

一、“用户思维”改变人才理念和管理模式

互联网思维强调以用户为中心重塑企业运营体系，让用户参与到企业价值链的生产、营销、研发和设计的各个环节，倾听用户的声音，了解用户的需求。企业人力资源管理的用户是谁呢？是所有员工。管理模式和人才理念的用户思维就是：人才并不局限于企业内部，而是可以更广泛地吸引用户参与到企业的产、销、研各个环节；国内互联网巨头“BAT”良好的雇主品牌告诉员工不是“被管理者”，而是与管埋者平等的、有思想的工作伙伴，他们应该参与到企业的目标

制定和实施中来。人力资源管理工作除了结合企业实际，还要以人为本，更多地倾听员工的心声和需求，这样才能提高员工的工作满意度。

二、高校对人才的激励、保留政策与手段更加多元化

互联网的“迭代思维”重视把产品的最初功能，甚至是创意推向用户，通过与用户的反复沟通，一代一代地推出更完善的新版产品。发达的信息传播渠道提供了企业通过对用户、营销、产品、生产、物流等各类数据的整合及相关手段的分析，进行数字营销、精准研发、数字工厂、优化供应链、精准管理。“大数据思维”和“迭代思维”正在让用户的个性化需求得到最大的满足。

“互联网 +”时代，人力资源真正开始进入了“量化”人力资源管理阶段，人力资源管理的任何决策都离不开“大数据”，大量翔实的数据和信息是我们决策的主要依据。“互联网 +”时代的到来要求人力资源应该更加重视采集和利用数据。人力资源日常工作中会涉及大量的信息和数据，外部信息包括人资行业重大新闻、产业新闻、法律法规、劳动政策、社会保险动态、就业促进政策、人力资源市场动态等；内部信息包括组织架构、人员配置、员工培训情况、考勤数据、薪酬数据、绩效信息、人事变动、劳动产出、员工关系动态等，这些数据都是人力资源部门进行决策的重要依据。具体到人才激励和保留，在人力成本刚性增长的大环境下，怎样去降低人力成本和提高人均产出的同时保持核心员工的稳定成为我们需要认真面对的新问题。无论如何，一个不变的趋势是我们对人才的激励方式和手段不能是单一的、传统的升职加薪，而是更加多元化、人性化和个性化。

“90 后”“00 后”员工正在变成职场的主力军，他们叛逆、稳定性差、崇尚自由、情绪化，但是价值独立、学习能力强、自信、敢想敢干、思维灵活，是个性十足的一代人。因此，企业的人才激励和保留政策需要更多地关注员工内心真实的声音，因材施教，对症下药，物质激励和非物质激励灵活运用，在保证效果的前提下，也不能忽略成本的评估。员工的个性化需求怎么满足呢？人力资源管理理论已经对人才激励方面进行过研究，互联网“迭代思维”进一步启发我们，要在数据收集和深入调研的基础上完善激励机制和丰富激励手段，物质激励与精神激励相结合、短期激励和长效激励相结合。具体来说，我们除了加薪、升职、各类补贴等物质激励外，还可以采取精神激励，例如，可以考虑榜样激励法、尊重激励法、自主权激励法、授权激励法、目标激励法、危机激励法、荣誉激励法、压力激励法等各种精神激励方法，尤其在资源有限的情况下，这些激励办法可能起到更好的效果。

三、充分发挥平台的作用

“互联网 +”时代除了要求企业打造内部平台化的运营机制和外部平台化的

生态系统，还应该把企业打造成为员工创业、立业的平台。

微信、QQ、自媒体等各种社交工具通过互联网把个人与个人、个人与组织、组织与组织之间连接起来，形成一个个开放、共建、共享的平台，平台中的个人拥有了可以尽情展示自我的绝好机会。“平台思维”包括内部平台化、外部平台化，是指由核心企业制定互动机制，由多方参与形成“开放、共建、共享”的一种生态圈。

外部平台化是指通过迅速吸引社会资源，让海量的用户与海量的商家在平台上以自组织的形式完成交易，而且能大幅度降低企业的协作成本，并迅速创造出一个规模巨大、但在灵活性上更胜一筹的商业生态系统。内部平台化是指突破雇佣思维、规避大公司病，把企业打造成员工创业平台，最大限度地激发员工活力。人才理念的平台思维就是在互联网时代，为更好地激励员工，必须把企业打造成员工的创业平台。公司的内部平台化，就是要把公司的事业打造成一个成人达己的平台，随着办公伙伴的逐步发展壮大而走向全国，公司将更加需要引入长效激励机制，比如：期权激励、股权激励、员工持股、行业加盟等，这些激励手段值得我们去研究和探讨，从而制定出一套符合行业特点和企业实际的方案。

四、跨界思维

跨界思维让人力资源不但要精通业务，成为业务部门伙伴，还要深化绩效考核的内涵，为他们提供智慧支持。进入互联网时代，单一的知识结构很难适应不断变化的市场和职场环境，未来对复合型人才的需求将会更加强烈。从人力资源管理者的角度来讲，企业的转型和多元化发展使人才的需求也在不断变化，人力资源不仅需要从企业的角度来预测和评价人才的能力和知识结构需求，更需要从专业和业务的角度来评判人才的任职资格和潜力空间。原来对于人力资源管理者的知识要求除了专业以外就是一些统计学、心理学的熟悉和掌握，未来对于人力资源管理者的知识要求将涉及内部运营管理、业务流程、财务管理、行业产业链知识、互联网思维等方面，人力资源早一步实现“跨界”，也能早一步实现支撑企业业务发展的职能要求。

随着社交工具的发展，人际交往渠道更加多元化，人与人之间的关系变得更加紧密，传统的单一维度考核已经不能真正反映员工的真实绩效，需要引进更多维度，从多方面进行考核，同时要注重“用户”（客户）满意度。从考核的主体来说，可以扩大到上级对下级考核、下级对上级考核、同事之间互评、跨部门考核、外部客户满意度等，根据具体岗位确定三个左右的考核主体；从考核内容来看，各岗位都应该引入财务指标、学习与成长指标、客户指标、运营与流程指标，才能更加全面、真实地反映员工的绩效，为我们进行各项人力资源工作提供支持。

人力资源作为企业的第一资源，核心人才是人力资源的第一梯队，是具有高潜力的人力资本，公司未来的发展离不开高素质的高端人才，人才管理和核心人才引进。随着互联网和通信工具的快速发展，数字化正在把越来越多的人和组织联系起来，世界正变得越来越扁平，世界的平坦化正在剧烈地改变着人们的生活方式。

第二节　人力资源管理视角下高校辅导员激励机制构建

国际竞争的关键就是人力资源的竞争。高校是人力资源开发的高地，加强高校的人力资源管理更是增强高校自身核心竞争力的重要途径。这对于落实科教兴国、人才强国战略具有重要意义。

一、高校人力资源管理概述

（一）高校人力资源管理的特点

高校是高层次人才的集聚地，与一般企业相比，高校人力资源管理有其自身的内涵与特征。高校人力资源的范围比较广泛，其基本组成为教学科研人员、管理人员以及后勤人员。其中，教师是主体，管理人员是关键。由于教学科研人员的劳动是一个十分复杂而艰辛的脑力劳动过程，因此，高校人力资源管理不只是简单地通过行政命令进行管理的过程，它是以将教职员工所具有的潜能最大限度地开发出来为目的，更强调激励与发展，更注重工作效率和工作质量的提高。

1. 人力资源的综合性较强

综合性指的是地方高校人力资源管理对象的综合性。从高校人员成分来看，有教师、教辅人员以及管理人员。从受教育程度来看，有大专、本科、硕士、博士。一方面，作为高校人力资源的主体，教学与科研人员普遍具有较高知识水平和较强的科研能力，在这个层面上的人力资源管理不仅涉及针对不同专业的师资培训，还涉及各类师资专业知识更新、教学方法传授、组织协调训练等。另一方面，高校人力资源中的管理层面以及与之配套的后勤服务系统等各要素之间的协调，还涉及诸如政治、经济、文化、组织等因素。由此可见，人力资源的综合性使高校人力资源管理成为高校各项工作的重心。

2. 需求层次较高

高校中教师文化层次比较高，具有高学历、高职称的人员比较集中，他们十分注重对高层次精神需求的追求，相对于物质激励而言，更关注精神激励。他们的自我成就意识强，对于实现自我价值的渴求以及获得尊重的愿望更强烈，因而对于创新探索富有极大的热情。因此，高校人力资源管理中的一个重要方面就是要深化高校人事制度改革，优化师资队伍，建立完善的激励机制，最大限度地激发广大教职员工的工作积极性。

3. 流动性较强

高校人力资源中的主体教师是高学历、高智力的知识密集型群体，在市场经济条件下，师资的流动也是市场对高校人力资源优化配置的结果。如前所述，教师所具有的强烈的自我成就意识以及他们对高层次的精神需求的期待会促使其对追寻合适于自身职业发展的环境充满急切的期望。这是高校师资流动的主要内在驱动力。

4. 运行机制灵活

与一般企事业单位不一样，高校教师通常不需要坐班，高校对于教师的管理往往采取松散灵活型的管理机制，主要结合教学任务和科研任务而展开。在管理监控中，常常采取目标控制为主、过程控制与目标控制相结合的方式来保证对教学计划和科研计划的实施。教师只要完成教学以及科研工作量，在工作时间、内容等方面都可以灵活地自行安排。在这样一种管理运行机制下，教师具有很强的独立自主意识，倾向于工作中的自我引导，更期望于在宽松自由的工作环境中工作。因此，针对这一特点，在对教师管理过程中如何实施自我管理、自我激励、松紧一致的管理机制是高校人力资源管理的重要内容。

5. 具有教育性

教师是人类灵魂的工程师，高校的一切工作都是围绕教育而展开，毋庸置疑，鲜明的教育性是高校人力资源的本质特征。教育性也是社会赋予高校的一种责任，它必须根据社会发展对人才的需求有目的、有计划、有组织地对教育对象实施教育。事实上，即使是教育者自身也是经过这样的教育过程培养出来的。因此，高校师资的水平直接关系到高校的教育质量。

（二）高校人力资源管理的现状

我国高校人力资源管理从根本上来讲，还不是真正意义上的现代人力资源管理。虽然近十年来高校在人才引进、教师激励、干部任免等方面的人事制度改革有了长足的进步，但我们应该看到在传统的人事制度以及习惯意识的影响下，高校人力资源管理仍然还带有很深的计划经济的痕迹。事实上，在高校人力资源管理上仍然存在许多与社会发展不相适应的弊端。

1. 战略性人力资源管理理念与实践的缺失

战略性人力资源管理就是基于高校整体的、长期的战略目标而制定的人力资源管理政策、制度。目前，我国高校都纷纷制定了自己的中长期发展规划，确立了自己的办学定位。但大多数高校缺乏科学合理的人力资源中长期规划，人才培养使用存在短视行为。由于缺乏明确而合理的人力资源长期规划，致使一些高校人事管理工作无法为学校长期发展提供人才保证。在人才设计上缺乏长远策略，人才培养流于形式。要真正稳定高层次人才，使他们出成绩，后续培养非常重要。很多高校在这方面做得不够，人才引进以后重使用、轻培养，对于有很好潜质的人才不培养、不敢培养，怕他们流失，这是一种短视行为。人才流失不是人才培养的必然结果。人才成长有其周期性，应努力造就一个优化人才健康成长的环境。

2. 人力资源管理观念落后

根据一些高校的人力资源管理现状来看，高校人力资源体制仍然是沿袭过去在计划经济条件下建立起来的一套人事管理制度，人力资源的行政配置性和垄断性在高校人力资源管理中根深蒂固，特别是高校中许多人力资源管理者在思想上仍然停留在传统的人事管理观念上。对于师资的管理强调的是“管人”，而不是对人力资源的再开发。工作中常用现成的政策法规管理人事，约束人事，从而使一些教师心理上感到压抑，工作缺乏热情。事实上，高校人力资源部门大多仍称“人事处”，观念上的落后必然导致管理方式上的落后。

3. 人事制度改革滞后

随着我国改革开放的不断深入，以市场经济为主导的社会主义经济发展模式逐步完善，相比之下，我国高等教育包括高校人力资源管理在内的改革越来越显得滞后，特别是建立在计划经济体制下的高校人事管理制度所具有的弊端日显突出。事实上，高校人事制度改革多流于形式，常常表现为形式多于措施，措施多于实施。在职称评聘工作中，仍然实行终身制。“只能上不能下”“只能进不能出”的观点仍然主导着高校人事管理者的思维。许多高校在教师的聘用、培养以及薪酬管理等方面多以上级文件为准则，按照批处理方式，搞“一刀切”，从而不能有效地开发师资队伍所具有的潜能。

4. 人力资源配置不合理

由于高校人力资源市场机制尚未完善，一方面使得人力资源配置缺乏整体规划，另一方面也没有一个促使其自动趋于平衡配置的内动力，从而导致高校内部人力资源配置长期处于不合理状态，其主要表现在人才队伍结构、学历结构、职称结构、职务结构以及年龄结构等方面的失衡。另外，由于近几年高校招生规模持续扩大，更加大了多数高校本来就存在的师生比例失调的状态。更有一些高校存在普通教师过剩而缺乏学术带头人、教学型教师过剩而科研型教师不足的现象。

5. 激励机制不健全

目前，高校教师工作考评和激励机制尚未完善。从薪酬制度来看，现行的薪酬制度主要是建立在职务和职称的基础上，其突出的弊端是个人实际贡献与激励政策脱钩，这样的分配制度使薪酬、考核结果与奖励、晋升相分离，干多干少没区别，因此产生分配不公的现象，从而影响教职员工的积极性。另外，在绩效考核方面普遍存在只重视考查教师的工作量，而忽视对其教学质量的考核。教学与科研的关系实质难以摆正，这一状况在职称评审过程中，矛盾表现得更为突出。常常出现重科研、轻教学的倾向。在考核过程中，作为考核因子——科研成果所占权重较大，它直接关系到教师的职称晋升。显然，它会显著影响教师的教学积极性。由于高校教师职称的评聘仍然实行终身制，一朝聘任，终身受用，且只上不下。长此以往，缺乏竞争，缺乏危机意识，从而导致部分教师晋升到一定职务后便不思进取，停滞不前。由此可见，现行的高校人力资源管理中绩效管理考核与激励机制以及职称评聘制度从根本上来看它并没有发挥其应有的推动作用。在许多情况下，每一次绩效考评或职称评聘非但没有有效地调动教职员工的积极性，有时还会节外生枝地产生出许多矛盾和冲突。显然，高校人力资源管理中绩效管理考核与激励机制以及职称评聘制度亟待完善。

（三）加强高校人力资源管理的对策

1. 树立现代人力资源管理理念

发展高等教育同样要走人才强校之路。在高校人力资源管理工作中，要树立人力资源是第一资源的观念，要树立“以人为本”的理念，建立科学的用人机制。要以教师为主体，实行人性化管理。要尊重教师的自主性和脑力劳动的特殊性，注重对教师的情感投入，不断增强教职员工对学校的归属感和责任感，使高校人力资源的潜力获得最大限度地挖掘。在高校人力资源管理过程中，还应该充分发挥校部和院系两个方面的积极性，特别是院系基层的积极性。因为院系直接面对教职员工，他们对教师最了解，最容易实施个性化管理。因此，学校人力资源管理部门应尽量放权，让院系在人才管理方面有一个宽松的环境和一定的自主空间。实践表明，这对于充分开发和利用高校人力资源具有重要的作用。

2. 建立和健全人才竞争激励机制

建立和健全人才竞争激励机制是实施高校人力资源开发战略的一个重要步骤，它有利于激活人才创造潜能，促进人才的优胜劣汰。建立科学的人才竞争激励机制，首先要改革不合理的人才聘任和评价机制，按照科学的人才观建立合理的人才评价系统。由于在人才引进、职称评聘、学科带头人遴选等过程中都涉及对人的评价，如果仅仅是凭借经验和主观意识来评判，常常难以获得客观公正的结论。因此，根据现代人力资源理论，制定科学的测评指标体系，本着“以人为本，效率优先，兼顾公平”的原则评价选拔人才和使用人才。严格实行按需设岗、公开招聘、平等竞争、择优聘任、严格考核、合同管理的教师岗位聘任制度。打破教师职务终身制，建立薪酬与绩效挂钩的管理制度，倡导业绩文化，注重能力和实际贡献，以业绩论功行赏，彻底改变只注重学历、职称、年龄等指标而轻视实际能力和贡献的现象。

3. 建立科学的绩效考核体系

建立科学的绩效考核体系是实施有效激励机制的基础，任何激励方式都应该以实际考核测评以及绩效分析为依据。科学的绩效考核体系必须要突出对考核对象实际能力的评价。换言之，高校对教职员工的评价不仅仅依据其学历、职称及工龄或教龄，更要考察其实际贡献和创新能力。对于教学工作量和科研工作量的考核不仅仅考察其承担和完成的数量，更要评估其质量。通过科学的绩效考核，可以有效地评估受考核者的工作与业绩是否满足其职称、职务及岗位职责的要求。在建立科学的绩效考核体系的时候，还要注意坚持物质激励与精神激励的统一。根据双因素理论，仅仅处理好组织管理、人际关系、工作条件薪酬待遇等“保健因素”，只能浅层次地消除教职员工的不满，使之安于工作，但不能激发教职员工的主观能动性。在高校人力资源绩效管理过程中，在处理好上述“保健因素”的同时，更要注重处理好“激励因素”，即满足教师对成就感及精神激励的需求。唯有如此，才能更有效地调动广大教职员工的积极性。

4. 营造良好的用人环境

实施人才强校战略是振兴高等教育的关键，引进人才、留住人才、用好人才则是实施人才战略的重要保证。良好的用人环境不仅包括良好的办公环境，而且更重要的是营造一种和谐的工作氛围。营造和谐的工作氛围首先要贯彻人力资源管理最基本的原则——强制原则，即依靠一系列规章制度强制性地约束员工行为方式，使其克服人们固有的惰性。特别是在办学规模比较大的高校，在强制原则指导下实施的一系列严谨规范的规章制度是十分必要的，它有利于规范管理，确保正常的教学秩序。但是，强制原则只能是最低原则。在高校人力资源管理过程中，仅仅依靠强制原则是远远不够的，它只能使教职员工被动地按照规章制度行事，却不能有效地调动其主观能动性。因此，还必须注重实施激励原则，即在物质和精神两方面对教职员工进行激励。通常，人们会自觉地向受鼓励的方向发展和努力，会在自己尊敬和喜欢的人面前表现得更出色，会在和谐、高尚的氛围中完善自己。当然，激励原则也是有局限性的。尤其是在知识密集程度高的高校教职员工群体中，他们对于自我价值的实现、个人自尊等方面有更高层次的需求。因此，在营造良好用人环境的过程中，更要注重应用认同原则，即要注重主观与客观、主体与客体的统一。学校人力资源管理者应该通过广泛细致地沟通，努力使教职员工自我价值实现的目标与学校发展目标相一致，使学校成为教职员工自由表现自我、不断创新、张扬个性的大舞台。实践表明，宽松的学术氛围、和谐的工作环境有利于充分发挥教职员工的创造潜力。

5. 发挥教职工在学校管理中的作用

“以人为本”的管理理念，必然要求更好地发挥教职工在学校管理工作中的作用。然而，目前我国地方高校人力资源管理的重点，在于发挥专家学者在教学、科研、学科建设等业务工作方面的作用，而较少注意发挥他们在管理工作方面的作用。高校的管理层要转变管理理念，在思想意识上实现由“为民做主”

到“以民为主”的转变，真正实行民主决策、民主管理。要让员工更好地参与学校以及所在学院目标和规划的制定，一方面使目标的制定更具科学性，另一方面会增强员工为实现目标而努力工作的主动性；要进一步加强管理者与被管理者之间双向沟通，促进相互理解和支持，形成一种和谐的工作氛围；要正确认识行政管理与学术管理的关系，在人才引进、专业技术职务评聘、教师岗位聘任等事务上，坚持学术权力为主导。通过这些措施，更好地确立教职工的主人翁地位，更好地激发教职工的积极性，建设一支快乐、忠诚的教职工队伍，推进和谐校园建设，促进学校又快又好地发展。

综上所述，在实施科教兴国、科教兴校的战略过程中，高校人才结构不断发生变化，优秀人才汇聚密度越来越大，其需求层次也越来越高。因此，高校人力资源管理在观念上以及操作层面上都要进行改革和完善。只有彻底更新观念，改革传统人事制度中不合理的部分，树立“以人为本”的人力资源管理和开发理念，建立和健全科学的人力资源绩效管理体系和激励机制，优化用人环境，唯有如此，才能使高校人才引进、人才培养、人才使用以及人才流动处于良性运行的轨道，从而最大限度地激发教职员工的工作热情，加速我国高等教育全面振兴的进程。

二、人力资源管理视角下对高校辅导员激励机制的构建

加强高校辅导员激励机制研究，有利于更好地调动高校辅导员的工作积极性，促使高校辅导员队伍的社会地位提高，从而形成一支相对稳定而又合理流动、快速成长并且人才辈出的、更具吸引力的高校辅导员队伍。

（一）多重身份体现工作的重要性

我国高校辅导员制度已有50多年的历史，随着高等教育的发展和高校事务的拓展，对于高校辅导员各方面的要求也发生了一些变化，由原来单纯的管理工作向管理和教育双重属性拓展，高校辅导员的角色也由单一身份转变为多重身份。高校辅导员的多重身份正好体现出他们的工作是十分重要的。具体地讲，高校辅导员的身份主要包括如下几个方面。

1. 思想政治教育工作者

高校辅导员是思想政治教育工作者，思想政治教育有助于学生树立坚定的思想信念，正确的世界观、人生观、价值观。使大学生能够认识社会发展规律，认识国家、民族的前途命运，意识到自己的社会责任，培养他们树立起为实现民族的伟大复兴而奋斗的目标。

2. 班级的管理者和服务者

高校辅导员也是班级的管理者和服务者，每个高校辅导员都必须对特定班级负责，班级作为学校基层的一个教学单位，高校辅导员作为班级管理者有责任向

班级传达学校（院）的通知、指令，并确保其实施。高校辅导员承担着提醒学生注册、检查寝室卫生、配合教学工作、处理违规违纪事件、组织班级活动、评奖评优等系列活动，所以高校辅导员也是班级的咨询服务者。

3. 学校党政干部的后备资源

高校辅导员还是学校党政干部的后备资源。许多高校都从高校辅导员队伍中选拔任用了大量党政干部，使其能力得到更大的发挥。

（二）高校辅导员队伍及其激励机制存在的问题

1. 数量不足，结构不合理

目前全国绝大部分地区的高校存在着辅导员数量不足的问题，教育部规定，辅导员与学生数量的比例是1：200。结构不合理也是高校辅导员队伍存在的问题之一，主要包括三个方面：第一，年龄结构不合理，年轻化倾向严重；第二，性别比例不合理，不少学校由于学生性别比例的悬殊而导致辅导员配备上出现性别一边倒；第三，学历和知识结构不够合理。

2. 工作任务重，薪酬待遇较差

高校辅导员的工作任务重、责任大。无论是学生的学习、生活以及思想都属于高校辅导员工作的范畴，既要完成上级领导交给的行政任务，又要配合教师的教学工作，同时还要处理学生的突发事件，高校辅导员的休息时间得不到保障。然而高校辅导员的待遇却不与之成正比，在学校正式编制员工中，高校辅导员的收入基本上处于底层，由于工作性质的原因，很少有高校辅导员既担当高校辅导员工作又开展教学或研究工作的，所以他们基本上没有课酬和研究经费，能领到的也就是基本工资，物质待遇的不足严重影响了高校辅导员工作的积极性和主动性。

3. 社会地位低，队伍不稳定

相比专职教师和行政领导而言，高校辅导员的社会地位较低，有人戏称高校辅导员为“保姆”。高校辅导员的工作零碎烦琐，难以量化和考核，更难直接观察到其成绩，学校领导对其重视不够，对工作不支持，很多人认为辅导员这个职位可有可无。因此很多高校辅导员都存在着职业倦怠的现象，容易产生受挫感，认为职业前景黯淡，这些严重影响了他们工作的积极性和主动性。基于高校辅导员工资待遇低、工作任务重、出路窄、社会声望低的事实，很多高校辅导员都有严重的心理压力，很多人不愿意长期从事高校辅导员工作，担任高校辅导员只是他们往其他方向发展的跳板，这也是为什么高校难以留住优秀高校辅导员、高校辅导员队伍不稳定的主要原因。

4. 考核不当，激励失效

高校辅导员工作具有一定的特殊性，因此在绩效考核上要采取合理而有针对性的方式方法。许多高校在对人员进行绩效考核时采取一刀切的方式，无论是搞教学工作的还是搞行政工作的，甚至是搞后勤工作的，都采用同样的方式考核，没有对高校辅导员岗位进行正确的评价和衡量，考核指标不细化，考核方式不恰当，不公开公正，很多时候只是走形式。许多高校考核的目的不在于帮助高校辅导员进步，而是想方设法挑剔其毛病，这使得高校辅导员对于考核不屑一顾或者有意回避，激励的作用荡然无存。

（三）高校辅导员激励机制构建的具体措施

1. 高校辅导员的激励和地位提高从招聘做起

发挥招聘的导向作用，提升高校辅导员的地位。招聘条件本身就体现出岗位的地位，条件要求越高的岗位地位就越高。因此，在高校辅导员招聘时应定出较高的条件和要求。不过，这里要求的较高条件并不是指学历上的高要求，高学历人才不一定就适合做高校辅导员工作。根据高校辅导员的工作性质，应该在招聘时特别强调思想素质好、管理能力强和心理健康的“三优”条件，通过招聘做好社会对高校辅导员认识的导向，把“三优”人才强化为高校辅导员的代名词，从而取代他们的“低学历”形象。根据高校辅导员特征安排岗位，做到人岗匹配、优化配置。在进行高校辅导员配置的时候，一定要结合专业要求与高校辅导员自身性格，达到激励的目的。既要考虑高校辅导员本身所学专业，另外也要考虑他的喜好以及性格特征。例如，让性格开朗的高校辅导员管理艺术类专业的学生，让擅长英语的高校辅导员管理英语专业的学生等。这样一方面有助于发挥高校辅导员自身优势，另一方面也能更好地满足学生的要求，便于工作的开展。

2. 及时培训和合理晋升能起到很好的激励作用

做好岗前、岗后培训。新聘人员对高校辅导员这个岗位并不了解，也不完全具备岗位所要求的素质，无论是知识水平还是实际操作能力都有一定的差距，所以对高校辅导员进行岗前、岗后培训就具有很重要的意义。培训主要包括思想政治理论、心理教育、人际沟通方法、学生管理技巧等。要对高校辅导员进行科学的思想理论教育，职业道德、法律意识教育，培养他们正确的世界观、人生观、价值观，只有这样他们才能正确地指导学生、教育学生。岗位技能培训是培训内容的另一个重要方面，可以请经验丰富的高校辅导员对工作内容、岗位要求等做专题报告。另外，还应该鼓励高校辅导员多参加对外交流与学习，并为他们创造这样的机会。例如定期开展经验交流会、研讨会、参观其他高校的活动等。

晋升激励。在辅助高校辅导员做自我职业生涯规划时，就应该注意区分，一部分希望长期从事学生管理工作，而另一部分则希望从事教学工作。我们应该鼓励高校辅导员继续学习，取得更高学历以及从业资格，适当放宽他们参与教学工作的要求，给他们从事教学工作开辟平坦的道路。教学辅导工作同时开展，一方面有助于他们改善教学方法，同时有利于他们了解学生在学习方面的情况和规律，更好地开展工作。建立合理的高校辅导员晋升机制，而不是限制他们终身从事高校辅导员工作，应允许和鼓励高校辅导员在学生管理系统或其他系统晋升，例如，一些学校采取连续从事高校辅导员工作两年享受副科级待遇、四年享受正科级待遇的晋升措施，这不仅让高校辅导员有了前进的方向和动力，也改变了他们的社会地位，促使他们不断提升自我、增强工作成就感，达到晋升和成就激励的作用。

加强补充福利，优厚待遇留人。随着生活水平的不断提高和物价指数的增长，加上高校辅导员收入本来就偏低，普遍存在着生活困难的现象。他们一方面承担着自身进修提高带来的成本，另一方面还要承担家庭开销，子女上学、赡养父母等负担。高校在做好法定福利的同时，应该加强补充福利，例如办好附属小学解决其子女上学问题，给年轻的高校辅导员提供宿舍或者廉价出租房、改善办公条件、建立优越的工作环境等。

生理需要是人最低层次的需要，也是最基本的需要，只有最低层次的需要得到满足才会有更高层次需要的驱动力。也只有在基本生活有保证的前提下，高校辅导员才能更加专注地工作。所以，我们必须做好物质激励，首先要提升高校辅导员的待遇，优化薪酬结构。除了基本工资和奖金以外，可以加入绩效奖金，主要根据绩效考核成绩决定。也应允许高校辅导员参与教学或科研工作，获取相关的补贴和经费。另外，还应适当给予电话或交通补助。

3. 构建科学合理的绩效管理体系是持续激励的根本保障

考评要具有持续性和周期性。考评不能时有时无，也不能时紧时松，而应该持续考核，定期考核，比如月考、学期考核、年度考核等。我们也要注意辅导员的参与性，不能搞成敌对关系，而应该让辅导员切身感受到考评的好处，主动参与、主动改进。

考核要与奖惩紧密挂钩。考核结果和效果具有一定的实效性，一定要对考核结果及时进行反馈，并且与奖惩联系起来，做好奖惩激励。对于表现好的辅导员要及时表扬和肯定，让他感受到工作成就感，对于表现不好的要及时指出和纠正，让他们对工作中的不足进行改正和弥补。“榜样和荣誉”也具有很强的激励作用，一方面对考核优秀的辅导员给予一定的物质奖励，另一方面通过评选“本月最受学生欢迎辅导员”“年度十佳辅导员”等方式达到激励。并且把考核结果作为评优和晋升的重要依据。

4. 允许人才合理流动

队伍不稳定是目前高校辅导员队伍存在的严重问题，于是许多学校就严格限制高校辅导员调换工作岗位或离校，这样做是不可取的。允许人才合理流动本身就是一种激励方式，原因如下：第一，应该靠优越的条件留人而不是通过限制因素来约束人；第二，保留队伍中不适合做高校辅导员工作的人员对学校而言是一种损失，从长远来看，阻止优秀人才寻找适合自身发展的道路也是学校的一种损失；第三，合理的人才流动是市场经济的基本规律，也是对人才成长的支持和尊重。有计划、有条件、有目的地输送一部分高校辅导员到其他系列甚至其他用人单位（政府、企业或其他高校等）工作，能让高校辅导员看到自己的发展空间很广阔，减少对高校辅导员带来的精神桎梏。可以在劳动合同中约定达到一定条件可以允许合理流动，有计划地通过各种渠道推荐高校辅导员，这对高校辅导员队伍及辅导员本身的发展起着积极的作用。

第三节　高校辅导员人力资源管理的问题与改进

一、高校辅导员人力资源管理存在的问题

（一）人员流动性大

当前大部分高校辅导员人数严重不足，同时对高校辅导员的聘用、任免、晋升等工作缺乏完善的制度保障，导致高校辅导员队伍流动性大、缺乏稳定性、人员不足。按照教育部的文件规定，每 120 ~ 160 名大学生应配一名专职政治辅导员，但许多高校都没达到这个要求。特别是随着高校的不断扩招，学生数量日益增多，高校辅导员配备不足的现象越来越突出，许多高校每名专职辅导员负责的学生人数甚至达到 300 ~ 400 名。这样，学生工作很难做到细致入微和保质保量。一些兼职辅导员精力投入不足，不能很好地履行高校辅导员的职责，还有的专职辅导员过多地承担了职责以外的其他工作，不能把主要的精力放在学生思想教育及学生指导上，造成了“专职不专，兼职不兼”的问题。

（二）容易产生职业倦怠心理

高校辅导员常被一些琐碎的事务性工作耽误大量时间，造成了人力资源浪费的现象。高校辅导员的主要职责是大学生思想政治教育工作，但是现在高校辅导员还兼任了很多行政工作，除了对学生的日常行为进行管理和服务外，还要做好党团建设工作，参与学校精神文明建设、校园文化建设、学风建设，应对学校的突发事件等，从而造成了高校辅导员没有太多的时间去提升自己，长期的止步不前会造成高校辅导员心理上的自卑。在整个学校的大环境中，高校辅导员的地位与专业课老师相比也是比较低的。高工作负荷、低收入、低地位，缺少培训和晋升的机会，高校辅导员的自我价值无法实现，事业无法提升，自然工作的积极性、能动性和创造性就会降低，产生职业倦怠心理。

（三）职称晋升较难

高校教师的评价体系中，学术科研权重很大。专业课教师有自己的教研室、教研团队，可以通过集体备课、共同承担课题研究等形式提升自己的科研水平。但是辅导员由于工作的特殊性，通常被划分为行政教辅人员一类，很少纳入教研

室的管理当中，本来高校辅导员由于过多的事务性工作在学术科研上所花的精力就比较有限，再加上没有专业的教研团队一起探讨指导，项目申报、学术研究都受到极大的影响。

(四) 缺乏科学的绩效评价体系

由于高校辅导员工作的特殊性：工作涵盖面太大，事务过多，职责难以明确，导致无法对其工作绩效进行公平、准确、科学地评估考核。工作的优劣没有一个评判的标准，致使高校辅导员工作缺乏积极性和竞争性。

(五) 知识结构专业性不强

大学生的思想非常活跃，高校辅导员要做好学生的思想政治工作，就需要研究学生思想变化和社会思潮变化的规律，把握规律性才能更好地做好学生思想引导工作。在实际工作中，如何对大学生在思想、心理、交往、学习、发展、就业等方面遇到的问题给予及时的疏导和正确的帮助；如何对学生进行有效的管理、传播大学精神，这些问题都需要高校辅导员具备较强的教育学、管理学、心理学、职业生涯规划等方面的专业知识和处理各种事件的能力，还要求高校辅导员要熟练掌握党在新时期的路线、方针、政策和其他相关的理论知识。而现在许多高校辅导员大多是一些刚刚毕业留校的年轻教师，他们往往欠缺实际工作经验，专业理论知识也比较匮乏，业务能力和业务水平不高。在平时的工作中大多数高校辅导员整日陷入事务性工作中，没有时间和精力加强自身学习，加上缺少交流、学习的机会，导致他们的理论研究水平也不高。

(六) 环境与机制不良

当前，高校辅导员直接面对学生，担当着党的路线、方针、政策的传播者，培养学生成为社会主义建设人才的教导者，学生学习生活的管理者三重角色。这种三合一的角色使他们具有特定的社会规范和社会期待，但这种三合一角色并不会自发发生作用，它需要好的环境气氛、组织管理体制，以及自身良好的政治思想素养，但目前却缺乏对高校辅导员发展阶梯的合理指导和系统设计，目前高校辅导员由于工作年限少、职称（职务）低，使得他们工资低、住房及生活条件较差；同时思想政治工作的高投入使他们又无暇去开发经济，且直接影响他们的工作积极性，同时没有创新的机制，当前存在的机制对高校辅导员的导向在于“无事就是功，有事功全无”，致使很多高校辅导员在业内看不到自己的职业高峰，缺乏职业认同感，从而造成“队伍不稳”的问题。

二、高校辅导员人力资源管理的改进措施

(一) 加强对高校辅导员的人力资源开发

高校辅导员的人力资源开发主要有两个方面的内容：一是进行战略性人力资源规划，这是人力资源开发中的重要环节，即对高校辅导员人力资源战略、高校

辅导员人力资源需求结构、高校辅导员人力资源政策等进行研究与长期规划，为高校的未来储备人力资源；二是高校辅导员人力资源的持续开发，即高校辅导员的发展与培训。通过学习、交流、培训等方式，使高校辅导员的自身能力、工作方式、行为模式及价值观念得到更新与提升。通过战略性人力资源规划和人力资源的持续开发，以解决高校辅导员队伍流动性大、人员不足的问题。高校辅导员的人力资源开发不是孤立的，是与学校组织的人力资源开发紧密相连而又相互作用的，共同构成了高校人力资源开发与管理系统。

（二）打破高校辅导员的工作职能

要按学院分隔的界限，形成高校辅导员队伍人力资源的开放流动，为组成功能性动态团队提供基础。高校辅导员实行一人多岗、一岗一责。从管理学角度来看，这是一种理念的转变，复合岗位的任务要素是指令的，而多个单一岗位的组合是在各学院的指导下，高校辅导员有自主选择权。在具体操作中要注意，高校辅导员有一个基本岗位即班级辅导，确保其行政隶属关系。然后在此基础上，应聘其他辅导岗位，形成一人多岗，学校在设置岗位时，每个岗位都要按照职位分析的方法，列出岗位职责和管理关系，这就是所谓的一岗一责。在实施时，还要有专门的绩效评估技术作为保障，并有相应的薪酬分配制度与之配套。维持高校辅导员面对固定的学生开展思想政治工作的局面不变，确保思想政治工作的全面、深入、延续和稳定。这种高校辅导员的人力资源整合，有利于高校辅导员从烦琐、无序的日常事务性工作中解脱出来，能有充分的时间提升完善自己，让高校辅导员从工作中获得成就感和满足感，摆脱职业倦怠心理。

（三）建立人性化的人力资源开发体系

建立人性化的学习、培训、晋升的人力资源开发体系，从根本上满足高校辅导员发展需求。当前高校辅导员一般具备较高学历、综合素质高、能力较强，在为学校与学生服务的同时，对于自我价值的实现和个人事业发展有着迫切的追求，因此，管理工作者必须重视和解决好高校辅导员自身的发展问题。建立人性化的高校辅导员聘用、任免机制选拔人才是高校人力资源管理与开发的重要内容，首先要改革当前高校辅导员招聘过程中“重学历、轻能力”的选拔标准，建立人性化的现代人才测量体系。根据高校辅导员的工作性质与岗位需求，运用多种学科知识对应聘者进行知识测评，同时对应聘者的沟通能力、心理素质、职业道德以及性格类型进行综合考察，从而选拔出真正适合高校辅导员工作岗位的优秀人才。另外，完善高校辅导员人力资源薪酬保障、职业规划与个人发展的制度体系，进一步扩展高校辅导员的晋升途径与发展空间，建立人性化的聘用、任免体制。

（四）建立科学的绩效评价体系和激励机制

构建多元化的高校辅导员绩效考评体系。“以人为本”的绩效考察是在充分考虑高校辅导员工作性质的前提下，以岗位职责和目标要求为依据，制定的评价标准多元化、评价内容多样化以及评价方式多元化的多元型考评制度。高校辅导员考核内容主要有工作执行情况、工作实际成效、同期工作比较、工作量、工作创新等；高校辅导员的工作评价主要以辅导员自评、学生参评、同事互评、领导考核相结合的多元考评方式为主，力求评价得科学、全面、公正、公平，从而提升高校辅导员的工作责任感与积极性。人性化的高校辅导员绩效考评制度不仅为辅导员的工作提供客观公正的考评和激励依据，更应把促进辅导员的自我实现和持续发展作为考评的最终目的。高校辅导员的激励，即运用物质激励与精神激励等多种途径持续激发高校辅导员的工作动机，维持其高昂的工作热情。管理工作者应该关注高校辅导员的需要。由于每一个高校辅导员的人生背景、发展目标、思想层次、身心状况各不相同，高校辅导员的需要呈现出多样性、复杂性、多变性、内隐性等特点，所以管理工作者应该了解每个人的需要，致力于提高激励的针对性与实效性。新形势的变化给“互联网＋”时代的高校辅导员工作带来了一系列问题，因此建立一种全新的高校辅导员资源开发与管理机制，对于如何有效地解决高校辅导员工作中存在的具体问题，如何推进高校辅导员队伍建设、专业化建设，以提升高校辅导员的工作层次，如何发挥高校辅导员的积极性、主动性、创新性，促进高校学生工作的开展有着重要的意义。

（五）高校辅导员工作职业准入机制

现代社会很多行业都建立了职业准入制度，实行职业准入制度可以选拔和培养一大批各行业所需要的专业人才，因此，高校辅导员工作也有必要建立职业准入制度。高校辅导员准入制度就是把职业准入制度引入高校辅导员行业，即从事高校辅导员工作的人员必须具备相关的职业技能，并通过国家的相关考试和资格认证。这样做，首先，有利于规范高校辅导员队伍建设，确保队伍的专业性和整体素质。高校辅导员工作涉及学生思想政治教育、学生日常事务管理和学生未来职业发展规划等，这就要求高校辅导员必须具备从事学生工作的专业知识和素质。因此通过从业人员的竞争选拔，保证优秀人才的引入，对于提升高校辅导员队伍整体素质、促进高校辅导员队伍的发展提供了制度保证。其次，增强了高校辅导员职业制度的开放性。职业准入制度可以推进高校辅导员工作从业人员的选拔工作向社会平等开放，拓宽了人才的选拔范围，同时也增强了选拔工作的透明度和公正性。再次，实行高校辅导员准入制度，也有利于统一行业标准，便于整体规划和集中管理。

（六）高校辅导员队伍业务培训培养机制

思想政治教育是一门科学，高校辅导员只有掌握一定的思想政治工作理论和必要的工作技能，才能胜任高校辅导员工作，尤其是刚从事高校辅导员工作的新同志，或是刚从教师干部等转过来的人员，更需要加强业务学习。结合岗位职责要求，以政治理论、政策法规、业务知识、文化素养和技能训练等为主要内容，努力改善自己的知识结构和技能结构；掌握实施学生思想政治教育的工作方法、途径和技巧，懂得如何组织班集体活动、主题教育、社会实践，如何开展谈心、心理咨询，如何指导学生搞好自我教育、自我管理，等等。高校辅导员的学习培训可以采用多种方式来进行，如举办高校辅导员学习培训班，定期开展高校辅导员业务学习活动，内容可以是经验交流、理论学习、案例分析等，也可以通过网络等平台建立高校辅导员培训与研修的专题网站、BBS论坛，或者有计划地选派高校辅导员参加校外各种形式的培训。为使工作向深层次发展，还要定期开展思想政治教育课题研究，鼓励和组织高校辅导员开展同学生工作相关的科学研究，提升高校辅导员的专业素质和理论素养。

第七章　高校辅导员队伍建设的未来发展趋势

在新的时代背景下，高校辅导员队伍建设出现了新的发展趋势，如辅导员队伍建设“专家化”“专业化”“职业化”，辅导员的地位与作用也出现了一定的变化。本章主要研究新时期高校辅导员队伍建设的新趋势。

第一节　高校辅导员队伍建设的专家化

辅导员作为高校思想政治工作队伍的重要组成部分，辅导员队伍建设的好坏直接关系到高校大学生思想政治教育工作的效果。面对新时期、新形势对高校思想政治工作提出的新要求、新任务，高校应重视和加强辅导员队伍建设，为辅导员队伍发展提供平台和机会。高校辅导员自身也应不断通过学习和实践克服本领恐慌，努力朝着专业化、职业化、专家化方向发展。

一、高校推进辅导员专家化的必要性

（一）社会主义办学方向的主导性要求

在市场经济条件下，人们的自主性、独立性得到提升，竞争意识、权利意识得到强化，在一定程度上冲淡了大学生的集体观念。所有这些问题的存在，直接影响到社会主义的办学方向，对高校思想政治工作队伍，尤其是专职辅导员提出了新的要求和任务。专职辅导员要适应时代的新要求，单凭经验是不够的，必须以科学的理论作为武装。

（二）党和国家方针政策的规约性要求

推进专职辅导员专家化是党中央、国务院的明确要求。《中共中央 国务院关于进一步加强和改进大学生思想政治教育的意见》要求高校，建立完善大学生思想政治教育专职队伍的激励和保障机制。完善思想政治教育队伍的专业职务系列，从思想政治教育专职队伍的实际出发，解决好他们的教师职务聘任问题，鼓励支持他们安心本职工作，成为思想政治教育方面的专家。

（三）学生全面发展的内在要求

辅导员要破解学生片面发展的难题，就必须深入研究和探讨，弄清楚这些难题产生的原因、背景及规律，并提出有针对性的解决办法。高校要克服学生片面

发展的难题，只有不断提高专职辅导员的马克思主义理论水平和运用马克思主义理论开展思想政治教育的能力，使他们中的优秀分子成为思想政治教育方面的专家。否则，实现学生全面发展就成为空谈。

二、高校推进辅导员专家化的途径

（一）加强培训力度，夯实专职辅导员的理论基础

高校要制定专职辅导员培训规划，设立专项基金，建立分层次、多形式的培训体系，坚持日常培训和专题培训相结合、理论培训与业务培训相结合、岗前培训与在岗培训相结合、脱产或半脱产培训与在职培训相结合、校内培训与校外培训相结合、学历培训与非学历培训相结合。在加强专职辅导员培训的过程中，要重点组织他们学习时事政策，学习管理学、教育学、社会学和心理学以及就业指导、学生事务管理等方面的知识，不断提高专职辅导员的马克思主义理论水平和运用马克思主义理论开展思想政治教育的能力。加强培训工作，是推进专职辅导员专家化的关键。

（二）建立帮带责任制，促进专职辅导员学科专业发展

高校要加强专职辅导员的培养，可安排从事“两课”教学工作、具有副高以上职称的专任教师担任他们的导师，明确帮带责任；并要求专任教师在教学和科研方面，如教学方法、课题申报、职称评审等方面给他们以指导和帮助，为他们搭建学科专业发展平台，促进他们教学水平和科研能力的不断提高。

第二节　高校辅导员队伍建设的专业化

目前，国内高校的普遍现象是，工作在一线的思想政治辅导员岗位都以青年教师居多。年轻辅导员有着较高的素质和工作热情，但由于刚踏上工作岗位，缺乏经验，给工作的开展带来一定的难度，往往需要很长时间才能适应这个角色。学生工作点散、面广、体量大，对于刚刚走上工作岗位的“思政青椒”来说，既要应付繁重的工作，又要不断努力提升自己，适应人才队伍“专业化、职业化、专家化”的需求。怎样在千头万绪的工作中“弹钢琴”，做出有轻有重、有急有缓的适应与协调，既考验着辅导员本身，也对各高校的辅导员队伍建设工作提出了新的挑战。

一、辅导员队伍专业化的内涵

何谓“专业”，英国学者何伊尔对“专业”归纳出这样一些必备条件：专业必须是能承担关键性社会职能的行业；有履行这一专业需要具备的相当程度的专门化的知识和技能；专业人员必须接受高等教育，掌握系统的知识和形成专业的

价值理念；以知识为基础的技能必须在非常规的情境中实施，针对具体案例自主地做出专业判断就成为至关重要的准则；长期的训练，高度的职责等。

专业化是使辅导员队伍向专家化目标迈进的必要和基础。辅导员队伍建设的专业化，使这支队伍具有良好的专业化素养、较高的专业化技能、统一的职业化规范。通过辅导员队伍专业化的建设和培养，辅导员队伍不断朝着“专家型”迈进，逐步成为学生政治工作、思想工作、教育管理工作、心理咨询、就业指导等方面的专家，使每一个辅导员都成为塑造学生灵魂的工程师，成为学生健康成长的引路人、心理健康的咨询师。他们不仅具有扎实的思想政治教育、心理学、管理学等学科的知识和理论，而且还具备较高的文字表达能力、心理沟通能力和组织管理能力，是高素质的思想教育管理人才，是高校学生工作的专家，是高校教师队伍中一支不可替代的力量。

二、辅导员队伍建设专业化的重点

（一）辅导员在教育中专业化表现

辅导员在教育工作的每个环节都起着重要的作用，其中最突出的有以下两点。

第一，为教育实践创造必要的条件。高校辅导员包括学校的全体行政干部和党群系统的所有干部。这支队伍人数众多，人员遍及学校上上下下，构成一个纵横交错、结构严谨的管理体系。每一个管理干部都在这个体系的不同岗位上履行着各自的职责，保证学校的社会主义方向，使党的方针政策在学校得以贯彻执行，保障学校整个管理系统的正常运转，为教学、科研和一切育人活动服务，使学校各项工作有条不紊地进行，这是实践教育工作必不可少的条件，它能使教育工作在良好的秩序下有计划、有组织地进行，并取得应有效果。

第二，直接履行育人职能。这主要表现在：一是在管理工作过程中，通过宣传、贯彻党的路线、方针、政策和国家的法律法规，对学生进行教育；二是通过制定和贯彻规章制度，树立先进典型，处理违纪行为，教育学生追求政治思想进步，勤奋学习、刻苦锻炼，争取德、智、体、美、劳全面发展，自觉摒弃各种错误思想和不良行为，从而达到规范和指导学生行为的目的；三是通过认真负责的工作精神和严谨踏实的工作作风，当好学生的表率，对学生进行言传身教，使学生受到积极的感染和熏陶。

（二）辅导员应当具备的专业化素质

高校辅导员担负着贯彻党的路线、方针、政策的重要责任，是学校规章制度的具体执行者。这支队伍的素质如何，直接决定着学校的办学方向和管理水平，影响着教育的质量。因此，所有管理干部都必须具备良好的基本素质。

第一，要有良好的思想政治素质。认真贯彻执行党的路线、方针、政策，模范遵守国家的法律、法规和学校的规章制度，要有坚定的政治信念和坚实的马克思主义基础理论，要坚持党的基本路线和实事求是的思想路线，要能够坚持社会主义的办学方向。

第二，要有高尚的道德素质。要有马克思主义的伦理道德、社会主义道德和中华民族的传统美德，忠诚党的教育事业、热爱本职工作，有强烈的事业心和责任感，能顾全大局，廉洁奉公，先人后己。

第三，要有优秀的科学文化素质。适应社会发展的需要，管理干部必须具备优秀的科学文化素质，要有精深的专业知识、坚实的基础知识和广博的相关知识，并具备融会贯通的本领，否则管理者难以胜任领导重任。

第四，要有较强的能力素质。能力素质包括科学的决策能力、语言文字表达能力、组织协调能力、开拓创新能力，这是新时期对管理干部的特定要求，也是干部必备的素质。

具备了上述素质，才可能使管理工作摆脱凭经验、感情决策的套路，才能完整、准确、明白地表达意图，才能协调好方方面面的关系，为管理工作创造良好的外部环境，同时，也为工作的创新、进取打下良好的基础。

（三）对管理育人的专业要求

充分发挥管理干部在育人中的作用，是加强和改进大学教育工作，保证人才培养质量的重要途径。大学各级领导应当加强对干部队伍育人工作的指导，通过必要的思想教育和政策导向，鼓励和支持广大管理干部积极投身于教育工作。

首先，要加强对辅导员的教育和培养，不断提高管理者的政治和业务素质。高校党政领导要认真抓好辅导员的培养和提高，组织人事部门和理论宣传部门将管理干部的政治理论学习和业务知识培训列入计划。要坚决克服对管理干部只强调使用不注意培养的错误倾向；要采取请进来、送出去、集中培训、个别指导等多种途径和方法，大力支持管理干部学习先进管理经验和现代管理知识，使管理干部开阔视野，提高管理水平，更好地适应新形势下大学教育工作的需要。

其次，要加强辅导员的思想和作风建设。辅导员是学校整个管理体制的载体，其思想水平和工作作风如何，直接影响着育人工作的质量。对管理干部来说，要加强道德修养，“修身齐家治国平天下”，先自修身始，以高尚的道德情操形成完美的人格，要严明纪律，自重、自省、自警、自励，加强党性锻炼，树立全局观念。通过加强管理干部的思想和作风建设，促使他们坚持做到廉洁自律、克己奉公、任劳任怨，并以自己的模范行为教育和影响学生，为学生树立榜样。

最后，认真落实有关政策，充分调动辅导员从事育人工作的积极性。目前，高校在岗的管理干部特别是基层管理干部，有相当一部分是近几年的应届毕业生。这些同志热情高，能力强，朝气蓬勃，意气风发，但也有一些后顾之忧，如担心在专业上落伍，在职称评聘等方面享受不到应有的待遇。高校各级领导要在管好用好中青年管理干部的同时，更多地给予青年管理干部以关心和支持，在政策允许的情况下，尽可能地创造条件，帮他们解除后顾之忧，使他们安心本职工作，为培养合格人才贡献自己的聪明才智。

第三节　高校辅导员队伍建设的“职业化”

高校辅导员主要承担着学生的日常管理、思想教育、素质教育、就业指导等与学生成长、成才息息相关的工作，是学生在高校成长最直接的引导者，是高校正常教学秩序的直接维护者，是高校校园文化建设的直接组织者，是高校校风学风建设的直接实施者，是大学精神的直接营造者和传播者。高校学生辅导员的工作性质和任务，决定了这应是一支政治素质高、理论功底强、业务能力精、专业化程度高，能保证高校社会主义办学方向的职业化队伍。

一、职业与“职业化”分析

（一）职业

1. 职业的概念

“职业”反映着个人与社会两方面内容，是一个人与社会互动的范畴。在我国，对“职业”概念的解释，自古以来多种多样，下面列举几个常见的观点。

《资治通鉴·后周太祖广顺二年》有云：“李谷足跌，伤右臂，在告月余；帝以谷职业繁剧，趣令入朝，辞以未任趋拜。”陈康祺《郎潜纪闻》卷一道：“天聪十年，始改文馆为内三院，曰内国史院，曰内秘书院，曰内宏文院，均设大学士一人，各有职业。”这里的“职业”都是指职务。

《国语·鲁语下》道：“昔武王克商，通道于九夷百蛮，使各以其方贿来贡，使无望职业。”《退庵随笔·官常一》有云：“士君子到一处，便思尽一处职业，方为素位而行。”这里的“职业”都是指应该做的事。

《水龙吟》道：“职业才华竞秀，汉廷臣、无出其右。”无名氏《异闻总录》卷二道：“吾今为掠剩大夫，职业雄盛，无忆我。”刘祁《归潜志》卷七道：“至于百官士流，贤否皆当如家人美恶；合公望，办职业，而为国者立法，辨其才，然后进退用舍。”这里的“职业”指的都是事业。

综合起来，我们认为职业是指个人在社会中所从事的作为主要生活来源的工作，是人类个性的发挥、任务的实现和维持生活的连续性的人类活动。

2. 职业的特征

职业具有显著的特征，概括来说主要包括以下几个方面。

（1）规范性。从事职业活动必须遵从一定的规范即职业规范，它主要包括人们在职业活动中应遵守的各种操作规则及办事章程、职业道德规范和职业活动中养成的种种习惯。例如，对于医务工作者来说，会通过法律、行政法规、组织规章以及其他有关诊疗规范的公约、守则等来规范其医护行为，在保证患者生命安全的前提下，尽最大可能去提高生命的质量和价值。

(2) 技术性。俗话说：“隔行如隔山”。不同的职业有不同的工作形式、性质、内容，对从业者的专业知识和技能也有着不同的要求，正是这种专业性决定了每种职业的不可替代性。随着时代的发展，人们受教育的水平越来越高，社会对于每个职业的要求也越来越高，大多数职业需要从业者接受长时间的专业学习和培训，因为只有具备了专业的知识和娴熟的技能，才能胜任特定的工作。

(3) 经济性。从业者从事某项职业的重要目的之一就是从中获取经济收入，这就是职业的经济性。劳动者在承担职业岗位职责并完成工作任务的过程中要索取经济报酬，既是社会、企业及用人部门对劳动者付出劳动的回报，也是维持家庭和社会稳定的基础。通常情况下，个人为社会做出的贡献越大，创造的财富越多，得到的社会反馈就越大，所获得的个人收入也越多，这体现了个人对社会的付出和社会对个人的回馈之间的高度统一性。

(4) 连续性。职业的技术性和专业性要求大多数职业都需要经过长时间的训练，并且需要在时代的发展历程中不断地更新，因此职业是相对稳定的，从业者通过连续的职业生涯可以积累该行业的经验、技能、人脉，得到稳定的生活保障和更多职业发展及晋升的机会。但这并不表明从业者不能变动职业，而是应该在变动前慎重考虑各方面因素，建议选择有一定的“内在连续性”（内在连续性就是能够不断延续和强化之前积累的资源，如经验、技能、人脉等）的职业。

(5) 社会性。从业者所从事的职业是社会所必需的，是由于社会需求和社会分工而产生的，受到社会制度、政策、经济、文化等多方面的影响。人一旦从事某种职业，就相当于参与了某种社会劳动，扮演着某种社会角色，需要承担起相应的社会责任。

(6) 时代性。职业是时代的产物，随着社会的发展，会不断出现一些新兴职业，同时，一部分职业也逐步退出历史舞台。除此之外，每个现存的职业在不同时期也会有不同的表现形式，只有把握职业的变化，才能适应时代的要求。另外，人们所热衷的职业能够反映当时的社会风尚。个人与时代精神的关系往往反映在人们的职业取向上。

（二）职业化

1. 就业自主化

进入21世纪后，随着社会的不断发展和进步，人们自由选择职业的权利越来越得到普遍认可，因此，当前的职业模式发展呈现出就业自主化的趋势，这一模式一方面是政府通过各种形式的法律和相关政策来保障的，另一方面也是个人不断提高自己的就业能力的产物。

2. 知识资本化

当今社会是人才社会，而市场经济是知识经济，以知识运营为经济增长方式，知识产业成为龙头产业，知识经济成为新的经济形态的人类社会经济增长方式与经济发展模式。因此，当前的职业劳动的知识含量大大增加，这就要求人们具有较高的知识水平，从而也将带动职业模式知识资本化的兴起。

3. 流动加速化

随着市场经济的不断完善，个人寻求自身发展的动机与行为大大强化，高度竞争条件下的用人单位人力资源优化配置也进一步加强，这从统计和需求两个方面都使得社会职业的流动加速，从而使得职业模式发展中呈现出劳动力流动加速化的趋势。

4. 劳动人本化

在21世纪，随着经济社会的不断发展，职业劳动越来越人本化。这主要表现在：职业劳动条件日益改善；职业劳动的内容越来越丰富而逐渐成为“人的第一需要”；劳动生产率不断提高和单位劳动投入所产生的成果越来越多；劳动组织也越来越考虑到员工的利益等方面。这些实际上都是职业模式发展中劳动人本化的一个重要体现。

5. 国际接轨化

全球化是不可逆转的趋势。西方发达国家的职业种类、职业劳动技能、职业工具手段、职业管理模式等都已大量渗透并影响到我国，这些渗透一方面为我们的社会职业领域起到巨大的示范与导向作用，另一方面也随着一些跨国公司、合资企业的入境，使我国的职业领域与国际接轨。

二、辅导员队伍“职业化”行为规范

辅导员队伍职业化行为规范更多地体现在遵守辅导员职业要求和学校有关规定，包含着职业化思想、职业化语言、职业化动作三个方面的内容。辅导员职业化行为规范要求辅导员在进入职业角色后，严格按照行为规范来要求自己，使自己的思想、语言、行为符合辅导员的身份。这种规范更多地体现在处理事务的章法上。这些章法的来源：一是长期工作经验的积累形成的；二是学校规章制度要求的；三是通过培训、学习后形成的。通常而言，学校可通过监督、激励、培训、示范来形成统一的行为规范。

建设一支职业化的辅导员队伍首先要有一支稳定的工作队伍，其成员要受过专门的职业教育，具备较高的思想政治素质和职业道德操守，能深刻理解并掌握辅导员的职业道德规范，具有学生思想政治工作必需的专业知识和专业技能，对自己从事的职业有较大的自主性、权威性和创造性。

第四节　新时期高校辅导员队伍管理长效机制的建立

科学和完善的管理制度是高校辅导员队伍建设与管理长效机制的主体内容。这些管理制度包括以下几个方面。

（1）队伍配置及流动制度。

（2）专业化管理的制度。

（3）终身学习及职业教育制度。

（4）工作考核与学生评议制度等。

一、辅导员队伍的配置及流动制度

（一）高校辅导员队伍配置要坚持专兼职相结合的原则

教育部在《关于加强高等学校辅导员班主任队伍建设的意见》中明确要求，专职辅导员总体上按1∶200的比例配备，保证每个院（系）的每个年级都有一定数量的专职辅导员。同时，每个班级要配备一名兼职班主任。据统计，平均每位辅导员所带的学生大都超过了120人。辅导员感到工作任务繁重的同时，没有更多的时间从事大学生的思想政治教育，事务性工作挤占思想教育成为普遍现象。究竟按多少比例配备辅导员合适，要根据各校的实际情况来确定，归根结底要看最终的工作实效。

（二）辅导员队伍的流动制度

高校辅导员队伍在鼓励向专业化、职业化发展的同时，也不排除队伍成员的流动，因为流动是这支队伍保持旺盛战斗力和肌体健康的基础。流动不仅是指队伍中专兼职的流动，也包括向学校管理队伍输送干部的流动，除此之外还包括不适应这项工作队伍成员的离开等。

二、建立全方位的辅导员专业化管理制度

（一）建立多层次、一体化的辅导员教育体系

辅导员教育体系可以在我国现有的高校教师教育体系中进行设计与实施。可依托高校中思想政治教育学学科设置辅导员专业，并就高校辅导员教育专业课程的指导思想、专业理念、设计原则、建构目标、课程标准、结构框架、实施步骤以及工作方案进行深入探讨，从辅导员专业终身发展的整体需要规划培养目标、协调机构功能、设置课程系统、改进教学方法、确定评价方法，形成统一规范的辅导员教育机构认定制度、辅导员教育课程鉴定制度、辅导员教育者制度等专业

化教育制度，逐渐形成一套多层次、一体化教育体系。

（二）建立全国统一的辅导员资格认证制度

辅导员资格认证制度是辅导员专业化的重要表征之一，是衡量辅导员队伍素质的主要参照点，也是整个辅导员教育的发展趋势和进步程度的表现。建立辅导员职业资格的认证制度，也就是要求每个辅导员都要以本职业的基本素质和能力为出发点，这是职业身份的确认，也是胜任职业岗位的基本标准，更是能力被社会认同的证明。按照辅导员职业岗位要求所做的教育培养，就是职业教育。

三、终身学习与职业教育制度

从辅导员选聘的环节开始，就坚持要求高标准、高起点，其目标就是打造一支水平高、战斗力强的高校学生工作的队伍，以适应快速发展的形势需要。但这支队伍仅仅只是具备学校书本上学习的那些知识，还是远远不够的。基于专业化、职业化的发展考虑，高校辅导员队伍的建设必须建立终身学习和职业教育的制度。

四、工作考核与学生评议制度

考核评估办法有助于将辅导员的工作置于学生监督、社会监督的大环境下，有助于辅导员队伍的健康发展，有助于辅导员工作各项管理制度的长效实施。对于辅导员队伍建设与管理中已经实施的考核办法，依然可以在运用的过程中不断地添加科学的元素，不断地加以完善和改进，使方法和手段的运用更加符合工作的初衷和达到工作的目标。

参 考 文 献

[1] 柏杨．改革开放以来高校辅导员队伍建设研究［M］．成都：西南交通大学出版社，2018.

[2] 陈蕾，时学梅，买买提江·依明．高校辅导员队伍建设与职业化发展［M］．延吉：延边大学出版社有限责任公司，2021.

[3] 陈平．高校辅导员知与行［M］．北京：中国林业出版社，2023.

[4] 丁爱芹．高校辅导员心理辅导与危机应对［M］．北京：光明日报出版社，2021.

[5] 耿海洋．高校辅导员专业化建设研究［M］．长春：吉林出版集团股份有限公司，2022.

[6] 简敏．守正与创新 高校辅导员“六点工作法”［M］．长春：吉林大学出版社，2022.

[7] 李顺年．高校辅导员核心素养提升策略研究［M］．长春：吉林文史出版社，2022.

[8] 李薇．高校辅导员与专业课教师协同育人研究［M］．长春：吉林人民出版社，2021.

[9] 刘燧．新时代地方高校学生管理与辅导员工作创新研究［M］．长春：吉林大学出版社，2021.

[10] 马琼，高平平．高校辅导员工作理论与实务——基于西南交通大学学生工作实践［M］．成都：西南交通大学出版社，2021.

[11] 茹娜．高校辅导员思想政治工作案例集［M］．长沙：湖南大学出版社，2022.

[12] 王传刚．新时代高校辅导员队伍建设与能力提升研究［M］．北京：中国政法大学出版社，2019.

[13] 王焕红．高校辅导员的工作与专业化发展［M］．北京：中国财富出版社，2019.

[14] 王家伟，高亮，余巧．现代高校管理与辅导员工作理论研究［M］．北京：北京工业大学出版社，2023.

[15] 魏金明．新时期高校辅导员工作探索［M］．北京：光明日报出版社，2021.

[16] 吴维均．新时代高校辅导员的专业发展研究［M］．成都：四川大学出版社，2021.

[17] 杨玲．新时期高校辅导员工作与队伍建设研究［M］．沈阳：北方联合出版传媒（集团）股份有限公司，2023.

[18] 于满，孙硕．新时代高校辅导员学术科研之路［M］．北京：北京理工大学出版社，2021.

[19] 张兴雪，刘怀刚．“互联网+”时代高校辅导员队伍建设系统工程研究［M］．北京：九州出版社，2022.

[20] 赵巧玲．创新·长效 高校辅导员的发展研究［M］．北京：中国商业出版社，2022.

[21] 郑利群．高校辅导员队伍素质能力提升策略研究［M］．秦皇岛：燕山大学出版社，2022.

[22] 马克思，恩格斯．中共中央马克思恩格斯列宁斯大林著作译．马克思恩格斯选集（第4卷）［M］．北京：人民出版社，1996.

[23] 王贵贤，田毅．1844年经济学哲学手稿研读［M］．北京：研究出版社，2021.